그리스 사상

자아, 윤리와 가치, 공동체와 개인, 그리고 자연 혹은 본성의 규범

그리스 사상

자아, 윤리와 가치, 공동체와 개인,
그리고 자연 혹은 본성의 규범

크리스토퍼 길

이윤철 옮김

까치

GREEK THOUGHT

by Christopher Gill

Copyright ⓒ The Classical Association 1995
All rights reserved.
Korean tralnslation copyright ⓒ 2018 by Kachi Publishing Co., Ltd.
This translation of GREEK THOUGHT is published by arrangement with Cambridge
University Press through EYA(Eric Yang Agency), Seoul.

이 책의 한국어판 저작권은 EYA(Eric Yang Agency)를 통한 Cambridge University Press와의
독점계약으로 (주)까치글방에 있습니다. 저작권법에 의하여 한국 내에서 보호를 받는 저작물이므로
무단전재 및 무단복제를 금합니다.

역자 이윤철(李允哲)
충북대학교 철학과를 졸업한 뒤 서울대학교 철학과에서 서양고대철학을 전공으로 석사
학위를 취득했으며, 박사과정을 수료한 뒤 미국 오스틴 주재 텍사스 주립대학교 철학과에
서 방문학자 과정을 이수했다. 이후 영국 더럼 대학교 고전 및 고전사학과에서 서양고대
철학을 전공으로 박사학위를 취득했다. 주요 역서로는 『최초의 민주주의 : 오래된 이상과
도전』이 있으며, 주요 연구논문으로는 "From Ignorance to Knowledge: An Interpretation
of the *Peri Theōn* Fragment"(「서양고전학연구」 56-3), "고르기아스의 진리 개념 : 『헬레네
찬가』를 중심으로"(「대동철학」 78), "소크라테스의 엘렝코스 : 플라톤의 인식론적 위계에서
고찰하는 교육 모델"(「서양고전학연구」 55-1), "Plato's Use of Rhetoric for Political
Project"(「서양고전학연구」 53-3) 등이 있다.
2013년부터 서울대학교와 충북대학교, 강릉원주대학교 등에서 강의를 했으며, 정암학당
연구원과 서울대학교 철학과 박사후국내연수(post-doc) 연구원을 거쳐, 현재 충남대학교
철학과 조교수로 재직 중이다.

그리스 사상 : 자아, 윤리와 가치, 공동체와 개인, 그리고 자연 혹은 본성의 규범

저자 / 크리스토퍼 길

역자 / 이윤철

발행처 / 까치글방

발행인 / 박후영

주소 / 서울시 용산구 서빙고로 67, 파크타워 103동 1003호

전화 / 02·735·8998, 736·7768

팩시밀리 / 02·723·4591

홈페이지 / www.kachibooks.co.kr

전자우편 / kachibooks@gmail.com

등록번호 / 1-528

등록일 / 1977. 8. 5

초판 1쇄 발행일 / 2018. 10. 30

값 / 뒤표지에 쓰여 있음

ISBN 978-89-7291-675-8 93160

이 도서의 국립중앙도서관 출판예정도서목록(CIP)은 서지정보유통지원시스템 홈페이지(http://seoji. nl.go.kr)와
국가자료공동목록시스템(http://www.nl.go.kr/kolisnet)에서 이용하실 수 있습니다. (CIP제어번호: CIP2018032678)

차례

일러두기

1. 저자가 이탤릭체를 사용하여 특정 부분을 강조를 표하는 경우, 우리말 번역에 서는 이를 고딕체로 표현한다.

2. 저자가 그리스어를 직접 사용하여 표기한 경우, 저자의 표현 방식을 가능한 한 반영하여 우리말로 옮긴다. 가령 본문에서 그리스어를 통해서 표기가 이루 어지는 경우에는, 이를 음차한 우리말과 그리스어 표현을 병행하여 표기한 뒤 괄호 안에서 그 의미를 밝혀준다.
   예: 튀모스^{thumos}(기개), 메노스^{menos}(힘, 격앙), 코스모스^{kosmos}(우주, 세계, 질서) 등

   반면 저자가 괄호 안에서 그리스어 표기를 사용한 경우에는 해당어의 우리말 번역과 함께 괄호 안에 그리스어의 우리말 음차와 그리스어 표현을 병행하여 표기한다.
   예: 행복(에우다이모니아^{eudaimonia}), 가장 뛰어난(아리스테우에인^{aristeuein}) 등

3. 원서에 영어식으로 표기된 그리스어는 우리말 방식에 따라서 바꾸어 표기한다.
   예: Homer → 호메로스, Achilles → 아킬레우스

4. 원서의 구성방식에 따라 번호로 표시된 미주는 저자의 것이며, *로 표시된 각 주는 독자의 이해를 돕기 위해서 필요한 경우 옮긴이가 추가한 것이다.

약어 표기

연구의 일차 자료로 사용된 그리스어 텍스트 혹은 라틴어 텍스트는 가능한 한 원제의 형식을 그대로 옮겨 제시한다. 그리고 이차 자료로 사용된 문헌들은 그 저자와 출처 및 발행년도 등 서지사항을 미주를 통해서 제시한다. 일차 자료와 이차 자료가 처음 제시되는 경우에는 그 원제와 서지사항을 모두 언급하나, 이어서 재차 제시되는 경우에는 간단한 방식으로 줄여 언급한다. 예를 들면, 크리스토퍼 길의 *Personality in Greek Epic, Tragedy, and Philosophy: The Self in Dialogue* (Oxford, 1996)가 처음 언급된 뒤, 이후 논의에서 참고 자료로 다시 언급되는 경우에는 간단히 *Personality*로 표현한다.

아래 약어들은 논의에서, 특히 자료의 출처와 관련하여 주에서 자주 사용하는 것들로서, 그 원형은 다음과 같다.

AGP : *Archiv Für Geschichte der Philosophie*

CQ : *Classical Quarterly*

HGP : W. K. C. Guthrie, *A History of Greek Philosophy*, 6 vols. (Cambridge, 1962–1981)

JHS : *Journal of Hellenic Studies*

LS : A. A. Long & D. N. Sedley, *The Hellenistic Philosophers*, 2 vols. (Cambridge, 1987)

OSAP : *Oxford Studies in Ancient Philosophy*

TAPA : *Transactions of the American Philological Association*

DK : H. Diels & W. Kranz, *Die Fragmente der Vorsokratiker*, 2 vols. (Berlin, 1961^{10})

KRS : G. S. Kirk, J. E. Raven & M. Schofield, *The Presocratic Philosophers* (Cambridge, 1983^2).

서문

　이 책은 그리스 사상의 영역에서 인간의 '심리', '윤리', '정치', 그리고 윤리적 규범으로서의 '자연' 혹은 '본성'에 대한 이념과 밀접히 연관되어 있는 네 가지 주요 주제를 탐구한다. 이 주제들에 대한 탐구를 위해서 저자는 그리스 철학에서 주요한 이론들을 논하는 것뿐만 아니라, 그리스의 시적(詩的) 전통과 철학적 전통 사이에 놓인 사유의 연관성에 대해서도 논하고자 한다. 이와 같은 주제들로 인해서 야기되는 논의의 쟁점들 및 이러한 주제를 선별하게 된 까닭에 대해서는 이 책의 서론 부분에서 설명할 것이다. 이 책은 그 전체가 그리스의 사상과 관련한 현대의 학문적 연구 성과들을 개인적으로 탐색하기 위해서 계획되었다. 그러나 이 책에서 이루어지는 논의들이 고대 그리스 철학에 대한 전문가뿐만 아니라 비전문가를 포함하여 모두의 흥미를 이끌 수 있기를 기대한다.

　그리스 사상을 주제로 한 연구 총서 작업에 기고하도록 권유하고, 아울러 흥미로운 이 연구계획을 위한 해석의 전권을 저자에게 맡긴 『그리스 & 로마』 기획의 편집자 피터 월콧과 이언 맥오슬란에게 감사의 말을 전한다. 특히 이언 맥오슬란은 이 책의 편집 과정에서 인도와 인내의 책임자 역할도 했는데, 이 점에 대해서도 감사의 말을 전한다. 이 책을 집필하는 동안 틈틈이 시간을 내어 조언을 아끼지 않은 리처드 시퍼드에게도 감사의 말을 전한다. 애버리스트위스 대학교와 엑서터 대학교에서 여러 학기에 걸쳐 진행되어온 강의를 통해서, 이 책에서 다룬 많은 물음들을 학생들과 논의하는 기회를 얻기도 했다. 그 모든 학생들에게도 커다란 빚을 졌다. 마지막으로, 앞으로도 이러한 주제들을 따지고 음미할 학생들 및 교수자들에게도 이 책이 도움이 될 수 있기를 바란다.

엑서터 대학교, 1995년 6월
크리스토퍼 길

I

서론

'그리스 사상'이라는 주제는 커다란 주제로서의 가능성을 가진다. 특히 이 책에서 논하려는 바와 같이, 고대 그리스 철학과 그밖의 다양한 그리스 문화 영역들에서 드러나는 사유 사이의 접점을 모색하는 일을 시도하려는 경우라면 더욱 그렇다. 따라서 이 책은 고대 그리스 철학 전반에 걸친 주제들 전체에 대한 포괄적인 그림을 제공하는 방안을 찾는 대신, 서로 밀접히 연결되어 있는 네 가지의 주요 주제들을 택하여 논하기로 한다.

이 주제들은 심리, 윤리, 정치에 대한 그리스 사상, 그리고 자연 혹은 본성과 윤리에 대한 탐구 사이의 연결성에 대한 그리스 사상과 관련되어 있다. 이와 같은 주제들을 택한 이유는 그것들이 최근의 학문적 발전을 개괄하기에 알맞을뿐더러, 또 이 책에서 제시되고 있는 몇몇 주요 요점들과 관련된 주제들이기도 하기 때문이다.[1] 아울러 이 주제들은 고대 그리스 철학을 전문적으로 연구하지 않더라도 각별한 흥미를 유발할 수 있는 (그렇다고 해서 그리스 철학의 그 전체를 아우른다고 할 수는 없겠으나, 그럼에도 그 일부로서 주요한 역할을 할 수 있는) 주제들이기도 하다. 그렇기 때문에 이는, 비록 이 책에서 다루지는 않겠으나, 그리스 의학이나 과학 그리고 우주론, 더 나아가 인식론이나 형이상학과 같이 그리스 철학의 핵심 분야에서 다룰 수 있는 주제들을 살피는 연구를 위해서 가능한 시야를 열어놓기도 한다. 세부적인 논의의 정도 차이는 있겠으나, 그리스 철학 안에서 소크라테스 이전 철학자들과 소피스트, 소크라테스, 플라톤과 아리스토텔레스, 그리고 스토아주의와 에피쿠로스주의 역시 이 책은 고찰할 것이다. 다른 여러 목적들 가운데에서도, 헬레니즘 철학과 관련하여 이루어진 흥미롭고도 새로운 주석 및 해석 작업에 대한 몇몇 개인적인 생각들을 제시하고픈 의도 역시 이 책은 담고 있기 때문이다.[2] 사상가들이나 시대를 중심으로 살피기보다는 논제와 쟁점을 둘러싸고 논하는 방식으로 이 책의 구성을 결정한 까닭은, (플라톤의 『국가』에서 발견되는 이론과 같은) 특정 이론들이 서로 다른 관점에 기대어 이미 수차례 논의되었기 때문이다.[3] 게다가 이 책에서 꾀하는 논의 배열의 방식은 특정의 쟁점들을 분리하여 깊이 탐색하는 데에, 그래서 현대의 학문 경향에서도 그 중대함과 중요성을 불러일으키는 데에 일조할 수 있다. 또한 이는 그리스 문화의 다른 영역들, 특히 호메로스의 서사시나 이후의 비극시 전통에서 발생하는 지성적 쟁점들과 병행적으로 진행되고 있는 그리스 철학의 의미심장한 사안들을 보다 두드러지게 드러낼 수도 있다.

첫 번째 논제(제 II장)는 성품, 인격, 자아에 대한 그리스의 이념을 다룬다. 이를 위해서 (브루노 스넬, 아서 애드킨스, 에릭 도즈 등의 연구들처럼) 잘 알려진 기존의 연구들이 취한 발전론적 접근법뿐만 아니라, 이와 대조되는 방식, 즉 인간 심리와 관련한 그리스의 사유에서 지속적으로 반복되고 있는 주요 특징들을 강조하는 몇몇 학자들의 접근방식 역시 논하고자 한다. 이러한 특징들이 하나의 인격을, '나(I)'라는 자아─인식의 단일 주체라기보다는, 내적으로 서로 연결된 부분들의 복합체로 보는 경향을 포함하기 때문이다. 아울러 이런 특징들은 (자아-인식 self-consciousness, 주관성subjectivity, 혹은 의지will라기보다는 오히려) 합리성 rationality의 발현을 인간의 두드러진 특징으로 간주하기도 한다. 그리스 사유에서 발견되는 또다른 특징은 (예컨대, 이성에 의한 감정의 관리와 같은) 심리적 부분들 사이의 관계에 대한 이해가 인격상호적interpersonal 관계* 및 공동적communal 관계에 밀접히 연결되어 있으며, 또 규범과 관련하여 서로 공유되고 있는 논쟁에도 밀접히 연결되어 있다는 점이다. 이와 관련하여, 예컨대 호메로스에서 발견되는 숙고적 독백들, 에우리피데스의『메데이아』에서 볼 수 있는 긴 독백, 플라톤의『국가』에서 나오는 영혼의 삼분설, 그리고 감정에 대한 스토아 학파의 이론 등을 거론하며, 이것들에서 함의되고 있는 인격의 모델을 그려낼 계획이다. 특히 그리스 심리에 대한 이해를, 스넬이나 애드킨스가 자신들의 발전론적 접근을 통해서 가정하고 있던 (흡사 데카르트나 칸트가 취했던 것과 같은) 17세기 혹은 18세기의 인격 모델의 관점에서라기보다는, 오히려 (버나드 윌리엄스나 캐슬린 윌크스의 연구들과 같이) 현대 심리 이론들의 관점에서 살피려는 최근의 연구 결과들 역시 거론하고자 한다.

---

* '인격상호적'이라는 표현은 일차적으로 '사람과 사람 사이'를 가리킨다. 이와 같은 표현을 통해서 저자는 (전적으로 수동적이거나 외부의 힘에 영향을 받기만 하는 것이 아니라) 스스로 사고하고 판단을 내려 행동을 실천하는 주체적 인격personality을 지닌 각각의 개별적 인물들이 공동체 안에서 상호적으로mutually 혹은 상보적으로reciprocally 각종 영향을 주고받으며 살아가는 존재들이라는 것을 가리키고자 한다. (이후의 장에서, 특히 제 II-IV장에서 순차적으로 논의되겠으나) 저자에 따를 경우, 개별적 인물, 즉 개인은 공동체를 구성하는 한 부분으로서만이 아니라 동시에 하나의 독립적 인격을 가지고 있으면서도 그 인격의 주체적 심리와 윤리 상태가 상호적이고 상보적인 구조 안에서 역할을 하며, 궁극적으로는 이를 통해서 공동체가 나아가야 할 방향을 정하기도 한다.

두 번째 논제(제 III장)는 윤리와 가치를 다룬다. 이 주제들을 다루는 장은 기본적인 두 목적을 가진다. 첫 번째 목적은 그리스 문화를 지배하던 윤리적 가치와 그리스 철학 안에서 발견되는 윤리적 가치 사이의 연결점을 탐색하는 것이다. 그리스 심리에 대한 논의에서와 마찬가지로, 이를 다루기 위해서 우선 현대에 제시된 발전론적developmental 접근법을 (특히 그리스 윤리사상의 역사 안에서 수치심-문화shame-culture로부터 죄책감-문화guilt-culture로의 변화가 있다는 이념에 초점을 맞춘 접근법을) 논하고, 이어 이러한 접근법이 가지고 있는 문제점 역시 개괄하고자 한다. 무엇보다도 이를 위해서 더글러스 케언스와 버나드 윌리엄스 및 다른 학자들이 제시한 최근의 연구 결과들을 거론하며, 윤리적 태도 및 이념의 내면화가 호메로스 이래로 형성된 그리스 문화 안에서 중요한 역할을 했으며, (제 III장 후반부 및 그 이후 장에서는) 이러한 이념이 플라톤과 아리스토텔레스에게서뿐만 아니라 스토아 학파의 이론들 안에서도 중요한 역할을 하고 있다는 점을 제안할 것이다. 이후의 논의들을 통해서 보다 자세히 드러내 보이겠지만, 이와 같은 이념은 인간이 자신들의 공동체 안에서 내면화해야 할 태도들이 가지는 본성 및 토대에 대한 논쟁에 참여할 수 있는 적합하면서도 자연스러운 존재라는 믿음과 결부되어 있다.

이와 더불어 다룰 두 번째 목적은, 그리스 철학에 대한 최근 학계의 일반적 추세를 강조하여, 그리스 윤리 사상의 도덕적 내용 및 성격에 대한 폭넓으면서도 적극적인 설명을 제시하고자 하는 것이다. 이와 같은 설명은 그리스 윤리 사상이 의무duty나 이타성altruism과 같은 도덕적 이념의 핵심 요소를 결여하고 있다는 식으로 이해해온 (특히 해럴드 프리처드와 같은) 이전 학자들의 견해에 대조된다는 특징을 가진다. 이와 같은 연구의 추세는 그리스 윤리 사상이 칸트의 윤리론이나 공리주의적utilitarian 유형과 같은 현대의 도덕적 사유에 비교적 가깝다고 이해하는 학자들과 (윌리엄스나 알래스데어 매킨타이어처럼) 그리스 윤리가 현대의 도덕적 사상과 무척이나 다르다는 바로 그 이유로 인해서 그 가치가 인정된다고 보는 학자들 모두에게서 공유되고 있다. 이러한 경향은 우애, 사랑, 그리고 타인을 이롭게 하는 덕(德)에 대한 그리스 사유를 다루는 연구에서 현저히 두드러진다. 이와 같은 연구를 통해서 학자들은, 행복이란 인간 삶의 전반적인 목적이라고 보는 그리스 철학자들의 기본적인 전제와 타인들에 의해서 강력한 종류의 윤리적 주장들이 우리에게 주어진다고 생각하는 그들의 인식이 서로 결부되어 있다고 논한다.

이처럼 두 번째 논제와 관련하여 다루어지는 이러한 두 주제들은 하나의 쟁점으로 수렴된다. 이전의 학자들에 맞서 최근의 학자들은 그리스 윤리 이론들이 이타성에다 일종의 적극적인 가치를 부여하고 있다고 본다. 그러나 인격상호적 삶에 대한 그리스적 이상ideal은, 이를 공동체 안에서 인격들 서로에게 공유되고 있거나 아니면 상호적으로 야기되는 이로움에 대한 이상과, 즉 가족이나 친밀한 우애 등으로 이루어진 '공유된 삶'에 대한 이상이나 상보성에 대한 이상과 연결지어 파악하는 경우, 그 이념이 보다 적절하게 이해될 수 있다. 특히 이와 같은 점은, 실천적 지혜practical wisdom와 관조적 지혜contemplative wisdom 가운데 무엇을 인간적 행복의 최고 형태로 헤아려야 할지를 놓고 경합하는 플라톤과 아리스토텔레스의 주장들 안에서 야기되는 윤리적 물음들과도 관련될 수 있다.

그 다음 장의 주제는, 개략적으로 말하자면 정치적 이론을, 보다 구체적으로 말하자면 개인과 공동체 사이의 관계에 대한 그리스 사유를 다룬다. 여기서는 (하나의 기본 단일체로서 공동체로부터 분리되어 취해지는) '개인individual'과 (넓은 일반적 의미에서의) '사회society'를 대조시키는 현대적이자 지배적인 입장이나, 혹은 이와 관련하여 이루어진 개인주의 individualism와 사회주의socialism에 대한 정치적 이념들을 통해서는, 개인과 공동체 사이의 관계에 대한 그리스의 사유가 제대로 드러날 수 없다는 점을 분명히 밝힐 것이다. 그리스의 정치적 사유는 (이론적인 맥락에서든 비-이론적인 맥락에서든) 인간을, 예컨대 오이코스oikos(가족), (철학적 '학파'를 포함하기도 하는) 우애의 연대, 그리고 폴리스polis(나라, 도시 혹은 공동체)와 같이, 하나 혹은 그 이상 일련의 관계 집단 안에 참여함으로써 자신들의 삶을 형성하는 데에 본성상 적합한 존재로 제시한다. 그리스 사유에서 발견되는 인간의 그와 같은 참여는 전형적으로, 현대에 사회적 관계들을 다루는 데에 지배적인 범주들인 의무와 책무 또는 권리의 관점에서 규정된다기보다는, 상호적인 이익을 야기하는 관계망의 구성으로 이해되어왔다.

그러나 일반적으로 보았을 때, 사회적 관계로부터 벗어나는 것을 택할 권리나 아니면 자기 고유의 윤리관을 규정할 권리를 개개인들이 타고났다고 하는 생각은 그리스 사유의 부분이 아닌 것으로 여겨진다. 오히려 그와 같은 생각 대신, 남들과 함께 일하든 아니면 홀로 독립적으로 일하든, 인간들은 자신들이 속한 공동체를, 보다 구체적으로 말하자면 그들이 관여하고 있으며 아울러 관여해야 하는 공동체의 유형이 지닌 그 본성과 토대를, 올바르게 살피고 검토해야 한다는 사상이 그리스 사유에 자리하고 있다. 이러한 점은 우리로 하여금, (플라톤의 『소크라테스의 변론』과 『크리톤』 등을 통해서 볼 수 있듯이) 명백히 일관성이 결여되어 보이는 공동체에 대한 소크라테스의 자세를 이해하는 데에, 게다가 공동체의 삶에 대하여 스토아 학파가 지녔던 견지와 이에 대하여 에피쿠로스 학파가 취했던 자세를 어느 정도까지는 정합적으로 유추하는 데에 도움을 줄 수 있다고 생각된다.

이와 더불어, 플라톤의 『국가』가 명확히 보여주고 있듯이, 그리스 철학자들이 (바로 자신들의 공동체를 비롯하여) **특수한 유형**의 공동체 안에서 실천된 삶의 방식에 대해서 종종 쓰디쓴 비판을 가했음에도 불구하고, 그들은 인간의 삶이 실질적으로도 그리고 이상적으로도 **공동체** 안에서 살아간다는 점에 대해서 부정하지는 않았다는 점 역시 살펴볼 것이다. 이를 위해서 소크라테스로부터 헬레니즘 철학에 이르기까지의 그리스 정치 이론을 다룬 최근 연구 결과들뿐만 아니라, 제2차 세계대전 이후 포퍼 이래로 보다 일반적인 방식에서 이루어진 그리스의 정치적 사상에 대한 현대의 비판적 논쟁들도 살필 것이다.

'자연 혹은 본성'*이 (그것이 전체로서 우주의 자연이든 아니면 자연적인 종으로서 인간의 본성이든) 윤리 또는 정치적 삶을 인도하는 규범으로서 역할을 할 수 있는가에 대한 물음은, 그리스 철학 안에서 소크라테스 이전 철학자들 이래로 끊임없이 제기된 것들 가운데 하나이다. 이와 같은 물음은 그리스의 시 전통, 특히 호메로스의 서사시와 비극에서 제기된 물음, 즉 신들이 인간의 삶을 위한 윤리적 규범들을 구성하는가에 대한 물음과도 부분적으로 유사성을 지닌다. 또한 이 물음은, 가령 (대체로 각각 '윤리 혹은 관례'와 '자연 혹은 본성'으로 옮길 수 있는)

---

* 여기의 '자연 혹은 본성'은 저자가 사용하는 nature의 우리말 번역이다. 이 용어는 원래 어떤 인공적 가공이나 후천적 영향이 반영되지 않은 원래의 타고난 바를 뜻하나, 우리 말에서는 자연과 본성이 다소 그 의미와 맥락 그리고 쓰임새에서 차이가 있을 수도 있다. 그래서 자연과 본성이 서로 다른 것을 가리키지 않는다는 점을 분명히 하기 위해서 여기서는 가급적이면 '자연'과 '본성'이라는 말 모두를 함께 써서 옮긴다. 물론 맥락에 따른 자연스러움을 좇기 위해서 필요한 경우에는 두 번역어 가운데 하나를 취하여 옮기는 방식도 병행한다.

노모스^{nomos}와 퓌시스^{phusis} 사이의 관계에 대한 기원전 5세기의 논쟁이나 당대 지식인들에게 불경이라는 이름 아래에 부과된 비판처럼, 그리스의 지성적인 삶에서 두드러지게 나타나는 그 외의 특징들과도 밀접한 관련이 있다. 규범으로서의 자연 혹은 본성을 이해하려는 생각의 중요성은 그리스 철학에 대한 몇몇 최근 연구들에서, 무엇보다도 아리스토텔레스와 스토아 학파에 대한 연구들에서, 눈에 띄게 두드러진다. 그 논쟁은 도덕적 규범을 자연 안에서 찾는 일에 대한 타당성을 놓고 벌어진 현대의 철학적 사유로부터 영향을 받아왔다. (제 V장에서는) 이와 같은 물음에 대한 그리스 사상을 탐색하면서, 특히 두 가지 점을 강조할 계획이다. 하나는 자연적이자 본성적인 질서, 즉 코스모스^{kosmos}에 호소함으로써 타당화된 규범들의 종류에 밀접히 다가서는 일이 그리스 사상 안에서 중요히 여겨졌으며, 고로 이런 규범들을 소위 기독교적 사유의 방식에 따라 타당화된 규범들로부터 구분하는 일이 중요하다는 점이다. 다른 하나는 윤리적 성격에서의 발전과 자연세계의 윤리적 의의에 대한 이해의 발전이 서로 손을 잡고 나아가며, 한쪽이 없을 경우 다른 한쪽 역시 적합하게 진행될 수 없다고 생각해야 한다는 점이다. 이와 같은 점들에 주의를 기울일 경우, 이런 주제에 대한 그리스 사상은 실상 그것이 단순히 표면적으로만 보이는 모습보다 훨씬 더 복잡할 뿐만 아니라, 아울러 어쩌면 현대 사상가들이 제시하는 윤리관보다도 더욱 신뢰할 만하다는 것을 발견할 수 있으리라 기대된다.

(제 VI장에서는) 결론을 논하며, 검토된 네 주제들에 공통된 일종의 실마리를 이끌어낼 것이다. 이런 시도는 호메로스로부터 헬레니즘 철학에 이르는 복잡한 문화의 사유에다 그럴듯하게 보이기만 하는 허울 좋은 통일성을 부여하려는 것이 아니다. 오히려 이는 그와 같은 물음들을

대하는 그리스 사상이 인간을 이해하는 입장에, 즉 인간의 심리, 윤리, 그리고 정치적 삶이 인격상호적 공동체에서 구성되는 여러 관계들의 결합에 의해서 자연스럽게 형성된다고 하는 이념에 중점을 놓고 있다는 점을 분명히 하려는 것이다. 이와 더불어 그리스 사상 안에서 발견되는 지성적 삶이란 (그것이 철학 집단 안에서든 아니면 바깥에서든) 이런 과정의 확장, 즉 공통의 진리를 놓고 벌이는 공유된 논쟁으로 여겨지고 있다는 점 또한 제안될 것이다.

— 주 —

1) 특히 이 책 앞부분의 두 장에서는 그리스의 심리와 윤리에 대한 저자의 근간 서적인 *Personality in Greek Epic, Tragedy, and Philosophy: The Self in Dialogue* (Oxford University Press, 1996)를 통해서 더욱 발전시킨 생각들을 끌어들여 논하려고 한다. 그러나 일단 여기서는 이 생각들을 보다 평이한 형식으로 제시하고, 관련된 논의들에 대한 학문적 논쟁의 맥락 안에 위치시키는 정도로만 진행할 예정이다. 이와 관련하여 제 IV장 미주 6부터 12에 해당하는 본문을 참조할 것.
2) 이 책에서 미처 다루지 못한 영역들을 포함하여, 그리스 철학 일반에 대한 이해를 도모하는 데에 도움이 되는 연구 결과들과 관련해서는, 뒤의 "참고 문헌" 목록을 참조할 것.
3) 주제적으로 다루어지는 이론이나 텍스트에 대한 요점들의 정확한 위치를 파악하는 데에, 아울러 그것들의 융합을 꾀하는 데에 이 책의 색인이 도움이 될 수 있기를 바란다.

II

자아의 모형

'자아^{self}'라는 개념은, 이에 연관된 이념들인 '인격^{personality}' 및 '성품 ^{character}'과 함께, 일차적으로는 인간의 심리 내지 윤리 그리고 사회적 관계와 관련되어, 아니면 이것들의 결합과 관련되어 사용될 수 있다. 이 장에서는 심리적 개념으로서의 자아를 살피는 데에 초점을 맞추며, 다음의 제 III장에서는 이와 연관하여 윤리적 성격에 대한 물음을, 그리고 그 이후의 제 IV장에서는 개인 및 사회에 대한 물음을 주요 논제로 택해 다루고자 한다. 그리스 사상에서의 자아 개념을 다루는 최근의 많은 논쟁은, 윤리와 가치에 대한 논쟁 역시 그런 것과 마찬가지로, 그리스 문화에서 발전의 분명한 노선을 추적할 수 있는지에 대한 물음에, 그리고 자아 및 정신에 대한 그리스의 견해와 현대의 견해 사이의 관계에 대한 물음에 집중되어왔다.

1. 호메로스와 비극에서의 인간 심리

호메로스와 비극에서 그려지는 인간의 심리에 대한 이러한 논쟁은 그리스의 시 전통 안에서 두드러지는 두 특징적인 심리적 표현으로부터 출발한다. 그 가운데 하나는 인간의 심리적 삶이 호메로스와 그 이후의 그리스 시에서, 특히 서정시와 비극에서, 하나의 복합체를 이루는 '부분들' 혹은 심리적 작용을 일으키는 능동적 주체들agents 사이의 상호작용interplay이라는 식으로 묘사되고 있다는 사실이다. 그 부분들이란 튀모스thumos(기개), 메노스menos(기운, 격앙), 케르ker(가슴, 심장 내지 심정), 프레네스phrenes(생각, 정신 혹은 마음) 등을 가리키며, 또 여기엔 프쉬케psuche(영혼, 생기, 때로는 감정)까지도 어느 정도 포함된다. 또다른 하나는 호메로스에게서, 더욱이 서정시와 비극에서, 인간이 자기 자신에 의해서든 혹은 남들에 의해서든, 아테ate(미망)와 (보통은 일시적이고 국부적인 유형의) 광기 그리고 신들림 내지 신적 개입과 같은, 외부의 힘 혹은 그에 준하는 힘의 영향하에 행동하는 존재로 그려지고 있다는 점이다. 이런 표현의 특징은 호메로스에게서 발견되기도 하나, 주로 서정시와 비극에서 더더욱 두드러지게 나타난다.

이와 같은 특징들을 이해하는 하나의 방식은 인간의 정신과 능동성agency에 대한 그리스 이념들이 점차로 발전해가는 양상을 보인다고 이해하면서 그것들을 설명하는 것이다. 예컨대 브루노 스넬은 호메로스에서 나타나는 그와 같은 두 특징 모두 인간의 능동성에 대한 보다 원시적인 형태의 이해를 보여준다고 주장하는데, 그의 주장을 바로 이러한 이해 방식의 한 사례로 볼 수 있다. 서정시 안에서 심리적 수동성에 대한 강조가 등장한다는 점은 인간이 이러한 능동성의 결여를 의식하기 시작했다는 것을 어쨌든 보여주고 있는 것이기도 하다. 실로 기원전 5세기 비극 전통이 시작되고 나서야 스스로 결정을 내리는 능력을 자각하는 존재로서 인간이 그려지고 있다는 점을 우리는 명시적으로 발견할 수 있다. 무엇보다도 에우리피데스의 『메데이아』에 등장하는 긴 독백(1021-

1080행, 특히 1078-1080행)에서 나타나는 '이성^{reason}'과 튀모스(기개) 사이의 분열에 대한 의식을 주목할 만하다. 바로 이와 같은 분열이, 자아와 어떤 '외부의' 힘 사이에서가 아니라, 그 **자아 안에서** 일어나는 것으로서 나타난다는 사실에 주목하여, 스넬은 비로소 이 지점에서 심리적 단일성과 능동성에 대한 맹아적 자각을 우리가 확인할 수 있으며, 이는 이후 프쉬케에 대한 그리스의 철학적 사유 안에서 더욱 발전하게 된다고 주장한다.[1]

비록 다른 학자들까지 그러한 발전이 반드시 이와 같은 방식에서 일어난 것이라고 보고 있는 것은 아니나, 그럼에도 스넬의 연구 결과 이래로 몇몇 잘 알려진 발전론적 설명들이 제시되어왔다. 예를 들면 도즈는 호메로스의 아테(미망)가 지닌 역할을 '수치심-문화$^{shame-culture}$'의 영향과 연관 짓는다. 잘못되었다고 판명되며 공적인 '수치'의 원천이라고 할 수 있는 종류의 행위들, 가령 아킬레우스에게 승리의 전리품으로 주어진 여인을 아가멤논이 가로챈 것과 같은 행위들은, 그것들이 일종의 신성에 준하는 힘으로 '기획되고^{projected}' 있음으로써 외면적으로 드러내지고 있다는 것이다.[2] 이와 유사하게 애드킨스 역시 초기 그리스 시 전통 안에서 발견되는 인간의 능동성과 책임에 대한 이해의 부족을, 의식적이거나 숙고적인 의도에 의해서라기보다는, 행위 내지 행위의 성공과 실패 여부에 따라서 사람을 판단하는 유형의 사회와 연관지어 이해한다.[3] 장 피에르 베르낭은 발전의 양식이란 구조주의적^{structualist} 접근법과 결합되어 있으며, 그러한 접근법 안에서는 시의 형태들이 특정 시대에서 통용되고 있는 사상과 사회의 구조들을 표현해내는 것으로서 드러난다고 논한다. 더불어 그는 (예컨대 아이스퀼로스의 『아가멤논』205-227행에서, 이피게네이아를 제물로 바치기 전에 아가멤논이 지닌 정신 상태를 통해서 볼 수 있듯이) 그리스 비극에서 심리적 능동성과 수동성의 결합이 특수한 '역사적 순간historical moment'을 표현하고 있다고 간주하기도 한다. 그 순간이란 오이코스oikos, 즉 '가족' 혹은 '가정이나 집안'을 중심으로 하여 이루어진 책임의 틀을 시민으로 구성된 조직체가 대체해가는 시점이다. 이와 같은 변화는 개별적 시민으로서의 책임에 대한 의미를 더욱 확장시키는 일을 촉진했으며, 이후 아리스토텔레스는 자발성과 책임에 대한 이념들을 분석하면서 이를 체계화했다. 그리고 비극은 개인적 책임에 대한 의식의 발현이, 누군가의 행위에 대한 책임이 그 자신뿐만 아니라 그의 가정, 그리고 분노를 상징하는 에리뉘스 세 여신들*이나 '집안에 깃든 저주'처럼, 가정사와 연관되어 있으면서 동시에 신적인 힘을 가진 존재들 모두에 걸쳐 분담되어 있다고 여기던, 과거의 견해와 함께 뒤섞여 있는 과도기적 시점을 묘사한다.[4]

초기 그리스 심리에 대한 다른 연구들, 예컨대 얀 브레머나 데이비드 클라우스의 연구들은,[5] 역사-문화적 설명의 양식을 명확히 제시하지 않은 채 일종의 발전론적 틀을 전제하려는 경향을 보인다. 반면 그리스 비극에서 드러나는 인간 심리에 대한 루스 파델의 설명은 이와는 다른 노선을 취한다. 스넬의 해석과 유사하게 파델은 비극에서 인간의 심리가 수동적으로 표현되고 있으며, 그것이 광기나 신성한 힘을 향해 개방되어 있다는 특징뿐만 아니라, 담(膽)이라는 뜻의 스플랑크나splangchna라는 용어를 사용하고 있는 경우에서와 같이,** 심리적 부분들에 대한 물

---

* 원문에서 저자는 간단히 'the Furies'라고 적고 있으나, 이는 분노의 자매 여신들인 알렉토Alēktō, 틸푸시아Tiphousia(또는 티시포네Tisiphone), 메가이라Megaira를 총칭하여 가리키는 영어식 표현이기 때문에, 이를 풀어서 우리말로 옮겼다. 이 여신들은 에리뉘에스Erinyes('에리뉘스Erinys'의 복수형태)라는 이름으로 불리기도 한다.

** '스플랑크나'는 일차적으로 신체의 내부에 있는 '장기 부분들', 즉 '내장들'을 가리킨다.

질적 이해가 두드러진다는 점을 강조한다. 그러나 그녀는 이런 특징들을, 심리적 이해에서 문화적으로 결정된 발전 단계를 표현하는 것으로 보기보다는, 비극이 지닌 독특한 견지를 구성하는 것이라고 본다.[6]

인간의 심리뿐만 아니라 윤리를 표현하는 그리스 사유를 연구하면서 버나드 윌리엄스는 그리스 심리에 대한 이전의 많은 해석들과 단절을 보일 뿐만 아니라, 대다수 발전론적 설명의 기저에 놓여 있는 전제들에도 도전장을 내민다. 무엇보다 윌리엄스는 스넬과 애드킨스가 완전히 발전된 인간 능동성의 모델을 설명하기 위해서 무척이나 특수한 전제들을 사용하고 있다고 지적한다. 윌리엄스에 따를 경우, 스넬은 어떤 결정이 '진정한 인격적genuine personal' 결정으로 간주될 수 있는 것은, 오직 그 결정을 내리는 것을 의식하고 있는 자가 스스로 결정을 내리고 있다는 것을 인지하는 경우에, 그리고 그런 자가 스스로를 '나', 즉 자아-인식의 단일한 주체로서 여기는 경우에만 가능하다고 전제하고 있다. 아울러 윌리엄스는 스넬과 애드킨스 모두 인간 능동성에 대한 일종의 '의지주의적volitionist' 모델을 전제하고 있으며, 그러한 전제 안에서 인간의 행위를 의지의 의식적 행동으로 간주하고 있다고 본다. 더불어 윌리엄스는 그들이 완전히 발전된 인간 능동성의 모델이 인간 자유에 대한 특수한 (그러면서 무척이나 강한) 개념을 함의한다는 전제 역시 지니고 있다고 본다. 이는 의지하고 선택하며 원하는 대로 행할 자유가 인간에게 근본적으로 주어져 있으며, 따라서 인간 스스로가 자기 행위에 책임을 져야

여기서 저자는 내장을 가리키는 용어가 동시에 심리 상태를 드러내기 위해서 쓰이는 경우를 예시하려고, 이와 같은 용어를 쓰고 있으며, 따라서 이를 물질적 대상과 심리적 상태 모두를 뜻할 수 있는 'guts'로 옮겨 표현하고 있다. 이는 우리말에서 '담(膽)이 크다'나 '담이 작다'와 같은 표현을 통해서 물질적인 쓸개를 가리키면서, 동시에 배짱이 두둑하다거나 겁이 많다는 심리적 상태를 뜻하는 경우와 유사하다고 할 수 있다.

한다는 점을 내포한다. 그러나 윌리엄스는 이와 같은 전제들이 17세기와 18세기의 영향력 있는 철학자들, 특히 데카르트나 칸트와 같은 철학자들이 제시한 이념들에 기대고 있다고 지적한다. 그러므로 그 이념들이 실제로 타당한지와 관련하여 윌리엄스 자신뿐만 아니라 현대의 많은 사상가들이 의문을 던지고 있다. 그런 까닭에 윌리엄스는 이러한 유형의 발전론적 설명을 수용하는 학자들에게 자신들이 완전히 발전된 인간 능동성 모델과 책임을 논하기 위해서 (의심스러우면서도) 강한 전제들을 쓰고 있다는 점을 자각하고 인정하라고 요청한다.[7]

또한 윌리엄스는 호메로스와 그리스 비극 안에서 묘사되는 인간의 심리에 대한 그림이 인간의 경험에 대하여 현대인들 역시 여전히 인지할 수 있는 종류의 신뢰할 만하고 심오한 이해를 표현하고 있다고 논한다. 다시 말해서 이러한 그림은 윤리적 함의가 지닌 적절한 의미를, 즉 인간이 때로는 자기 감정의 영향력에 종속되어 있다는, 아니면 인간이 개별자로서 스스로 이성적으로 숙고하여 이룬 행위로부터는 끌어낼 수 없는 성격의 도덕적 주장들이 가진 힘에 종속되어 있다는 사실을 표현하고 있다는 것이다. 특히, (그리스 철학에서라기보다는 오히려) 그리스 시 전통은 윌리엄스가 가진 생각에 중심축이 되는 서로 연관된 두 이념들의 힘, 다시 말해서 '능동적 주체의 후회agent regret'와 '도덕적 행운moral luck'을 표현한다. (이것들 가운데 '도덕적 행운'이 보다 일반적인 범주라고 여겨지는데, 그 안에 '능동적 주체의 후회'가 하나의 측면으로 속하기 때문이다.) '도덕적 행운'과 관련된 사유의 핵심은 어떤 인물의 행위가 지닌 윤리적 성질이 그 행위를 야기하게끔 하도록 기저에 놓인 의도의 성질에 의해서만이 아니라, 그 행위의 결과, 즉 능동적 주체의 통제 영역 밖에 있는 요인들로부터 영향을 받는 그러한 결과에 의해서도 결정된다는 것이다. 반면 '능동적 주체의 후회'와 관련된 이념은 인간들이 자신 스스로 행하기는 했으나 숙고하여 행하지는 않은 행위들에 대해서도 어느 정도 도덕적 책임을 그들이 적합하게 진다는 것이다. 예를 들면, 자신의 (의도하지 않은) 범죄에 대한 오이디푸스의 반응이나, 자신의 (의도하지 않은) 가족 살해에 대한 헤라클레스의 반응, 즉 타락과 수치에 대한 그들의 반응들은, 그 당시의 그리스 청중들에게만이 아니라, 현대의 독자들에게도 도덕적으로 이해될 수 있는 것들이다. 초기 그리스의 시 전통에서 윤리에 관련된 사상뿐만 아니라 심리와 관련된 사상도 이와 같은 이념들을 표현하고 있는 한, 이러한 사상은, 인간의 능동성과 책임에 대한 원시적인 수준에서의 그림을 그리고 있다기보다는, 오히려 인간의 경험에 대한 심오한 반응을 드러내고 있는 것이라 할 수 있다.[8] 그리고 그리스의 시 전통에서만이 아니라, 그리스 비극도 (아울러 몇몇의 그리스 철학도) 이와 같은 이념들을 표현해내고 있다고 독해하는 것이 가능하다는 제안 역시 제시된 바 있다. 특히 마사 누스바움이 그리스 비극과 철학적 사유에 대한 그녀 자신의 폭 넓은 연구를 통해서 이와 같은 입장을 모색한다.[9]

윌리엄스가 주장하는 바 전체를 우리가 받아들이든 그렇지 않든, 그의 주장은 그리스의 심리적 모델과 윤리적 모델을 탐구하려고 상정한 전제들에 대해서 근본적인 물음들을 제기한다는 점에서 무척이나 중요하다고 할 수 있다. 그의 견해들이 함의하는 바를 음미하려면 그것들을 인간의 심리에 대해서 그리스 철학이 제시하는 설명들과 관련되어 이루어진, 그러면서도 같은 주제에 대해서 그리스의 시와 비극 전통에서 발견할 수 있는 입장들과도 부분적으로 유사한 병행성을 이루는 몇몇의 주장들과 함께 취하여 살피는 것이 유용하다. 예를 들면, 캐슬린 윌크스는 호메로스에서 드러나는 인간의 심리와 아리스토텔레스가 제시한 인간의 심리 모두를 가리키며, 그것들이 데카르트가 제시한 인간 정신에 대한 그릇된 모델, 즉 자아-인식과 자아의 원천인 단일적 '나'에 초점을 맞춘 모델을 대체할 수 있다고 본다. 윌크스는 이러한 데카르트식 모델이 심리적 단일성에 대한 거짓된 이념과 인간의 심리적 삶이 의식적 수준에서 일어나는 범위에 대한 잘못된 이해에 기인한다고 논하면서, 이런 맥락에서 인간의 심리적 삶을 한 복합체의 부분들 혹은 (튀모스(기개) 또는 프레네스(생각) 등과 같은) 능동적 주체들 사이에서 벌어지는 상호작용이라고 이해하는 호메로스의 표현이 더욱 신빙성이 있으며, 이는 소위 현대의 '기능주의^{functionalist}' 심리학과 같은 것이 제시하는 종류의 모델에 더욱 가깝다고 본다.[10] 대니얼 데넷과 같은 기능주의자들은 인간의 행위를, 의식적인 의도의 관점보다는, 기능들 혹은 체계들 사이에서 벌어지는 상호작용 또는 소통의 관점에서 분석한다. 플라톤과 아리스토텔레스 그리고 몇몇의 다른 그리스 철학자들의 설명 안에서도 인간의 심리는, 호메로스에서 그런 것과 마찬가지로, 부분들 혹은 기능들 사이의 상호작용으로서 (예컨대 플라톤의 경우 이성과 '기개' 사이의, 혹은 이성과 욕구 사이의 상호작용으로서) 묘사되고 있다. 이처럼 현대 기능주의적 심리학과의 유사한 병행성은 심리에 대해서 이와 같은 모델을 제시하는 그리스의 철학적 그리고 시적 논의 형식들을, 그것들이 데카르트의 모델과 충분히 닮아 있지 않아서 결함이 있다고 여기도록 하기보다는, 오히려 더욱 신뢰할 만하고 이해할 수 있는 것들로 여기도록 하는 데에 도움을 줄 수 있다.[11]

도널드 데이비슨이 발전시킨 현대의 '행위-이론$^{action-theory}$'과 인간의 동기에 대한 아리스토텔레스 혹은 스토아 학파 사이의 유사한 병행성은 고대와 현대의 입장들 사이에서 간혹 볼 수 있는 또다른 유형의 사상적 병행성이라 할 수 있다. 데이비슨이 취한 접근법의 핵심적인 특징은 인간의 행위를 그 행위 안에서 표현된 믿음과 욕구에 호소하는 방식으로 설명한다는 데 있다. 행위를 이루는 인물이 스스로 그러한 믿음과 욕구를 동기로 의식을 하든 그렇지 않든 상관없이 말이다.[12] 학자들은 (동기를 분석하기 위해서 사용된 논리적 추론으로서) '실천적 삼단논법practical syllogism'을 사용하는 아리스토텔레스가 이와 비슷한 방식의 접근법을 함의하고 있다고 본다. 그와 같은 삼단논법의 단계들은 믿음과 욕구를 표현하는데, 행위를 이루는 그 인물이 이와 같은 모든 단계들을 의식하고 있든 그렇지 않든 상관없이, (또 때로는 그 행위자가[13] 그것들을 의식하고 있지 않다고 분명히 말해지는 경우라도, 마치 논리적 논변에서처럼) 바로 그 믿음과 욕구들로부터 행위가 '따라온다.'[14] 이와 유사하게 스토아 학파의 모델에서도 사물들이 인간에게 '나타나 보이는' 방식을 드러내는 합리적 '현상' 혹은 합리적 '인상(판타지아phantasia)'이 인간 행위를 설명하는 데 중요한 역할을 한다. 사람들이 특정 유형의 인상들, 즉 행위의 과정에 가치를 귀속시키는 인상들에다 ('예'라고 말하며) 그것들을 받아들이는 데에 '동의한다'는 사실은 일정하게 주어진 방식에서 행동하도록 하는 '충동(호르메horme)'을 설명하는 데에 적합하다. 이와 같은 인상들과 동의가 의식될 수도 있고 그렇지 않을 수도 있다. 그러나 여기서 행위를 설명하고 있는 것은, 그 과정이 의식의 한 종류라는 사실이 아니라 (혹은 그것이 '나'라는 자아-인식을 포함하고 있다는 사실이 아니라) 그 행위가 인상들과 동의의 기저에 놓인 믿음들로부터 '따라온다'는 사실이다.[15] 다시 이는 스넬과 애드킨스가 전제했던 유형과는 대조를 이루는데, 그들이 보기에 완전히 발전된 심리적 모델이란 인간의 행위가 인간의 의식적 의지에 기초한 것으로 파악된다고 하는 모델이기 때문이다.

이와 같은 후기 그리스 이념들과 현대의 이념들을 염두에 두고서 호메로스 심리에 대한 해석으로 돌아갈 경우, 상황은 대부분의 발전론적 설명들 안에서 간주되던 방식과는 무척이나 다른 식으로 드러난다고 할 수 있다. 『일리아스』의 전투 장면에서 발견되는 숙고적 독백은 인간적 동기에 대한 이해를 표현하고 있다고 볼 수 있으며, 이런 이해방식은 후기 그리스 이론들 및 현대의 행위-이론들 안에서 발견되는 이해방식과 상당히 닮아 있다. 그 독백은 (1) 주어진 목적에 이르기 위한 수단을 마련하고자 하는 형태로서의 추론reasoning이나, 아니면 (2) 주어진 행위를 일반적인 부류 안으로 넣고자 하는 형태로서의 추론을 표현한다. 가령, '내가 이것을 하면, 이러이러한 일이 벌어질 것이다'와 같은 구문에서는 (1)의 경우를, 그리고 '이것은 용맹한 장수들이 하는 종류의 일이니, 나는 이런 것을 해야 한다'와 같은 구문에서는 (2)의 경우를 발견할 수 있다.[16] 그리고 이런 형식은 숙고deliberation에 대한 아리스토텔레스의 설명방식으로서 이해할 수 있다. 이와는 달리 이것이 스토아 학파의 모델, 즉 무엇이 할 가치가 있는 것인가에 관한 '인상들'에 인간의 능동적 주체'가 '동의한다assent'는 모델을 예견하고 있다고도 볼 수 있다. 스토아 학파의 용어를 빌려 말하면, 그러한 독백의 단계들은 당사자들에게 상황이 '현상되는appear', 즉 '나타나는' 방식을 표현한다. 그리고 당사자들은 이러한 방식 안에서 제시된 행위의 가능한 과정들에 대해서 '예'라고 (혹

---

* 물론 스토아 학파에게는 인간이 그 스스로 어떤 행위를 결정하는 주체이겠으나, 여기서 말하는 능동적 주체란 전체로서의 인간을 구성하는 부분들인 보다 구체적이고 세분화된 이해에서의 주체, 즉 '이성'이나 '정신' 혹은 '추론의 중추(헤게모니콘hēgemonikon)'와 같이 인간 안에서 결정을 내리는 핵심적 부분을 가리킨다.

은 '아니오'라고) 말함으로써 자신이 어떤 행위를 할지 결정한다.[17] 이와 같이 해석되는 한, 추론의 이러한 형식들은 동기에 대한 타당한 모델을 구현한다고 할 수 있다. 자신이 어떤 행위를 할지 선택하고 있다는 점을 능동적 주체가 스스로 의식하고 있다는 의지의 자아-인식적 행위를 명시적으로 그려내고 있지 않다고 해서, 그런 형식들이 숙고를 적합하게 표현하고 있지 않다고 반드시 여겨야 할 필요는 없기 때문이다.

　그렇다면 호메로스와 비극의 심리에서 보다 '수동적이라고' 표현되는 측면들은 어떻게 이해되어야 하는가? 최근 연구들은 스넬과 애드킨스가 제시했던 것과 같은 발전론적 설명들이 기댄 가정과는 구분되는, 혹은 그보다 더욱 유용하다고 할 만한, 설명의 틀을 제공해왔는가? (위의 미주 8과 관련된 위의 본문에서 볼 수 있듯이) 인간이 종종 자신 안의 힘에, 아니면 자신이 처한 상황에 혹은 그러한 상황이 야기하는 윤리적 주장에 종속되어 있다는 점을 인식하는 데에 적합하게 반응하고 있다는 점이 바로 이러한 수동적인 측면을 부분적으로나마 반영하고 있다는 윌리엄스의 주장을 앞에서 살핀 바 있다. 그러나 주어진 감정적 반응이 능동적인지 수동적인지, 그리고 그것이 '나'로부터 비롯되는 것으로서 그려지고 있는지, 아니면 어떤 의미에서 '나'가 아닌 심리적 특징으로부터 비롯된 것으로서 그려지고 있는지를 결정하는 사회 및 인격상호적 판단의 틀에 주의를 기울이며, 윌리엄스의 주장과는 또다른 해석의 노선을 제시할 수도 있다. 도즈는 이러한 해석의 노선을 받아들여, (『일리아스』 19권에서 아가멤논이 사용하고 있는 것으로 잘 알려진 표현인) 아테(미망)라는 이념에 대한 호메로스의 용법을 설명하고 있다. 그러나 '수치심-윤리shame-ethics'에 관한 도즈의 견해를 꼭 수용하지 않더라도, 이러한 해석의 노선은 그 자체로 발전될 수 있다.[18]

예를 들면, 『일리아스』 9권에서 등장하는 인물들이 사용하는 심리적 언어의 서로 다른 형태들에 주목할 경우, 아킬레우스로 하여금 그 자신의 분노, 즉 그의 튀모스(기개), 콜로스cholos(분노 또는 화), 혹은 메니스mēnis(격노)와 관련하여, 이를 발휘하는 데에서 그 스스로가 능동적인지 혹은 수동적인지를 보라고 고무하는 그들의 촉구가 상황의 옳고 그름에 대한 그들의 견해와 연결되어 있다는 것을 볼 수 있다. 일반적으로 그 인물들은 아킬레우스가 자신의 튀모스(기개)를 '통제할' 수 있거나 아니면 '억누를' 수 있다고 묘사하면서, 자신들이 볼 때 그가 그렇게 해야 하는 것이 좋다고 할 이유들을 아킬레우스에게 제시한다.[19] 그러는 가운데 또다른 등장인물인 포이닉스는, 계속하여 비-이성적으로 분노하다가 결국에는 그로 인해서 아무런 이득도 보지 못한 채 자신의 분노를 포기하고 마는 멜레아그로스의 경우를 반대 사례로 인용하기도 한다. 포이닉스는 멜레아그로스의 심리적 상태를 수동적이라고 묘사하며, 보통 지각 있는 자들의 가슴 속에서도 '차오를' 수 있는 분노 내지 화(콜로스)가 '그를 사로잡았네'라 말한다. 이에 이어 (『일리아스』 9권 553-555행과 595-598행에서) 포이닉스는, 멜레아그로스가 스스로 아무런 이득도 보지 못한 채 결국 자신의 분노를 포기하고 말았을 때, 그의 '튀모스가 일어났고' 그는 '자신의 튀모스에 굴복했네'라고 말한다. 멜레아그로스의 경우와 달리, (『일리아스』 9권 645-648행에서) 아킬레우스는 자신이 직접적으로 처한 장면의 결정적인 순간에, 사람들의 말이 가진 힘을 알기는 하겠으나 그럼에도 스스로가 얼마나 수치스럽게 대우받았는지를 생각할 때면 '자신의 마음에 분노가 차오른다'고 스스로 말한다. 이 구절은 아킬레우스가 자신이 잘못을 저질렀다는 것을 인정하며, (포이닉스가 그려내고 있는) 멜레아그로스와 마찬가지로 자신이 스스로의 감정에 휩쓸리고 있다는 것을 표현한다고 이해되어왔다.[20] 그러나 아킬레우스의 경우에서 '수동적'으로 제시되는 심리적 표현은, 그와 같이 말하는 인물이, 비록 자신을 다른 방향으로 이끌 다른 종류의 까닭이 (혹은 감정이) 있다는 것을 알고 있음에도, 스스로 생각하기에 그처럼 느끼는 것이 옳다고 하는 종류의 정서를 표현하기 위해서 사용되고 있다고 보는 편이 더욱 그럴듯하다.[21]

에우리피데스의 『메데이아』에서는 메데이아가 자기 남편을 응징하고자 자신들의 아이들을 살해하려는 계획을 수행하기 위해서 자신 스스로를 북돋으며 하는 인상적이면서도 무척이나 긴 독백이 등장하는데, 많은 학자들은 이 독백에 주의를 기울여왔다. 이 독백을 하는 과정에서 메데이아는 이와 같은 자신의 계획 및 그녀가 보았을 때 이런 계획을 완수토록 하는 자신 안의 부분을 (즉, 종종 그녀의 튀모스라고 표현되는 부분을) 그녀 자신과 동일시하는 한편, 또 자신을 이런 것들로부터 분리시켜 거리를 두기도 한다. 예컨대 독백을 마칠 무렵에서 그녀는 (보다 선호될 수 있는 번역 용어에 따르면) 튀모스를 '내 [복수revenge]' 계획의 주인'이자 그녀 스스로 보았을 때에도 어떤 측면에서는 '나쁘다'고 할 행동을 그녀로 하여금 기꺼이 수행하도록 만드는, 그녀 자신과 구분되는 일종의 어떤 것으로 여긴다. 그러면서도 그녀는 독백의 보다 앞선 부분, 즉 결단을 내리고자 하는 부분에서는 이와 같은 계획 및 이에 관련된 감정들과 자신을 동일시하며, 그런 행동을 수행할 자신의 손이 '나약해지지' 않도록 자신의 결의를 되새긴다.[22] 앞에서 살펴보았듯이, 스넬은 이 연설을 자아에 대한 이념 발전의 중요한 단계를 나타내고 있다

---

* 에우리피데스의 『메데이아』에서는 '내 계획의 주인'이라고만 표현되어 있으나, 여기서 저자는 그 계획의 배경 및 내용을 명시하기 위해서 '복수'라는 용어를 첨언하고 있다.

고 보며, (위의 미주 1과 관련된 본문에서 논했듯이) 이를 통해서 그리스 문화가 비로소 처음으로 **자아** 안에서 발생하는 갈등의 문제를 표현하고 있다고 해석한다. 그러나 그리스 심리론의 흐름에 대한 스넬의 제안을 수용하는 것이 문제가 된다는 점에 대해서도 역시 개괄적으로 설명했다. 그렇기 때문에 메데이아의 경우는 그리스 사상의 초기와 후기 모두에서 발견할 수 있는 현상의 인상적인 한 사례로, 다시 말해서 자아 안에서 발생하는 상충이라기보다는 오히려 주어진 처지에 대한 윤리적 판단을 표현하기 위해서 (능동적이고 수동적인 표현 및 자아-동일적self-identifying 표현과 자아-분리적self-distancing 표현 등을 포함하는) 다양한 종류의 심리적 언어 사용의 사례로 보는 편이 더욱 마땅해 보인다.[23]

이와 같은 경우들에서 결정을 내리는 요인은 단순히 어떤 한 순간에 가지게 된 개인적이고 주관적인 감정이 아니다. 주어진 상황과 윤리적 주장들에 따라서 느끼거나 행하기에 옳다고 혹은 '합리적reasonable'이라고 생각하는 바가 바로 결정의 주된 요인이라 할 수 있다. 달리 말하면, 그리스 서사시나 비극에서 심리적 언어는 극(劇) 혹은 서사 전체가 구성하는 '논변argument'의 일부로 여겨질 수 있을 뿐만 아니라, 어떤 행위를 실천하는 가운데 그것의 옳고 그름에 대해서 등장인물이 지니는 '논변'의 일부로서도 여겨질 수 있다.[24] 아울러 이와 관련하여, 메데이아의 유아 살해와 같은 행위가 그런 행위를 하는 인물이 피력하는 일종의 '본보기 자세exemplary gesture'로 간주될 수 있다는 생각을 전개해볼 수도 있다. 다시 말해서, 커다란 이득을 자신에게 베푼 아내를 배반한 이아손의 행위처럼, 보기 드문 악행을 극화(劇化)하기 위해서 구상된 '본보기 자세'로 여길 수 있다는 것이다. 행위 당사자 역시 관습적인 기준에 따를 경우 그런 행위가 옳지 않다고 인지하겠으나, 그럼에도 그 행위자는 그런 행위를 자신들이 겪은 잘못의 본성을 극화하여 정당화하는 방식으로서 여기고 있는 것이다. 그렇다면 메데이아의 유아 살해, 그리고 그런 행위를 하도록 동기를 준 감정들은 관습적인 기준에 따라서 전적으로 '비-합리적'이겠으나, 메데이아 자신의 관점에서는 (그리고 그런 상황의 윤리에 대한 그녀의 암묵적 '추론'에 기초해서는) 그 행위가 일종의 본보기 자세로 정당화된다.[25]

2. 그리스 철학에서의 심리

대체로 이와 유사한 유형의 해석이 그리스 철학에서 제시된 규범적 심리 상태와 결함적 심리 상태를 파악하는 데에도 적용될 수 있다. 앞에서 주목했듯이 최근의 연구 전통은 심리 상태와 관련된 이와 같은 자료를, 스넬과 애드킨스가 전제한 (데카르트나 칸트에 의해서 제시된) 초기 현대 이론들보다는, 오히려 마음 및 정신에 대한 기능주의나 행위-이론과 같은 현행 이론들에 비추어 해석하려는 경향성을 보여왔다. 이러한 변화는 인간의 심리적 삶을 (스넬과 애드킨스가 인격에 대한 원시적 이해의 표식으로 여겼던) 부분들과 기능들 사이의 상호작용의 형태 안에서 제시하려는 그리스적 경향을 보다 적극적으로 다루도록 유도해왔다. 또한 이는 인간적 감정과 욕구들이 믿음과 추론에 의해서 특징적으로 형성된다고 하는 이념에 커다란 관심을 불러일으키기도 했다. 이와 같은 발전은 (흔히 '의지의 나약함^{weakness of will}'으로 번역되는) 아크라시아^{akrasia}(자제력 없음)에 대한 아리스토텔레스의 설명 및 이와 관련하여 심리적 상호작용과 상충에 대해서 논하는 그리스 이론들을 학문적으로 다루는 경우에서 특히 주목을 받아왔다.[26]

이런 연관성에 관심을 새로 촉발시킨 이론은 『국가』에서 플라톤이 제시한 프쉬케, 즉 영혼의 삼분(三分) 모델이다. 간혹 이 모델은 심리적 모델로 보기에는 다소 부적절하다고 여겨지기도 했다. 특히 영혼의 세 부분 가운데 '기개적인(튀모에이데스^{thumoeides})' 부분은 일종의 인위적인 요소로 간주되었으며, 특히 이상적인 영혼에 유비가 되고 있는 이상적인 국가에서 '보조적인' 계급에 대응시키고자 주어졌다고 여겨졌다. 그러나 이 기개적인 부분을 초기 그리스 심리에서 튀모스(기개)가 가진 역할과 지성적으로 연결되는 것이자, 그리스의 시 전통에서 이런 요소와 연계되어 수치와 명예의 윤리적 역할을 발전시킨 것이라고도 볼 수 있다. 또한 『국가』에서 플라톤이 관심을 두던 중심적인 문제는 (정서적 열망, 그리고 어느 정도는 욕구까지 포함하여) 전체로서의 인격이 윤리적 이상에 따라 어느 범위만큼이나 형성될 수 있는가에 대한 것이다. 그리고 이런 맥락에서 기개적인 부분은 핵심적인 역할을 하고 있다.[27] 플라톤은 『국가』와 『파이드로스』 등을 통해서 영혼을 구성하는 부분들 혹은 그 부분들이 지닌 기능들 사이의 상호작용 혹은 대화로서 인간의 심리적 삶을 그려내고 있기 때문에, 종종 데닛이나 프로이트의 기능주의적 모델과 비교되고는 했다.[28] 프로이트와의 비교는 특히 도발적이기까지 한데, 프로이트 역시 인격의 부분들 사이에서 벌어지는 상호작용의 본성이 발달의 (즉, 프로이트 자신이 심리-사회적$^{psycho-social}$ 용어뿐만 아니라 심리-성적$^{psycho-sexual}$ 용어를 통해서 분석하는 그러한 발달의) 과정에서 발생하는 성공 혹은 실패에 의해서 형성된다는 이념에 관심을 가지고 있었기 때문이다. 그러나 프로이트에게 부분들이란 (에고^{ego} 혹은 자신^{Ich}을 가리키는) 자아-인식적 '나'를 구성하는 것에 혹은 이를 구성하지 않는 것과 관련되어 규정되는 반면, 플라톤이나 다른 그리스 사상가들에게 핵심이 되는 능동적 주체는 자아-인식적 '나'라기보다는 '이성'이라는 점이 분명히 주지될 필요가 있다.

그리스의 윤리적 심리학에서 이성의 역할을 고려할 때, '이성(로고스logos)'이라는 용어가 그 의미에서 세 가지 주요한 유형을 담고 있다는 바를 유념하는 것이 중요하다. '이성'이라는 용어는 (추론이나 판단함 혹은 앎과 같은) 특정 유형의 기능을 의미할 수 있다. 아울러 이는 일종의 규범, 즉 행동하거나 느끼거나 아니면 사유하는 경우에서의 '올바른right' 혹은 '합리적인' 방식을 의미할 수도 있다. 또한 이는 욕구의 한 양식, 다시 말해서, 이성이 어떤 식으로 이해되든 간에, 그 기능을 가능한 최선으로 이행하려는 욕구를 의미할 수도 있다. 비록 플라톤과 같은 그리스 사상가들이 이런 다양한 의미들을 명확히 구분하려는 경향을 보이지는 않지만, 그들의 이론을 이해하기 위해서는 그처럼 의미들을 구분하여 볼 필요가 있다. 예를 들면 『국가』에서 '이성의 다스림reason's rule'이라는 논의를 통해서 플라톤이 꾀하고자 하는 이상은 합리적 기능들이 기개와 욕구를 '다스리는' 종류의 (그리고 기개와 욕구 역시 이런 방식에서 다스림을 받도록 '설득되어온') 심리적 상태만을 의미하지는 않는다.[29] '이성'은 **올바른** (합리적인) 이상들에 의해서 합리적 기능이나 다른 기능들이 형성되는 상태까지 포함하여 의미하기도 한다.* 더 나아가, 비록 많은 이들이 다다르지 못할지도 모르나, 플라톤에게 가능한 한 최선의 인간적 상태는 가능한 한 최선의 인간적 욕구에 의해서 '다스려지

---

* 여기서 저자가 의도하는 바는, 플라톤의 논의에서 발견할 수 있는 진정한 의미에서의 '이성'이란, 영혼의 한 부분으로서 따로 분리되어 독립적으로 있는 어떤 특정 부분 혹은 그 기능인 것뿐만 아니라, 영혼의 다른 부분, 즉 기개적이고 욕구적인 부분들까지 이성적인 부분의 다스림을 따름으로써, 영혼이 '전체적으로 이성적인 상태' 혹은 '전체적으로 이성에 따르는 상태'가 되는 것까지도 포함한다는 것이다.

는' 상태, 즉 객관적인 윤리적 진리인 좋음의 형상을 알고 있는 상태이자 이를 따라 살아가는 상태이다. 『국가』에서 강조되고 있듯이, 후자의 유형에 해당되는 다스림은, 이성의 다스림을 받는 철학자들의 기개와 욕구를 재형성하여 그들이 통상적으로 덕을 갖추었다고 여겨지는 자들보다 더욱 완전한 의미에서 스스로 절제 있고(소프론^{sōphrōn}) 용감해지도록 하는 결과를 낳는다.[30] 플라톤 스스로도 인지하고 있듯이, 그 결과 기개와 욕구는 (그것들로 인해서 철학자가 윤리-정치적^{ethico-political} 역할을 할 준비를 갖추게 될 것이기는 하나, 그보다는) 철학적 탐구를 통해서 진리를 추구하고자 하는 데에로 더욱 강하게 이끌리게 된다.[31] 그럼에도 그와 같은 기개와 욕구의 재형성으로 인해서 철학자는, 다른 이들을 위한 심리적이자 윤리적인 기준들을 설정하고자, 자신의 기개와 욕구를 특별히 잘 갖추게 된다.

메데이아가 하는 독백에서의 경우나 다른 시 구문들에서의 경우처럼, 플라톤의 이론에서도 무엇을 올바르다고 혹은 '합리적이다'라고 간주해야 하는가에 대한 질문은 심리적 부분들의 본성과 상호관계성을 결정하여 제시하는 데에 무척이나 중요하다. 『니코마코스 윤리학』의 7권 3장에서 아크라시아를 분석하는 아리스토텔레스의 논의에 대해서도 대체로 마찬가지라고 할 수 있는 점이 발견된다. 아크라시아는 종종 '의지의 나약함' 혹은 '자제력 없음'으로 번역되나, 이러한 번역어는 (칸트적 모델인, 그리고 『메데이아』를 해석하면서 스넬이 염두에 두었던 것으로 보이는 모델인[32]) 합리적 의지와 전적으로 비-합리적인 욕구 내지 격정 사이에서 벌어진 실패한 경쟁을 시사한다는 오해를 불러일으킬 수 있다. 이런 모델은 아크라시아에 대한 아리스토텔레스의 설명에 부합하지 않는다. 아리스토텔레스는 아크라시아를 서로 대조되는 두 행위의 과정들을 정당화하는, 추론의 서로 경쟁하는 두 노선이라는 관점에서 (실천적 삼단논법을 통해서) 분석하기 때문이다.[33] 그렇다면 무엇이 추론의 이러한 두 노선 가운데 어느 쪽이 성공적으로 수행되어 행위로 옮겨질지를 결정하는가? 특히 행위의 당사자가 보통은 인정하지 않을 추론의 노선이 어째서 행위로 옮겨지게 되는가? 행위 당사자의 (옳은) 윤리적 믿음들이 윤리 교육 혹은 발전을 통해서 자신의 성품이나 '본성' 내지 '성향'에 아직 충분히 통합되지 않았기 때문에 그렇다는 것이 이 문제에 대한 해명이라고 할 수 있다. 비록 아리스토텔레스가 옳게 수행되었을 수도 있는 실천적 삼단논법을 훼방하는 '욕구'의 (혹은 '욕망(에피튀미아epithumia)'의) 결과로서 아크라시아의 과정을 일부 구절을 통해서 묘사하고 있기는 하나, 그럼에도 이에 대한 그의 일반적인 분석에 따를 경우 아리스토텔레스가 이를 일종의 '짐승의' 욕구*와 도덕적 이성 사이의 경쟁으로 보고 있지 않다는 점은 분명하다. 오히려 그 과정은, 아직 성품-발달이 제대로 이루어지지 않은 바람에, 행위를 동기 짓는 믿음-및-욕구belief-and-desire 형식이 행위 당사자가 스스로 올바른 (그리고 합리적인) 것이라고 인정하는 것들과 완전하게 조화를 이루지 못한 경우에서 벌어진다고 할 수 있다.[34]

아리스토텔레스의 이론에 대한 해석은 (여기서 지적할 수 있는 것보다 훨씬 더) 논쟁적인 문젯거리이기는 하나, 최근의 모든 설명들은 아리스토텔레스의 모델이 욕구 작용을 믿음과 추론의 관점에서 분석해낼 수 있다는 점과 욕구가 성품의 발달에 의해서 형성될 수 있다고 전제한다는 점을 대체로 받아들이고 있다. 이러한 점들을 받아들이면서 그 설명들

---

* 즉, 이성을 결여한 맹목적이며 육욕적인 욕구를 가리킨다.

은, 비록 언제나 명시적으로 그러는 것은 아니나, 믿음에-기반한다는 특징을 지닌 감정에 대한, 그리고 욕구를 형성하는 데에 끼친 사회적 규범들의 영향에 대한 현대의 몇몇 주도적인 사유방식을 반영하고 있다. 그러한 사유는 또한 정서 내지 격정(파테^{pathē})에 대한 스토아 학파의 이론을 다시금 평가하는 데에 기여를 하기도 한다. 이 이론은 (마치 플라톤의 『프로타고라스』편에서 발견할 수 있는 소크라테스의 이론처럼[35]) 종종 비현실적일 정도의 '합리주의적^{rationalist}' 혹은 '주지주의적^{intellectualist}' 이론으로 여겨지고는 한다. 그러나 최근 연구를 따를 경우, 스토아 학파의 이론을 이와는 다른 견지에서 살피는 것이 가능하다. 스토아 학파의 이론을 체계화시킨 주역인 크뤼십포스가 감정이 곧 믿음들이라고 주장하면서, 그가 아마도 플라톤의 이론을 비롯한 다른 그리스 이론들 안에서 이미 함의되어 있던 개념인 믿음에-기반한 감정이라는 개념을 강조하고 있는 것이라고 이해할 수 있다. 이를 보다 정확히 표현하자면, 크뤼십포스는 파테(격정)가 거짓된 믿음이라고, 좀더 구체적으로는 그것이 추구할 가치와 중요성이 있는 것과 그렇지 않은 것에 대한 거짓된 믿음이라고 주장한다. 더 나아가 그것은 주어진 방식에서 반응하는 것이 옳다는 믿음이기도 하다. (위의 미주 17과 관련된 본문을 통해서) 이미 앞에서 주목했듯이, 스토아 학파의 이론에서 (합리적 인상에 대한 동의의 형태로 표현되는) 이런 종류의 믿음은 반응들에 대한 동기를 촉발하는 데에 충분하다고 간주된다. 그리고 격정의 경우에서 반응들이란, '피해야 할 것으로 생각되는 것을 앞에 두고 벌어지는 일종의 움츠림^{shrinking}' 및 '추구해야 할 것으로 생각되는 것을 앞에 두고 벌어지는 일종의 일어섬^{rising} ^{up}'과 같은, 강렬한 정서의 특정 심신적^{psychophysical} 반응들을 포함한다.[36] 이런 방식에서 스토아 학파의 이론은 감정과 욕구의 정서적이고 심신적

차원의 가능성에 대한 여지를 제공하고 있으며, 그러므로 이런 맥락에서는 스토아 학파의 심리에 대한 이론이 전혀 '주지주의적'이지 않다고도 할 수 있다. 그러나 스토아 학파의 이론은 감정에 대한 이와 같은 비-주지주의적 견해를, 특히 적어도 행위에 대한 스스로의 결정을 내리는 성인(成人)의 경우와 관련하여, 이러한 반응들을 촉발시키기 위해서는 (인상에 대한 동의의 형태로 이루어진) 믿음들이 요구된다는 주장과 결합시키고 있다.

스토아주의는 (소크라테스가 그렇듯이) 일반적으로 아크라시아의 발생을 받아들이지 않는다고 이해된다. 정서적 반응이 믿음에 의존적이라고 생각된다면, 누군가가 자신의 믿음에 따라 행하고 느끼는 데에서 실패할 수 있다는 입장의 여지가 없을 터이기 때문이다. 그럼에도 불구하고 분명히 크뤼십포스는 에우리피데스의 『메데이아』에서 메데이아가 그녀 자신 심리의 상충적 상태를 똑똑히 읊고 있는 (1078-1080행의) 구절들에 커다란 관심을 보이고 있다. 이는 곧 크뤼십포스가, 사람들이 자신들이 행하고 있는 바가 잘못된 방향으로 이끌리고 있다는 사실을 스스로 자각하여 이를 명시적으로 표현하고 있으면서도, 동시에 이를 여전히 지속적으로 행하고 있는 경우에 관심을 가진다는 것을 의미한다. 크뤼십포스가 이런 데에 관심을 가진 까닭들 가운데 하나는, 잘못된 행위를 한다는 것을 자각하여 이를 자신이 자각한 대로 표현하면서도 그 행위를 멈추지 못하고 지속하는 그런 사람들 스스로가 자신들의 상태와 관련하여 격정에 대한 스토아 학파의 개념에 상응하는 어떤 입장을 표현하고 있다고 생각했기 때문인 것으로 보인다. 즉 크뤼십포스에 따를 경우, 메데이아가 '내가 하려는 일이 나쁘다는 걸 나는 알고 있네'라고 말할 때, 그녀는 자신의 감정이 (크뤼십포스가 자신의 입장에 따라 보기에는) 일종의 **거짓된** 믿음에 (즉, 이아손에게 분노로 반응하는 것이 옳으며, 이런 방식으로 그에게 복수하고 싶다는 것이 옳다는 믿음에) 기반하고 있다는 것을 깨달았음을 표현하고 있는 것이다.[37] 그리고, (크뤼십포스가 전제하는 이해 안에선) 메데이아가 '하지만 튀모스는 나의 숙고보다 더욱 강력하네'라고 말할 때,[38] 그녀는 격정이, 비록 믿음에 기반하고 있음에도, 마치 걷기보다는 달리고 있는 다리처럼,* 통제할 수 없게 되는 '과도한 충동excessive impulse'이라는 사실을 표현하고 있는 것이다. 정말이지 자신이 하는 일이 나쁘다는 것을 스스로 인지하고 있으면서도 그녀가 여전히 이를 지속한다는 사실은 격정의 이와 같은 특징 또한 지지해주고 있다.[39] 그러므로 믿음에-기반한 감정 모델의 가능한 가장 강력한 형태를 유지하고 있음에도 불구하고, 크뤼십포스는 이를 심리적 갈등에 대한 분석과 결합시키고 있으며, 또 정상적으로는 순수하게 정서적인 반응이라고 여겨지는 것들이 지닌 강력한 힘에 대한 인식과도 결합시키고 있다.[40]

크뤼십포스의 심리 모델이 신뢰할 만한지 혹은 그렇지 않은지를 놓고 고대에서 많은 논쟁이 벌어졌다. 그의 계승자들 가운데 하나로서 이후 스토아 학파의 수장이 된 포시도니오스는, 심지어 행위에 대한 스스로의 결정을 내리는 성인들에게서 조차, 믿음이나 추론에 기반하지 않되 '격정에 휘말린 움직임(파테티카이 키네시스pathētikai kinēsis)'이 존재한다는 바를 인식할 필요가 있다고 주장하면서, 크뤼십포스의 이론을 수정한다. 아울러 몇몇 설명에 따를 경우, 포시도니오스는 플라톤의 프쉬케(영혼)

---

* 예를 들면, 내리막길에서 누군가 달리고 있는 경우, 그는 자신이 멈추고자 하더라도 당장 그렇게 하는 것이 가능하지 않을 것이다. 반면 그가 천천히 걷고 있는 경우, 그는 언제든 자신이 멈추고자 하는 때 그 즉시 멈출 수 있다. 이처럼 걷고 있는 다리는 통제할 수 있으나, 달리고 있는 다리는 통제할 수가 없다.

삼분과 같은 종류의 모델로 되돌아가기도 했다.[41] 그러나 스토아 학파 내에서 이러한 논쟁이 있었다는 증거는 크뤼십포스의 이론에 극렬히 반대했던 후기 의학 사상가인 갈레노스에 주로 기대고 있기 때문에, 어쩌면 갈레노스는 스토아 학파가 보인 두 이론들 사이의 차이점을 과장했을 수도 있다.[42]

감정과 관련하여 고대에서 벌어진 논쟁, 무엇보다 철학이 감정의 치료 혹은 '치유therapy'의 양식으로서 봉사할 수 있다고 보는 (스토아주의에서뿐만 아니라 에피쿠로스주의와 다른 철학 학파들에서도 발견되는) 그리스의 광범위한 견해는 학문적 관심의 주요한 주제가 되어왔다.[43] 단순히 헬레니즘 시대의 (그리고 로마 제국 시대의) 저술들 안에서 상대적으로 덜 검토된 사상적 자료가 여전히 많다는 점을 최근 학계가 자각했기 때문에 이런 관심이 촉발된 것은 아니다. 오히려 이 장에서 줄곧 강조되었듯이, 정신(마음)과 심리에 대한 그리스의 모델과 현대적 모델이, 그것들을 이해하기 위해서 데카르트나 칸트와 같은 사상가들에 기대는 것이 유행이었던 시절에 비해, 이제 서로 무척이나 가까워 보인다는 점을 자각하는 일이 이런 관심의 촉발에 중요한 역할을 한다. 이런 과정이 그저 고대의 텍스트들을 해석하는 데에 현대적 시각을 끌어들이기만 하는 과정은 아니다. 현재 학계는 그리스의 심리 사상이, 비록 그것이 현대적 사상을 통해서 부각될 수는 있겠으나, 이미 그 자체로 현대의 논쟁에도 기여할 수 있는 타당한 통찰들을 지니고 있다고 인정하는 추세이다. 아울러 심리적 상충 그리고 감정과 욕구의 치유 형태에 대해서 그리스 사상이 지닌 소양과 통찰이 현대의 심리학적 및 심리치유적 사상에 호의적으로 필적한다는 점 또한 논의될 수도 있다. 예컨대 믿음 내지 추론에 기반한 상태와 감정에 기반한 정서적 상태 사이의 상호작용, 그리고 치유의 전제조건 및 양식에 대한 스토아 학파의 이론적 탐색은 현대의 인지적 혹은 정신분석적 이론 및 치유에 능히 비견될 수 있다.[44]

이 장에서는 발전론적 설명과 윌리엄스와 같은 학자들이 제시하는 설명을 대조하는 방식으로 논의를 구성하여 진행했다. 이때 윌리엄스와 같은 학자들이 제시하는 설명은 그리스 사상과 현대 사상 사이의 유사한 병행성을 강조하고, 현대의 논쟁에까지 여전히 관련되어 영향력을 미치는 그리스적 이념의 연속성을 강조하는 것이었다. 물론 그리스 심리에 대한 발전론적 설명을 이러한 접근법에 반영시켜 제시하는 것 역시 물론 가능하다고 할 수 있다. 그리고 그처럼 하는 것이 실로 성립된다면, 그와 같은 발전론적 설명은 최근 강조되어온 그리스적 사유와 현대적 사유 사이의 연관성을, 인간의 심리 일반을 탐색하려는 기획의 일부로 삼아, 적절히 해명할 수 있을지도 모른다. 그러나 안타깝게도 그러한 해명을 할 수 있는 발전론적 설명이 아직까지는 제시된 바가 없다고 말하는 것이 옳다고 할 수 있다.

— 주 —

1) B. Snell, *The Discovery of the Mind*(『정신의 발견』) 독일어판 제2판(1948)에 기초하여 로젠마이어가 영어로 옮겨 1960년에 뉴욕에서 출판한 번역서의 제1장과 3장, 6장, 특히 123-127쪽 참조. 이와 함께 B. Snell, *Scenes from Greek Drama* (Berkeley, 1964) 52-56쪽 참조.

2) E. Dodds, *The Greeks and the Irrational* (Berkeley, 1951, 『그리스인들과 비이성적인 것』) 1장, 특히 『일리아스』 19권 86-94행을 논하고 있는 2-8쪽과 13-18쪽 참조.

3) A. W. H. Adkins, *From the Many to the One: A Study of Personality and Views of Human Nature in the Context of Ancient Greek Society* (London, 1970) 1-9, 24, 47, 90, 124, 126, 196-197, 그리고 271쪽 참조. 심리에 대한 그의 접근법은

도덕적 이념들의 역사에 대한 그의 이해와 밀접히 연관되어 있다. 이와 관련해서는 그의 *Merit and Responsibility: A Study of Greek Values* (Oxford, 1960)를 참조. 아울러 이 책 제 III장 미주 7에 관련된 본문 역시 참조.

4) 로이드가 영어로 옮겨 1981년에 출판한 J-P. Vernant, P. Vidal-Naquet, *Tragedy and Myth in Ancient Greece* 2-3장 참조. 이런 유형의 접근법에 대해서는 S. Saïd, *La Faute Tragique* (Paris, 1978) 2부를 함께 참조. 심리의 능동적 표현과 수동적 표현의 결합을 비-발전론적 입장에서 독해하는 것과 관련해서는, C. B. R. Pelling (ed.), *Characterization and Individuality in Greek Literature* (Oxford, 1990) 1-30쪽. C. Gill, "The Character-Personality Distinction", 특히 17-31쪽 참조.

5) J. Bremmer, *The Early Greek Concept of the Soul* (Princeton, 1983) 및 D. B Claus, *Toward the soul: An Inquiry into the Meaning of Psyche before Plato* (New Haven, 1981) 참조.

6) R. Padel, *In and Out of Mind: Greek Images of the Tragic Self* (Princeton, 1992), *Whom Gods Destroy: Elements of Greek and Tragic Madness* (Princeton, 1995)를 참조. 심리적 기관들과 경험들에 대한 그리스적 개념들이 지닌 물리적 특징을 강조하기 때문에, 그녀의 연구는 R. B. Onians, *The Origins of European Thought* (Cambridge, 1954²)를 연상시킨다. 그러나 오니안스의 경우와는 달리, 파렐은 인류학적 접근법뿐만 아니라 정신분석적, 그리고 여성주의적 접근법에 따라 그와 같은 점들을 강조한다.

7) B. Williams, *Shame and Necessity* (Berkeley, 1993) 1-3장, 특히 21-31, 40-42쪽 참조. 스넬과 애드킨스가 사용하는 가정들에 대한 보다 구체적인 분석에 대해서는 C. Gill, *Personality in Greek Epic, Tragedy, and Philosophy: The Self in Dialogue* (Oxford, 1996) 1.1 참조.

8) B. Williams, *Shame and Necessity* (Berkeley, 1993) 68-74쪽과 6장, 특히 133-139, 158-167쪽 참조. 도덕적 행운과 능동적 주체의 후회라는 개념들에 대해서는 이것들이 그리스 비극과 밀접히 연관되어 있음을 시사하는 B. Williams, *Moral Luck* (Cambridge, 1981) 2장, 특히 30쪽의 각주 2 참조.

9) M. Nussbaum, *The Fragility of Goodness: Luck and Ethics in Greek Tragedy and Philosophy* (Cambridge, 1986), 특히 1-3장 및 (비극과 관련하여) 13장을 참조. 누스바움은 이런 이념들이 몇몇 그리스 철학의 모습에서, 특히 행복에 대한 아리스토텔레스의 사상에서, 아울러 다소 복잡하고 양면성이 있기는 하나 플라톤의『향연』과『파이드로스』에서도 표현되고 있다고 제안한다. 이와 관련해서는 언급된 그녀의 책 6-7장과 11-12장을 볼 것.

10) K. Wilkes, *Real People: Personal Identity without Thought Experiments* (Oxford, 1988) 6-7장 참조.

11) 정신(마음)에 대한 기능주의 모델에 대해서는 D. Dennett, *Brainstorms: Philosophical Essays on Mind and Psychology* (Hassocks, Sussex, 1979) 9장을 볼 것. 데넷의 접근법은 플라톤의『국가』에 대해서 안나스가 취하는 접근법과 비교할 만하다. 안나스의 논의에 대해서는 J. Annas, *An Introduction to Plato's Republic* (Oxford, 1981) 142-146, 149-152쪽 참조. 인간 정신에 대한 데카르트주의적 모델과 기능주의적 모델 사이의 대조에 대해서는 P. Smith & O. R. Jones, *The Philosophy of Mind: An Introduction* (Cambridge, 1986) 전반을, 특히 아리스토텔레스의 이론과 기능주의 사이의 연결이 가능하다는 점에 대해서는 75-83, 177-179 그리고 254-259쪽 참조. 인간 이성에 대한 아리스토텔레스의 개념과 스토아 학파의 개념 사이의 연결고리 및 한 '인물person' 혹은 '이성적 동물rational animal'으로서의 존재에 대한 현대의 비-데카르트적 이론들에 대해서는 S. Everson (ed.), *Psychology: Companion to Ancient Thought 2* (Cambridge, 1991) 166-193쪽에 실린 C. Gill, "Is there a Concept of Person in Greek Philosophy?" 참조. 그리스 이론들 및 (데카르트식 모델에 대한 또다른 종류의 비판인) 프로이트의 논의에 대해서는 아래의 미주 28과 관련된 본문 참조.

12) D. Davidson, *Essays on Actions and Events* (Oxford, 1980) 1-3장; E. LePore & B. P. McLaughlin (edd.), *Actions and Events: Perspectives on the Philosophy of Donald Davidson* (Oxford, 1985) 3-13쪽 참조.

13) 저자는 여기서 어떤 불특정 대상을 지칭하는 데에, 심지어는 분명히 남성형 지시대명사를 사용하여 언급을 하는 고대 사상가들의 지시체를 지칭하는 데에, 남성 지시대명사(he)와 여성 지시대명사(she)를 구분하지 않고 무차별적으로 사용한다. (저자는 여기서 '그 행위자'를 가리키기 위해서 여성 지시대명사인 she를 사용하면서 위와 같이 밝히고 있다. 아마도 이는 저자가 '인격'이나 '인물' 혹은 '자아'와 관련하여 고대 그리스의 사상을 해석하는 가운데, 특정 성별에 의해서 그와 같은 개념들의 특징이 의도하지 않게 이해되거나 규정되는 것을 막으려고 그런 것이라고 이해할 수 있다. 더불어 심리나 윤리와 같이 인간 일반에 적용되어야 하는 주제들에 대한 이해를 꾀하는 학문적 논의가 성별의 차이에 따라 구분되어서는 안 된다는 저자의 의도 역시 담겨 있다고 볼 수 있다. 저자의 의도를 고려하여, 지시사를 통해서 이처럼 무차별적으로 대상을 지칭하는 경우를 우리말로 옮길 때에는, 여기서 '그 행위자'로 옮긴 것처럼, 맥락에 맞는 무성적(無性的) 용어를 사용하여 옮겼다/옮긴이.)

14) 아리스토텔레스의『동물들의 운동에 관하여』701a17-28을 볼 것. 특히 701a25-28에서 아리스토텔레스는 정신이 실천적 삼단논법의 모든 단계를 필연적으로 파악하고 있는 것은 아니라고 논한다. 아리스토텔레스의 심리적 모델에 대한 해석과 관련하여 데이비슨이 제시하고 있는 입장처럼, 이와 관련된 이론들에 대해서는

E. Anscombe, *Intention* (Oxford, 1957) 79쪽, M. Nussbaum, *Aristotle's De Motu Animalium* (Princeton, 1978) 165-220, 특히 165-166쪽, D. Charles, *Aristotle's Philosophy of Action* (London, 1984) 1-4쪽, 그리고 T. Irwin, *Aristotle's First Principles* (Oxford, 1988) 15장과 596쪽의 각주 3, 6, 9를 참조.

15) B. Inwood, *Ethics and Human Action in Early Stocicim* (Oxford, 1985) 3장, J. Annas, *Hellenistic Philosophy of Mind* (Berkeley, 1992) 4장을 참조. 현대의 비-데카르트적 이론들과의 연결성에 대해서는 S. Everson (ed.), *Psychology: Companion to Ancient Thought 2* (Cambridge, 1991) 166-193쪽에 실린 C. Gill, "Is There a Concept of Person in Greek Philosophy?", 특히 184-193쪽 참조. 스토아 학파의 심리론과 인간의 정신적 상태가, 그 상태가 의식되든 혹은 의식되고 있지 않든 상관없이, 그 '내용^{content}' 혹은 그것이 '재현하는 바^{representation}'의 관점에서 분석되어야 한다는 입장에 초점을 맞추고 있는 현대 이론들 사이의 유사성 역시 가능적으로 추적할 수 있다고 여겨진다. 이와 관련해서는 R. Sorabji, "Perceptual Content in the Stoics" (*Phronesis 35*, 1990) 307-314, 특히 308쪽의 각주 5를 참조.

16) '내가 이걸 하면, 이런 일이 벌어질 것이다'와 같은 형식은 『일리아스』의 네 가지 숙고적 독백 모두에서, 즉 11권 404-406행, 17권 91-96행과 102-105행, 21권 553-570행, 22권 99-130행에서 발견할 수 있다. '이것은 용맹한 장수들이 하는 종류의 일이니, 나는 이걸 해야만 한다'와 같은 종류의 두 번째 형식은 11권 408-10행에서 가장 분명하다. 아울러 17권 98-99행에서도 그러한 형식을 볼 수 있다. 호메로스적 독백이 (비록 비-데카르트적이기는 하지만) 숙고의 타당한 양식들을 재현하고 있다는 주장과 관련해서는, R. Gaskin, "Do Homeric Heroes Make Real Decisions?" (*Classical Quarterly* NS 40, 1990) 1-15쪽과 B. Williams, *Shame and Necessity* 2장을 참조.

17) (『일리아스』의 네 독백 모두에서 나타나는) '하지만 나의 들끓는 마음(튀모스^{thumos})은 어째서 이런 생각을 하는 것일까?'라는 정형적인 문구는 주어진 상황 안에서 무엇이 행할 가치가 있는 것인가에 관한 '인상들'에 대해 호메로스적 인물이 '아니오라고 말하는' 순간을 가리키는 것이라 간주할 수 있다. 사유의 형식과 관련하여 호메로스와 아리스토텔레스 그리고 스토아 학파에서 보이는 유사성에 대해서는, C. Gill, *Personality* 1.2를 볼 것. '숙고^{deliberation}'에 대한 아리스토텔레스적 개념에 대해서는 J. Lear, *Aristotle: The Desire to Understand* (Cambridge, 1988) 143-151쪽과 N. Sherman, *The Fabric of Character: Aristotle's Theory of Virtue* (Oxford, 1989) 3장을 참조.

18) 도즈와 관련해서는 위의 미주 2를 참조. 아가멤논 연설에 대한 대안적 독해에 대해서는 제 III장 미주 19-20과 관련된 본문을, 그리고 도즈와 다른 학자들이 사용하고 있는 '수치-윤리'라는 견해에 대한 비판과 관련해서는 제 III장 미주 22-25에 대한 본문 참조.

19) 예를 들면 『일리아스』 9권의 255-258, 260-261, 496-497, 515-518, 그리고 639-642행을 볼 것.

20) 이런 해석과 관련해서는 J. Griffin, *Homer on Life and Death* (Oxford, 1980) 70쪽을 볼 것. 포이닉스가 그려내는 멜레아그로스의 반응이 아킬레우스를 설득하려는 포이닉스의 시도 안에서 그 맥을 같이 하고 있다는 점과 관련해서는 C. Whitman, *Homer and the Heroic Tradition* (Cambridge, Massachusetts, 1958) 191쪽 참조.

21) 관련하여 C. Gill, *Personality* 3.3 또한 참조할 것.

22) 에우리피데스의 『메데이아』 1021-1080, 특히 1049-1055행을 볼 것. 거기 등장하는 구문인 κρείσσων τῶν ἐμῶν βουλευμάτων(kreissōn tōn emōn bouleumatōn) 을, 문자 그대로 '내 [윤리적] 추론들보다 더욱 강한stronger than my [ethical] reasonings'으로 옮기는 대신 '내 [복수] 계획의 주인master of my [revenge] plans'으로 옮기는 것은 소수의 학자들이 선호하는 번역이나, 실상 이러한 번역이 그 구문이 (특히 βουλευμάτων 이라는 표현이) 요하는 바의 의미에 잘 부합해 보인다. 사용되는 언어와 그 의미가 지닌 어려움으로 인해서 디글은 옥스퍼드 고전 총서 시리즈(Oxford Classical Text) 의 에우리피데스 수정판(Oxford, 1984)에서 1056-1080행 전체를 삭제했다. 반면 다른 학자들은 그 독백 전체를 완전히 삭제하거나 아니면 1056-1064행 부분만 삭제하기도 한다. 이와 관련해서는, M. Whitby, P. Hardie & M. Whitby (edd.), *Homo Viato: Classical Essays for John Bramble* (Bristol, 1987) 25-37쪽에 실린 C. Gill, "Two Monologues of Self-Division: Euripides, *Medea* 1021-80 and Seneca, *Medea* 893-977", H. Foley, "Medea's Divided Self" (*Classical Antiquity* 8, 1989), 61-85쪽, 그리고 S. Evans, "The Self and Ethical Agency in the *Hippolytus* and *Medea* of Euripides" (케임브리지 대학교 박사학위 논문, 1994) 등을 참조할 것.

23) 이러한 경우의 또다른 인상적인 사례는, 아이아스가 이 세계의 일상적인 의미에서 더 이상 '미치지' 않은 시점에서, 그의 마음이 지닌 상태를 묘사하고 비판하기 위해서 '광기madness'라는 용어가 쓰이고 있는 구문들이다. 이 구문들은 소포클레스의 『아이아스』 610-611, 614-616, 625, 639-640행에 등장한다. 이에 대해서는 R. P. Winnington-Ingram, *Sophocles: An Interpretation* (Cambridge, 1980) 32-38, 42쪽을 볼 것. 이와 관련된 보다 일반적인 논의에 대해서는, S. Goldhill, *Reading Greek Tragedy* (Cambridge, 1986) 7장과 C. Gill, "The Character-Personality Distinction" 17-31쪽 참조.

24) 심리적 언어와 윤리적 논쟁 그리고 극의 '논변'과 '변증' 사이의 관계에 대해서는 A. Powell (ed.), *Euripides, Women, and Sexuality* (London, 1990) 76-107쪽에 실린 C. Gill, "The Articulation of the Self in Euripides' *Hippolytus*"와 C. B. R. Pelling (ed.), *Characterization* 100-127쪽에 실린 S. Goldhill, "Character and Action: Repre-

sentation and Reading: Greek Tragedy and its Critics"를 참조.

25) 이와 관련한 보다 구체적인 논의에 대해서는 C. Gill, *Personality* 3장, 특히 3.4-3.5를 볼 것.

26) 여기서 언급한 정신(마음)에 대한 현대의 이론들과 관련해서는, 위의 미주 10-15에 대한 본문을 볼 것. 그러한 이론들 가운데 인상적인 사례는 *Aristotle's Theory of Action* 3-4장에서 아크라시아를 논하는 아리스토텔레스의 설명에 대한 데이비드 찰스의 독해이다. 거기서 그는 아리스토텔레스가 아크라시아를 어떻게 다루는지를 분석하기 위한 토대로서 현대의 행위-이론을 사용하고 있다. 믿음에 기초한 현대의 감정 이론들에 대해서는, A. O. Rorty (ed.), *Explaining Emotions* (Berkeley, 1980) 15-20장, G. Taylor, *Pride, Shame, and Guilt: Emotions of Self-Assessment* (Oxford, 1985) 1-5쪽, 그리고 D. L. Cairns, *Aidos: The Psychology and Ethics of Honour and Shame in Ancient Greek Literature* (Oxford, 1993) 5-6쪽, 특히 각주 8에 제시된 문헌들을 참고할 것. 아크라시아를 '의지의 나약함' 혹은 '의지박약'으로 옮기는 경우 발생하는 문제에 대해서는, 아래의 미주 32에 대한 본문을 볼 것.

27) 플라톤의 『국가』439e-441c를 참조. 이와 관련한 구체적인 논의에 대해서는 J. Moline, "Plato on the Complexity of the *Psyche*" (*Archiv für Geshichte der Philosphie* 60, 1978) 1-26쪽; C. Gill "Plato and the Education of Character" (*Archiv für Geshichte der Philosphie* 67, 1985) 1-26쪽; J. Annas, *Introduction to Plato's Republic* 5장, 특히 124-152쪽; T. Irwin, *Plato's Ethics* (Oxford, 1995) 13장, 특히 211-213, 215-222쪽 참조.

28) 데닛과 플라톤에 대해서는 위의 미주 11을 참조. 플라톤과 프로이트에 대해서는 A. Kenny, *The Anatomy of the Soul* (Oxford, 1973) 10-14쪽; G. X. Santas, *Plato and Freud* (Oxford, 1988); C. Gill (ed.), *The Person and the Human Mind: Issues in Ancient and Modern Philosophy* (Oxford, 1990) 247-270쪽에 실린 A. W. Price, "Plato and Freud"; J. Lear, "Inside and Outside the *Republic*" (*Phronesis* 38, 1992) 184-215쪽을 볼 것.

29) 욕구 혹은 욕망이 이와 같은 식으로 설득될 여지가 있다는 생각에 대해서는 『국가』554d2-3과 554e4-5 및 442c10-d1 등을 볼 것. 이와 대조적으로, 그것들이 설득될 여지는 없으나 대신 (마치 인간이 아닌 동물들의 경우에서처럼) 강제로 억누를 필요가 있다고 하는 생각에 대해서는 『국가』442a6-b3과 589a-b 그리고 591b를 볼 것. 이와 더불어 C. Gill, *Personality* 4.2 및 위의 미주 27에서 거론된 문헌들을 참조.

30) 『국가』485d-e, 500b-d 그리고 585b-587a를 볼 것. 더불어 C. Gill, *Personality* 4.6 및 이 책 제 III장 미주 69-70에 관련된 본문 참조.

31) 『국가』500d-501e와 519b-521b를 볼 것. 후자 입장에서 제기되는 문제들과 관련

해서는 이 책 제 III장 미주 62-66에 관련된 본문 참조.

32) B. Snell, *Scenes from Greek Drama* 47-56, 특히 56쪽 참조.

33) 아리스토텔레스의 『니코마코스 윤리학』 7권 3장 1147a24-b19를 참조. 이 부분에 대한 분석과 관련해서는 A. O. Rorty (ed.), *Essays on Aristotle's Ethics* (Berkeley, 1980) 241-65쪽에 실린 D. Wiggins, "Weakness of Will, Commensurability, and the Objects of Deliberation and Desire", 특히 248-249쪽; D. Charles, *Aristotle's Philosophy of Action* 3장; J. Gosling, *Weakness of the Will* (London, 1990) 3장; A. W. Price, *Mental Conflict* (London, 1995) 3장, 특히 132-139쪽을 볼 것.

34) 『니코마코스 윤리학』 7권 3장 1147a34-b3을 참조. A. O. Rorty (ed.), *Essays on Aristotle's Ethics* 69-92쪽에 실린 M. F. Bernyeat, "Aristotle on Learning to be Good", 특히 82-88쪽, 같은 책의 267-284쪽에 실린 로티 자신의 "*Akrasia* and Pleasure: *Nicomachean Ethics* Book 7", 특히 269-279쪽 참조.

35) 여기서 언급된 소크라테스의 이론과 관련해서는 J. Gosling, *Weakness of Will* 1-2장과 A. W. Price, *Mental Conflict* 1장을 참조. 이 이론을 신경증에 관한 프로이트적 이론과 비교를 하면서 해석을 하려는 다른 접근법과 관련해서는, G. R. F. Ferrari, "Akrasia as Neurosis in Plato's *Protagoras*" (*Boston Area Colloquium in Ancient Philosophy* 6, 1990) 115-150쪽 참조.

36) 드 라시가 3권 분량으로 주해를 달아 옮긴 갈레노스의 『힙포크라테스와 플라톤의 학설에 대하여』(Berlin, 1977-1984) IV 1.14-2.44(드 라시의 책, 238-247쪽), 그리고 IV 2.5로부터 발췌된 인용 (드 라시의 책, 240-241쪽) 참조. (갈레노스의 저작 가운데 IV-V권에 해당하는 부분이 근본적인 중요성을 지닌 원천이기 때문에, 드 라시의 편집본은 격정에 대한 스토아 학파의 이론을 살피는 데에 가장 큰 도움을 제공한다.) 이와 더불어 두 권으로 되어 있는 (그리고 흔히 LS라는 명칭으로 통용되는) A. A. Long, D. N. Sedley, *The Hellenistic Philosophers* (Cambridge, 1987), 특히 54 B, J, K 항목을 참조. 스토아 학파의 이론과 관련해서는 M. Schofield & G. Striker (edd.), *The Norms of Nature: Studies in Hellenistic Ethics* (Cambridge, 1986) 93-110쪽에 실린 M. Frede, "The Stoic Doctrine of the Affections of the Soul"과 B. Inwood, *Ethics and Human Action in Early Stoicism* 5장; J. Annas, *Hellenistic Philosophy of Mind* 5장; M. Nussbaum, *The Therapy of Desire: Theory and Practice in Hellenistic Ethics* (Princeton, 1994) 10장을 참조.

37) (기원후 1세기경에 활동한) 후기 스토아주의자인 에픽테토스 역시 자신의 『담화록』 1.28.7-8에서 메데이아의 상황이 지닌 이런 측면을 강조한다. 이 부분을 확인하기 위해서는, *The Discourses of Epictetus* 수정판(Everyman's Library, London, 1995)이 유효하다. 인상을 옳게 사용하는 방식에 대한 조언을 하기 위해서 메데이아의 독백을 사용하는 에픽테토스의 전략에 대해서는 S. Everson (ed.),

Psychology 102-120쪽에 실린 A. A. Long, "Representation and the Self in Stoicism", 특히 111-120쪽 참조.

38) 갈레노스의 『힙포크라테스와 플라톤의 학설에 대하여』 IV 2.8-27 (드 라시의 책, 240-245쪽), 특히 2.27 (드 라시의 책, 244-245쪽), 아울러 III 3.13-22 (드 라시의 책, 188-191쪽) 참조. 에우리피데스의 『메데이아』의 대안적 이해 및 번역에 대해서는, 위의 미주 22를 볼 것.

39) 갈레노스의 『힙포크라테스와 플라톤의 학설에 대하여』 IV 6.19-39 (드 라시의 책, 274-279쪽) 참조.

40) 스토아 학파의 이론과 메데이아 독백이 담지한 심리를 이해하는 데에서 크뤼십포스의 해석이 가진 중요성과 관련해서는 C. Gill, "Did Chrysippus Understand Medea?" (*Phronesis* 28, 1983) 136-149쪽과 *Personality* 3.6을 참조. 크뤼십포스 논의 및 아크라시아에 대한 이론을 구성하는 스토아 학파의 연관된 텍스트 자료들의 범위와 관련해서는, J. Gosling, *Weakness of the Will* 5장; A. W. Price, *Mental Conflict* 4장을 볼 것.

41) A. A. Long & D. N. Sedley, *Hellenistic Philosophers* 54 I, K-P 항목을 볼 것. 아울러 A. A. Long (ed.), *Problems in Stoicism* (London, 1971) 200-215쪽에 실린 I. Kidd, "Posinodius on Emotions" 또한 참조.

42) J. Fillion-Lahille, *Le De Ira de Seneque et La Philosphie Stoïcienne des Passions* (Paris, 1984) 121-129쪽에서 이러한 점을 지적하고 있다. 이와 관련하여 J. Cooper, "Stoic Theories of the Emotions" (미출간) 및 J. Annas, *Hellenistic Philosophy of Mind* 118-120쪽, J. Brunschwig & M. Nussbaum (edd.), *Passions and Perceptions: Studies in Hellenistic Philosophy of Mind* (Cambridge, 1993) 150-183쪽에 실린 B. Inwood, "Seneca and Psychological Dualism", 특히 153-156쪽; A. W. Price, *Mental Conflict* 175-178쪽 참조. 갈레노스 자신의 입장과 관련해서는, *Passions and Perceptions* 184-222쪽에 실린 J. Hankinson, "Actions and Passions: Affection, Emotion and Moral Self-Management in Galen's Philosophical Psychology" 참조. (위의 문헌들 가운데 미출간으로 표기된 쿠퍼의 "Stoic Theories of the Emotion"은 동일 제목으로 출판되지 않았다. 대신 스토아 학파에서의 격정이나 감정 및 이성의 역할에 대한 쿠퍼의 논의를 파악하기 위해서는 *Reason and Emotion* (Princeton, 1999) 특히 그 가운데 "Eudaimonism, the Appeal to Nature, and 'Moral Duty' in Stoicism", 그리고 "The Emotional Life of the Wise [*Southern Journal of Philosophy* 43, 2005]" 176-218쪽 등을 참조할 수 있다/옮긴이)

43) 감정에 대한 에피쿠로스 학파의 이론에 대해서는 J. Annas, *Hellenistic Philosophy of Mind* 9장을 볼 것. 에피쿠로스주의를 포함하여 고대 그리스 철학의 치유 개념들과 관련해서는 M. Nussbaum, *Therapy of Desire* 참조. 관련된 헬레니즘 철학 사상

의 몇몇 특징에 대해서는 (위의 미주 41에서 언급한) *Passion and Perceptions*, 특히 97-149쪽에 실린 M. Nussbaum, "Poetry and the Passions: two Stoic Views" 참조.

44) 리처드 소랍지가 감정의 치유를 주제로 1994년 3월 옥스퍼드 대학교의 울프슨 칼리지에서 조직한 세미나나, 감정을 향한 고대와 현대적 접근법들을 주제로 그가 1995년 6월 런던의 브리티시 아카데미에서 조직한 세미나에서 이러한 시각들이 대두되기 시작했다. 이 세미나들에 기초하여 소랍지는 격정에 대한 스토아주의와 아우구스티누스주의에 대한 연구서를 준비했다. (이 연구서는 *Emotion and Peace of Mind: From Stoic Agitation to Christian Temptation*이라는 제목으로 옥스퍼드 대학교 출판부에서 2000년에 출판되었다/옮긴이)

III

윤리와 가치

　그리스의 윤리에 대한 최근의 연구에서 이루어진 몇몇 발전은 심리적 모델들과 관련하여 앞의 제 II장에서 다루었던 논의들과 병행을 이루고 있을 뿐만 아니라, 그것들과 연관되어 있기도 하다. 심리에 대한 논의에서와 유사하게 윤리를 다루는 이 영역에서도, 최근의 일부 학계는 다양한 이유들을 들어 그리스의 윤리관 내에서 발전에 대한 이념에 대해서, 그리고 윤리에 대한 그리스와 현대의 접근법이 지닌 차이점에 대해서 이전의 연구들이 그래왔던 것에 비해서 덜 강조해왔다. 그 대신 최근 학계는 그리스 윤리 사상 안에서 여러 시대에 걸쳐 되풀이되어 나타나는 형식들을 강조해왔으며, 이와 더불어 현대의 사상가들을 위해서 그리스 사상이 윤리적 사상의 지성적 유형을 구성한다는 점을 강조해왔다. 이 장에서는 이러한 발전들을 개괄하는 것과 함께, 그것들이 수용될 수 있어 보이는 측면 및 더욱 적합해질 수 있는 방식들에 대해서 제안을 해보고자 한다.[1]

1. 윤리적 발전과 그리스 문화 : 수치와 죄책감

　최근 이루어지고 있는 수치와 죄책감에 대한 강조는 제2차 세계대전 이후 그리스의 윤리와 가치에 대한 학계의 주도적 경향성에 맞서는 일종의 반작용을 나타낸다. 주도적 경향성이란 (더욱 지지할 모델을 취하기 위해서) 그리스의 윤리적 사유를 '수치-윤리'로부터 '죄책감-윤리guilt-ethics'로 진행해가는 점증적 발전의 형태로서 제시하는 것으로, 그 가운데 종종 그리스의 윤리적 사유의 형태와 현대의 윤리적 사유의 형태 사이의 대조를 강조하는 일을 함께 결합시키기도 했다. 이처럼 이해하는 경향은 20세기의 사상이 지닌 두 서로 다른 특징에 그 뿌리를 내리고 있다. 그 가운데 하나는 적절한 도덕적 사유가, 의무나 책임의식, 선의 (善意) 그리고 이타주의를 포함하는 특정 핵심 이념과 이상을 그 중심으로 놓아야 하나, 그리스의 윤리적 사유는 이러한 것들을 중심적인 바로 인지하는 데에 실패했기 때문에 원시적이며 불완전하다는 전제이다. 이러한 전제는 특히 칸트에 기초한 현대의 도덕적 사유와 밀접히 연계되어 있다. 다른 특징은 다양한 형태를 통해서 금세기 그리스 문화에 대한 대부분의 연구 전통에, 특히 종교와 신화에 대한 연구에, (비록 단일하게 일률적으로는 아니겠으나) 폭넓게 영향을 미쳐 온 인류학적 접근법을 윤리적 가치들에까지 확장시켰다는 점이다.[2] 칸트적 접근법과 대비하여, 인류학은 다른 문화권에서 보이는 (혹은 다른 문화권의 위상에서 발견되는) 윤리적 가치들을 객관적으로 혹은 중립적으로 특징짓고자 꾀하는 것을 목표로 삼는다. 인류학적 접근법들 중에서 특히 영향력이 있는 하나의 입장에 따를 경우, 윤리적 가치들은 문화의 특징인 (실천과 자세의 방식을 잡는) 사고체계mentalité 혹은 사상-세계thought-world의 부분으로서 다루어진다.[3] 비록 이러한 인류학적 접근법들 사이의 차이에도 불구하고, 그것들은 제각각 혹은 서로 연계된 채로 그리스 윤리가 현재의 도덕적 사유와는 어떤 구별되는 특징을 지니고 있는지를 설명해주는 데

에, 아울러 이러한 설명이 발전해가는 데에 일조를 해왔다.[4]

앞의 장에서는 스넬이 다루었던 심리학적 전제, 즉 그리스의 사상이 자아에 대한 데카르트적 혹은 칸트적인 현대적 개념을 향해 일종의 (점증적이기는 하나 아직은 불완전한 형태의) 발전을 조성했다는 견해 안에 피력된 전제를 살펴보았다. 이러한 현대적 개념에 맞서 스넬은 그리스인들이 점증적으로 적합한 도덕적 개념들에 대한 이해로 나아갔다고 하는 견해를 제시한다. 이러한 견해를 제시하는 스넬에게는 몇몇 이념들이 무척이나 중요하다. '도덕적moral' 고려와 '실천적prudential' 고려' (즉 실천적인 이해관계 혹은 이득에 대한 고려) 사이의 구분에 대한 이념이 명백히 그러하며, 아울러 적합한 도덕적 자세가 도덕적 의도, 즉 '선의'에 의존하고 있다는 이념 역시 그렇다. 그러나 무엇보다도 가장 중요하다고 할 수 있는 것은, 특정 주어진 상황에서 이루어지는 행위가 분명히 개인적인 입장을 대변하나 그럼에도 이것이 도덕적 원칙들은 보편적으로 적용된다는 점에 대한 인식과 함께 결합된 채 도덕적으로 적합한 반응 안에 담겨 있다는 전제이다. 이런 전제는 도덕적 반응이 '자율성autonomy'을 포함하고 있다는 견해, 즉 한 개인이 올바르게 도덕적이기 위해서는 특정의 사회적 맥락이나 계급에 적용되는 원칙들에 반하는 보편

---

* 여기 '실천적' 고려는 저자의 "'prudential' consideration"이라는 표현을 우리말로 옮긴 것이다. 이 표현에서 사용되고 있는 prudential이라는 단어는 일차적으로 슬기로움, 분별력, 혹은 사려 깊음을 의미하겠으나, 동시에 아리스토텔레스의 '프로네시스(phronēsis)', 즉 소위 우리말로 '실천적 지혜'라고 번역되는 바를 가리키기 위해서 사용되기도 한다. 이때 실천적 지혜란, 단순히 추상적이고 순수하게 이론적인 대상을 고려하여 이루어지는 지성적 추론이 아니라, 구체적이고 직접적인 행위와 관련하여 그 행위를 하는 것이 좋은지 그리고 그 행위를 중도에 맞추어 좋게 하기 위해서는 어떻게 해야 하는지를 헤아리는 지성적 추론을 의미한다. 저자가 prudential consideration이라는 표현을 통해서 의미하는 바가 곧 이와 같은 아리스토텔레스의 프로네시스가 가리키는 측면이기 때문에, 이 표현을 위와 같이 옮긴다.

적 법칙들에 스스로 자기 자신을 묶어놓아야 한다는 칸트적 견해로부터 유래하고 있다. 예를 들면, 호메로스의 오뒷세우스가 전장에서 '가장 뛰어난(아리스테우에인^{aristeuein}) 자신이, 남에게 맞든 혹은 남을 때리든, 굳건히 서서 자기의 자리를 지켜야만 한다'고 말하고 있는 때(『일리아스』 11권 408-410행)와 관련하여, 스넬은 이를 순전히 도덕적인 반응이 아니라, 일종의 계급에-기반한 반응으로 (즉, 호메로스의 서사에 등장하는 '통솔자' 혹은 '장수'가 보기에 마땅히 해야 할 종류의 것으로서) 본다.[5] 그렇기 때문에 스넬은 (가령 '덕에 호소하는' 소크라테스의 경우처럼) 도덕적 반응을 위해서 필요로 하는 보편성을 각성하는 일이 점증적으로 그리스의 윤리적 역사의 과정 안에 놓여 있다고 보기는 하나, 그럼에도 이처럼 '선의'를 보편화 작업과 결합시키는 것의 중요성을 그리스인들이 완전히 파악하지는 못했다고 생각한다.[6]

비록 그 자신 역시 인류학적 그리고 사회학적^{sociological} 접근법들에 영향을 받기는 했으나, 애드킨스는 자신의 저술인 *Merit and Responsibility* 전반에 걸쳐서 스넬이 사용하는 것과 유사한 전제들에 기대어 그리스의 가치관에 대한 연구를 진행한다. 애드킨스가 고대 그리스를 일종의 '결과 중심-문화$^{results-culture}$'로 표현하고 있다는 점은, 마치 스넬의 견해와 마찬가지로, 그 역시 그리스인들이 사람들을 평가하는 경우 ('선의'로 이해할 수 있는) 의도를 따른다기보다는, 행위의 성공이나 실패 여부에 따른다는 견해를 가지고 있는 것을 반영한다. 그러므로 애드킨스는 그리스인들이 (실천적으로 헤아리는 데에 실패한다는 맥락에서의) 잘못을 순전히 의지의 특성에만 의존하는 도덕적 과실로부터 적합하게 구분하고 있지 못한다고 본다. 이와 관련하여 그는 그리스 사상이 본질적으로 '수치-문화$^{shame-culture}$'를 유지하나, 이러한 문화 안에서 윤리적 상태란 도덕적 의도에 기초하기보다는 오히려 남들 눈에 자신이 어떻게 보이는지에 기대고 있다고 주장한다. 아울러 애드킨스는 윤리적 상태가, 대체로 현대의 도덕적 사유가 보이고 있듯이 타인을-이롭게-하는^{other-benefiting}('협력적인^{cooperative}') 자세에 매여 있었던 것이 아니라, 자신의 성공에 중점을 두는 '경쟁적인^{competitive}' 가치들에 주도적으로 매여 있었다고 본다. 애드킨스는, 비록 호메로스로부터 스토아주의와 에피쿠로스주의까지 이어지는 그리스 문화의 역사를 경쟁적인 가치들에 매여 있는 성격이 점차로 약해지며 대신 의도와 협력적 가치들에 대한 자각이 시작하는 시점으로 보기는 하나, 그럼에도 이런 것들을 고대 전체에 걸쳐 주도적으로 유지되었던 '수치-문화'와 '결과중심-문화'에 맞서는 종류의 것들로 간주한다.[7]

그러나 그리스 윤리의 발전에 대한 주요 연구들 안에서 뚜렷이 드러나는 접근법은 칸트의 방식이라기보다는 인류학적 방식이다. 특히 '수치-죄책감'이라는 뚜렷한 특징을 사용하는 도즈의 해석은 커다란 영향을 끼쳐왔다. 스넬과 애드킨스가 그랬던 것과 마찬가지로, 도즈 역시 '수치-문화'라는 이념을 한 개인의 개별적 혹은 내적 동기보다는 사회적 상태를 강조하는 윤리적 틀과 연계시킨다. 그러나 그들과 달리 도즈는 그리스 문화 안에서 발견되는 '죄책감'을 일차적으로 (도덕적이라기보다는) 종교적인 자세와 연결하여 이해한다. 아울러 그는 인간의 타락이 (혹은 살인죄와 같이 피를 보는 죄가) 발생하기 위해서는 수치-문화로부터 죄책감-문화^{guilt-culture}로의 변화가 분명히 미리 갖추어져 있어야 한다고 여기고, 아이스퀼로스의 비극을 통해서 그러한 사례를 찾으면서, 그와 같은 변화가 발생한 시점을 고전기 후기가 아니라 고졸기 후기와 고전기 전기 사이에 위치시킨다.[*] 이는 '죄책감'에 대한 도즈의 이해가

부분적으로 프로이트 심리학 그 자체 및 인간의 역사에 대한 프로이트 심리학적 관점에 의해서 형성되었다는 점을 반영한다. 죄에 대한 순전히 합리적인 반응이 아니라, 죄에 대한 **감정**이 바로 '죄책감'과 관련된 문제가 되며, 이는 결국 '양심conscience'에 대한 소위 프로이트적 이념인 '초-자아super-ego'에 상응하는 것을 사회적으로 설명하고 있는 것이라고 도즈가 보고 있기 때문이다.[8] 그렇기 때문에 도즈는 수치-윤리 혹은 결과 중심-윤리로부터의 발전이 더욱 완전히 합리적인 도덕성 개념을 향한 움직임과 연결되어 있다고 보는 스넬 및 애드킨스와 다른 또 하나의 사유 유형을 그리스 사상에 반영시킨다. 장-피에르 베르낭과 수잔 사이드 역시, 스넬 및 애드킨스와 마찬가지로, 이러한 변화 과정이 다소 느리기는 하나 꾸준히 점증적이라고, 동시에 폴리스(나라, 도시 혹은 공동체)라는 정치적이며 법률적인 제도의 발전과 연계되어 있다고 본다. 이런 견해는 행위에 대한 인간의 능동성이 그 이전과는 달리 가족 중심적으로 여겨지기 시작하는 과도기적 단계와 개별적인 시민들이 자신의 행위에 대한 책임감을 강조하는 새로운 단계가 기원전 5세기 그리스의 비극 안에서 그려지고 있다고 보는 그들의 시각 안에 함의되고 있다. 그들

---

* 보통 고대 그리스 문화와 사상의 역사에 대한 시간적 구분은 (기원전 3650여 년부터 1100년까지의 청동기 이후로) 고졸기, 고전기, 헬레니즘으로 나뉘어 이해된다. 고졸기는 약 기원전 8세기부터 제2차 페르시아 침공이 있던 5세기 초, 중엽까지를, 고전기는 기원전 5세기 중엽(혹은 4세기 초엽)으로부터 그 이후로 200여년 정도를, 그리고 헬레니즘 시기는 알렉산드로스 대왕을 중심으로 그리스가 제국의 면모를 갖추기 시작한 기원전 3세기 후반 이후를 가리킨다. 흔히 고졸기 이전은 대체로 청동기 시절로 이해하며, 고졸기와 청동기 사이의 약 400년 정도의 기간은 암흑기라고 부른다. 그 기간이 암흑기라고 불리는 까닭은 청동기 시대 가장 큰 영향력을 펼치던 미케네 제국이 도리아인의 침략으로 멸망한 이후 문명에 대한 흔적이 명시적으로 남지 않게 되어서이다. 헬레니즘 시대 이후, 대략 기원전 2세기 중반부터는, 그리스의 국제적 영향력이 쇠퇴하는 동시에 로마 제국이 힘을 발휘하게 되어, 로마기 혹은 로마 시대로 불린다.

의 설명 안에서는, 도즈에게서도 그러한 것처럼, 종교적 관점이 수치에서 죄책감으로 이동하기보다는 오히려 (가문에 드리운 저주와 같이, 특정 종류의 신적인 힘에 인간이 종속되어 있을 수밖에 없다고 하는) 전통적인 견지와 밀접히 연결되어 있다.[9]

그리스의 가치관에 대한 발전론적 접근법이 근래에 들어 완전히 멈추었다고 말하는 것은 옳지 않을 것이다. 그리고 (아래의 미주 14-17과 관련된 본문을 통해서 볼 수 있듯이) 이런 접근법을 사용하는 최근의 일부 사례들 역시 주목할 만하다. 그러나 대략 지금까지 살펴본 이런 종류의 발전론적 접근법에 대한 강력한 비판 또한 지속적으로 제기되어왔다. 그 비판 가운데 몇몇은 발전론적 설명의 역사적 정확성에 초점을 맞춘다. 일부 학자들은 발전론적 설명에서 사용되고 있는 대비 구조와 범주들에 대해서, 그리고 그 안에서 가정되고 있는 윤리 혹은 도덕의 개념에 대해서 의심을 가진다. 그리고 이러한 의심을 제기하는 일과 관련하여 윌리엄스가 다시 중요한 역할을 한다.

특히 호메로스식 가치에 대한 애드킨스의 주장이 비판의 주요 대상이 되어왔다. 무엇보다도 호메로스 윤리에서의 협력적 차원을 애드킨스가 무척이나 격하시키고 있다는 점이 지적을 받아왔다. 아울러 그가 이처럼 협력의 중요성을 격하시키고 있는 맥락에서 '경쟁적' 가치와 '협력적' 가치를 구분짓는 바람에 근본적인 오해를 유발했다는 점 또한 지적되어왔는데, 호메로스의 사회 안에서 가치 있다고 여겨졌던 것은, 경쟁의 한 형태라기보다는, 오히려 가족 혹은 동료 집단을 위한 (협력적) 방어활동으로부터 기인된 명예를 경쟁적으로 추구하는 일이기 때문이다.[10] 애드킨스는 호메로스의 가치-용어들value-terms, 특히 ('고귀한' 또는 '좋은', 혹은 '훌륭한'이라는 의미의) 아가토스agathos와 같이 주로 형용사 형태로 표기되는 그 용어들이 본질적으로 군사적이자 사회적인 경쟁 안에서의 상태와 성공에 기초하여 사용되고 있다는 견해를 보인다. 그리고 이런 견해에 기대어 애드킨스는 호메로스에게는 경쟁적 가치가 더욱 우월성을 가진다고 주장한다.[11] 그러나 호메로스의 어휘에 대한 최근의, 그러면서 더욱 철저히 이루어진, 연구를 통해서 나오코 야마가타는 그런 언어가 협력적 품행을 격찬하기 위해서 사용되고 있을 뿐만 아니라, 비협력적 행위와 자세를 제지하기 위해서도 사용되고 있다는 것을 밝혔다. 야마가타는 애드킨스가 상대적으로 덜 중요하게 생각했던 네메시스^{nemesis}(의분), 아이도스^{aidōs}(수치), 그리고 엘레오스^{eleos}(동정)와 같은 용어들의 역할에 특히 주의를 기울인다.[12] 이처럼, 심리적 어휘와 관련하여 앞 장에서 강조했던 요점이 이 주제에 대해서도 공히 적용되어야 한다. 다시 말해서, 그러한 어휘들이 지닌 윤리적 힘을 바르게 측정하고자 한다면, 바로 그 어휘들을, 즉 그것들이 호메로스의 (혹은 다른 고대 사상가들의) 이야기 안에서 분명히 어떤 기능을 하고 있다는 점을 살펴야만 한다.[13]

애드킨스의 기획과 관련이 있는 또다른 최근의 발전론적 접근법은 상호적으로 이익을 도모하는 상보성 유형들을 연계한 관점에서 그리스의 경제와 사회적 관계를 분석하는 것이었다. 월터 돈란은, 인류학자인 마셜 살린스의 해석을 끌어들여, 호메로스에게서 발견되는 상보성을 대상과 봉사의 교환 안에서, 그리고 개개인들이 서로 간에 나누는 담화에서의 상관된 형태와 자세 안에서 표현되는 것으로서 이해하여, 이를 일종의 유형학적으로 구분짓는다. 돈란이 이처럼 접근을 하면서 사용하는 주된 범주들은 (그러한 교환이 원칙적으로 동등해야 한다는) '균형 잡힌^{balanced}' 상보성, (교환이 이전의 결점이나 위반을 만회하기 위한 것이어야 한다는) 보상^{compensatory}, 그리고 '일반화된^{generalized}' 상보성이다. 이때

'일반화된' 상보성이라는 범주에 특히 주목할 필요가 있는데, 이는 잠재적으로 확장될 수 있는 상호적 관계의 과정 안에서 한순간을 너머 여러 시간을 거쳐 호의를 상환하는 일의 가능성을 예기하기 때문이다. 예를 들면 상보적 관계에 있는 한 사람이 전투에서 자신의 삶을 포기하는 경우, 만약 그가 이전에 자신과 상보적 관계를 맺고 있는 다른 이로부터 호의를 받은 적이 있다고 한다면, 비록 삶을 포기하는 일이 원칙적으로 상보적인 관계의 부분으로서 인정된다고 하더라도, 이때 호의가 결코 상환될 수 없다는 점은 분명하다.[14] 리처드 시퍼드는 이러한 사유의 노선을 초기 그리스 문화에 대한 주요 연구 안에서 더욱 발전시켜, 호메로스의 사회 안에서 상보적 교환과 종교적 의식은 서로 함께 혹은 서로 보완하는 방식으로 작동하며, 후기 그리스 문화 안에서 정치적이고 법적 조직들이 수행하던 것들과 유사한 역할을 수행한다고 제안한다.[15] 이상의 연구들은, 애드킨스나 앞에서 거론했던 다른 학자들의 연구와 마찬가지로, 그 접근법을 놓고 볼 때 발전적 모습을 드러낸다.[16] 그러나 이와 같은 연구들의 결과는 애드킨스의 해석에서 핵심이었던 '경쟁적-협력적' 구분에 대해서 실상 더욱 짙은 의심만을 사게 한다. 호메로스가 그리고 있는 사회 안에서 선물이나 호의의 상보적 교환은 사회적 협력의 중요한 매개체이자 **동시에** 지도자가 (경쟁적으로) 얻는 지위 혹은 상태의 수단이기 때문이다. 그렇기 때문에 그러한 교환으로부터 다소 복잡한 문제들이 파생될 수도 있다. 예컨대 『일리아스』 9권에서 아킬레우스가 아가멤논의 선물을 거절하는 경우의 윤리적 상태가 그와 같은 문제라고 할 수 있다.[17]

아울러 호메로스에게서는 책임의 이해가 결여되어 있으며 잘못과 도덕적 과실의 구분이 이루어지고 있지 못하다고 하는 애드킨스의 주장에 대한 비판 역시 중요한 의미를 가진다.[18] 도즈가 호메로스에게는 수치스러운 잘못들이 외면화되고 있다는 견해를 주장하기 위해서 그랬던 것과 마찬가지로, 애드킨스도 단지 하나의 인상적인 사례에 주목하여 이와 같은 견해를 펴는 것으로 보인다. 그 사례란 바로『일리아스』19권 77-144행, 특히 86-94행에서 이루어지고 있는 아가멤논의 연설을 가리킨다. 그 연설에서 아가멤논은 아킬레우스가 전리품으로 취한 여인을 자신이 가로채는 일을 하면서 이런 잘못된 행위에 대해서 자신은 책임(아이티오스^{aitios})이 없으며, 이는 신들도 인간들도 결코 거역할 수 없는 아테(미망)의 신성한 힘에 의한 결과라고 말한다.[19] 그러나 올리버 태플린은 아가멤논의 연설이 규범적 사례나 윤리적 틀 전체에 대한 일반화로 간주되어서는 안 된다고 지적한다. 오히려 그는 (신적이면서 동시에 인간적이라는, 그렇다고 해서) 행위를 이루는 인간으로부터 그 행위 결과에 대한 책임을 배제시키지는 않는 더욱 규범적인 '이중의-동기$^{double-motivation}$'라는 이념에 이 연설을 대조시키면서, 이 연설이 신성한 동기에 대한 이념을 자의적이자 변칙적으로 혹은 불법적으로 사용하고 있다고 이해한다.[20]

버나드 윌리엄스는 자신의 연구서 *Shame and Necessity* 제3장에서 행위에 대한 행위자의 책임이라는 이념을 재차 살피며 애드킨스의 접근법을 비판한다. 거기서 윌리엄스는 책임에 대한 **유일한** 개념이라고 간주할 수 있는 종류의 어떤 결정적이고 단일한 형태의 개념이 있지 않다고 논한다. 호메로스에게서만 그런 것이 아니라 현대 서구 사상가들에게서도 그렇듯이, 상이한 윤리적 틀은 사람들이 상이한 상황에서 벌이는 자신들의 행위에 대한 책임을 상이한 정도와 종류로 가진다는 생각을 표현하는 다양한 방식을 포함한다. 그렇기 때문에 윌리엄스는 (실천적인)

'잘못mistake'과 '도덕적 과실moral error'에 대한 애드킨스의 구분이 무엇보다도 실천적인 고려와 도덕적 고려 사이의 칸트식 구분에 기대고 있다고 논한다. 아울러 윌리엄스는 책임에 대한 애드킨스의 이해 역시 인간이 근원적인 (혹은 '초월적인transcendental') 수준에서 의지의 자유를 가지고 있으며, 이 자유가 바로 인간의 자기 행위에 대한 도덕적 책임의 근본을 이룬다고 하는 칸트적 이념에 기대고 있다고도 지적한다. 그러나 만약 이와 같은 특정의 (그리고 무척이나 강력한) 전제들에 기대지 않은 채 해당 주제에 접근한다고 한다면, 호메로스 및 후기 그리스 문화에서 발견할 수 있는 책임에 대한 사유적 틀은 이보다 훨씬 지성적이며 일관성을 지닌 모습으로 드러날 수 있을 것이다.[21] 앞의 제 II장에서 (특히 미주 8과 관련된 본문에서) 주목했듯이, 윌리엄스는 (인간의 행위 안에 스스로의 능동성과 외부적 힘 및 상황에의 종속성이 함께하고 있다는 바를 인지하는) 인간의 윤리적 경험에 대한 이해를 능동적 주체의 후회와 도덕적 행운에 연결시키며, 그리스의 비극은 이것을 구체화시키고 있기 때문에 특히나 가치를 지닌다고 논한다. 그는 그리스 비극 안에서 구체화되고 있는 이와 같은 생각들이, 비단 고대 그리스인들뿐만 아니라, 현대를 살아가는 우리 역시 일반적으로 중요하다고 여기는 점들을 그 안에 유지하고 있으며, 이는 애드킨스가 사용하는 칸트의 윤리적 틀에 따를 경우 파악될 수 없는 종류의 것들이라고 강조한다. 보다 일반적으로 말해서, 윌리엄스는 (발전론적이든 그렇지 않든) 윤리와 가치에 대한 그리스 지성사의 설명이 마음과 윤리에 대한 철학적 전제에 의존하고 있다는 점을 파악해야 한다고, 그리고 그러한 전제의 원천이 무엇인지를 파악해야 한다고, 아울러 그런 원천이 전제 안에서 지속적으로 유지되고 있다는 점을 파악해야 한다고 우리에게 촉구하고 있는 것이다.

윌리엄스는 윤리적 규준이 사회적 판단에 기초한다는 문화적 틀과 그 규준이 무엇이 바르고 그른지에 대한 개인의 내적 양식에 기초하고 있다는 문화적 틀을 구분하면서, '수치-죄책감' 사이의 구분과 유사한 요점을 구성한다. 우선 윌리엄스는, 이러한 틀 사이의 구분을 사용한다는 것은 곧 (바름과 그름에 대한 규준이 개인의 내적 양식에 기초한다는) 두 번째 유형의 윤리적 틀이 (윤리적 규준은 사회적 판단에 기초한다는) 첫 번째 유형의 윤리적 틀에 비해서 더욱 발전되어 있으며 '성숙되어 있다는mature' 전제에 기대고 있는 것이라고 논한다. 이에 이어서 윌리엄스는 이런 전제가 적합한 도덕적 반응이란 '자율성'을 요구한다는, 다시 말해서 각각의 개인이 스스로를, 자신이 속한 사회의 윤리적 틀이 아니라, 보편적 법칙에다 묶어야 한다는 칸트의 신념을 반영하고 있다고 주장한다.[22] 케언스는 그리스 문화 안의 수치와 명예에 대한 광범위한 연구를 통해서 유사한 견해를 피력한다. 더글러스 케언스는 (많은 영향력을 행사했던 '수치-죄책감' 구분을 제시한) 도즈를 넘어, 그러나 도즈로 하여금 그러한 구분에 이끌리게 했던 인류학자인 루스 베네딕트와 마거릿 미드의 입장으로 되돌아간다. 그러면서 케언스는 베네딕트와 미드가 사용하는 '죄책감 문화'라는 이념이 특히 기독교의 개신교적 형태로 형성된 (의식, 죄 그리고 의무에 중점을 두는) 도덕적 사유의 틀에 부당하게 보편적인 지위를 부여했다고 논한다. 그러므로 케언스에 따를 경우 이는 교차-문화적 분석을 위한 일종의 빈약한 토대라고 할 수 있으며, 특히 죄책감-문화가 필연적으로 더욱 성숙하며 복잡하다는 전제와 결합되어 있는 경우라면 더욱 그렇다고 할 수 있다.[23]

이와 같은 지적과 더불어 윌리엄스와 케언스는 '수치-죄책감' 구분이 수치가 도덕적 힘으로서 기능하는 방식을 단순화시킨 구도와 종종 연결되어 있기도 하다고 논한다. 그리스 문화와 현대의 문화 모두에서 수치가 단순히 누군가의 행위에 대해서 다른 사람들이 형성하는 사회적 판단의 힘에만 의존하고 있는 것은 아니다. 이는 한 사회 안에서 형성된 윤리적 판단의 개인적 **내면화**에도 의존하고 있으며, 그렇기 때문에 이러한 윤리적 판단은 사회적 담론의 부분일 뿐만 아니라 바로 그 사회를 구성하는 구성원 '자신의one's own' 부분이기도 하다. 윌리엄스는 '내면화된 타자internalized other'라는 특징적인 이념을 사용하면서, 이러한 타자는 한 개인이 위기나 고립의 순간에서 윤리적 판단을 내리는 데에 도움을 주는 일종의 상상적 인물로 그려진다고 제안한다. 『일리아스』 22권 99-110행에서 진행되는 헥토르의 독백에는 폴뤼다마스라는 인물이, 그리고 소포클레스의 『아이아스』 457-480행에서 진행되는 숙고적 독백에는 텔라몬이라는 인물, 즉 아이아스의 부친이 등장하는데, 이들이 바로 '내면화된 타자'의 사례라고 할 수 있다.[24] 이러한 인물들은 개인 자신의 도덕적 사유를 형성하는 '수치'의 종류에 (다시 말해서 자신이 속한 사회의 사유방식을 한 개인이 자신의 것으로 내면화하는 일에) 초점을 맞추도록 도움을 준다. 만약 이와 같은 사유 안에서 표현되고 있는 복잡성과 깊이를 제대로 이해할 수 있을 만큼 충분히 인지할 수 있다면, 그리스 문화의 윤리 안에서 '수치-죄책감' 구분이라는 개념은 완전히 폐기되어야 하거나, 아니면 수치-윤리와 죄책감-윤리 사이의 관계에 대하여 지금까지 제시된 수준보다 더욱 섬세하면서도 내실 있는 설명의 일부로서만 역할을 하게 될 것이다.[25]

그리스 윤리에 대한 발전론적 설명에 문제를 제기하는 또다른 주요 현대 연구가 매킨타이어의 『덕의 상실(*After Virtue: A Study in Moral Theory*)』에서 발견된다. 사실 이는 현대의 도덕적 사유에 대한 연구이며, 이를 위해서 매킨타이어는 그리스 윤리관 이래로 지속되어온 윤리 이론의 역사를 살피는 특정의 고찰방식에 의존하고 있다. 매킨타이어는 윤리 이론이 어떤 공동체적 그리고 문화적 자세 및 제도에 근간을 두고 있지 않는 경우 아무런 정당성을 가지지 못한다고 논한다. 이런 까닭에 그는, 가령 칸트식 이론이나 공리주의적 이론과 같이, 특정 사회의 윤리적 틀을 전혀 고려하지 않으면서 도덕성을 위한 보편적 기반을 제공하고자 시도하는 현대의 이론들을 비판한다. 아울러 매킨타이어는 개인이 지닌 공동체 안에서의 역할에 대한 설명 없이도, 그리고 공동체 안에서 함께하는 삶을 구성하는 여러 역할과 실천의 연계에 대한 설명 없이도, 한 개인의 도덕적 삶과 지위가 규정될 수 있다고 하는 현대적 생각에도 비판을 가한다.[26]

이와 같은 논의의 맥락에 따라 매킨타이어는 호메로스 안에서 인간의 삶이 주어진 공동체 안에서의 역할과 실천에 알맞게 관련되어 있는 덕들을 실천하면서 적합하게 살아가는 모습으로 그려지고 있으며, 그렇기 때문에 호메로스의 윤리적 사유가 (대부분의 현대적 사상에 비해서도) 무척이나 가치 있다고 제시한다. 『일리아스』 11권 404-410행에서 오뒷세우스가 '겁쟁이들이나 할' 바와 영웅적인 지도자들 가운데서도 '가장 뛰어난(아리스테우에인^{aristeuein})' 자라면 해야 할 바를 언급하며 자신의 딜레마에 봉착하고 있다고 보면서, 스넬이 오뒷세우스의 숙고가 지닌 윤리적 특징을 비교적 원시적이라고 여기고 있다는 점을 앞에서 지적한 바 있다. 그러나 이 경우를 적합한 도덕적 결정을 내리는 데에 필요한 보편성이 결여되어 있는 상황으로 보는 스넬과는 대조적으로, 매킨타이어는 이를 건전하게 기반을 갖춘 윤리적 추론의 좋은 사례들 가운데 하나로 본다.[27] 이와 유사한 맥락에서 매킨타이어는 아리스토텔레스에게서 발견되는 종류의 윤리적 이론을 살필 것을 권하기도 하는데, 윤리적 덕에 대한 아리스토텔레스의 설명은 그런 덕이 특정의 공동체 안에서 그리고 그런 공동체의 기준에 따라서 실천된다는 점을 전제하기 때문이다. 실로 아리스토텔레스 역시 (『니코마코스 윤리학』 1권 7장에서) 행복 (에우다이모니아^{eudaimonia})에 대한 자신의 개념을 일반화된 '인간 본성 ^{human nature}'이라는 이념과 관련하여 규정하고 있다. 그리고 매킨타이어는 이런 이념이 공동적 삶의 형태에, 그리고 특정 공동체 안에서 발견되는 덕에 대한 이해에 적합하게 기반하고 있다고 여긴다.[28]

비록 매킨타이어의 논의가 윌리엄스의 논의와는 다른 용어들을 통해서 형식화되고 있기는 하나, 이는 윌리엄스의 논의를 중요한 방식에서 보충하는 역할을 한다. 무엇보다 매킨타이어의 논의가 담고 있는 취지와 요점을 수용할 경우, 원시적인 상태에서 발전된 상태로 진행되는 윤리적 견지의 선형적 이동을 그리스 문화의 역사 안에서, 또는 그리스 문화와 현대의 문화 사이에서도, 찾을 수 없게 될 것이다. 매킨타이어와 윌리엄스 모두 그리스 문화의 현존하는 가장 초기 형태의 표현, 즉 호메로스의 서사시들을, 원시적이거나 아니면 발전의 초기 단계에 머물고 있는 수준이 아니라, 그 이후로도 지속적으로 타당한 윤리적 사유의 형태로 볼 수 있다고 강조하고 있기 때문이다. 그리고 호메로스의 윤리에서 드러나는 공동적 기반에 대한 매킨타이어의 강조와 사회적 판단의 개인적 내면화를 윤리적 동기의 정당한 형식으로 그려내는 윌리엄스의 이해를 서로 연결시킬 수도 있다.[29] 물론 매킨타이어가 호메로스적 숙고 안에서 개인의 결정을 정하는 사회적 역할의 범위와 관련하여 지나치게 단순화된 설명을 제공하고 있다고, 아울러 호메로스를 수치–윤리의 비교적 단순한 형태를 표현하는 자로 생각하는 학자들로부터 영향을 받았다고 지적할 수는 있다.[30] 그럼에도 불구하고 여전히, 매킨타이어와 윌리엄스가 제시하는 비-칸트식의 철학적 틀이 호메로스 및 그 이후의 그리스 윤리적 사유와 관련하여, 스넬이나 애드킨스 그리고 도즈 및 이들과 비슷한 견해를 가진 자들이 제시한 발전론적 설명과 종류가 다르면서도 보다 정밀한 이해의 근간을 제시하고 있다고 볼 수 있다.

2. 그리스 윤리철학 : 도덕성과 행복, 이타주의와 상호적 이익

그리스 윤리철학에 대한 최근의 연구 동향을 살필 경우, 그 안에서 그리스의 시와 문화에 대한 연구들에서 논의되는 특징들과 부분적으로 유사하게 병행하는 측면을 발견할 수 있다. 많은 학자들이 다양한 관점으로부터 철학적 입장에, 그리고 그리스 사유에 대한 윌리엄스와 매킨타이어의 주장에 답하고 있기 때문이다. 20세기 초반에는 (칸트의 윤리이론이 강조하듯이) 의무가, 혹은 자기 자신을 이롭게 해야 한다기보다는 (다른 종류의 윤리 이론들 가운데서도 특히 공리주의적 이론이 강조하듯이) 타인을-이롭게-하는 것이 가장 우선해야 한다는 점을 파악하지못했다는 이유를 들어, 그리스 철학이 윤리적 사유의 측면에서 일종의결함을 지니고 있다고 논하는 학자들을 어렵지 않게 볼 수 있다.[31] 이런종류의 견해는 스넬이나 애드킨스가 제시하는 그리스 사상에 대한 발전론적 설명의 근간을 이루며, 따라서 그와 같은 발전론적 설명의 관점에따라 그리스의 윤리적 사유가 현대의 윤리적 사유에 비해서 다소 원시적이거나 보다 미흡하게 갖추어졌다고 전제한다. 그러나 최근의 학계에서는 이런 견해가 대부분 받아들여지지 않고 있다. 비록 여전히 학자들은 서로 다른 철학적 관점으로부터 문제에 접근하려고 하나, 대체로는 그리스 철학 안에서 타당한 윤리적 사유를 찾으려는 데에 집중하고 있는 양상이다.

앞에서 살펴보았듯이 매킨타이어는, 대부분 현대의 도덕철학과 대조하여, 인간 본성에 대한 윤리적 이념과 같은 일반적인 윤리적 이념들이 특정의 공동체 안에서 이루어지는 윤리적 실천에, 그리고 그것들이 서로 상관성을 가진 성향에 그 기반을 두고 있어야 한다는 것을 이미 스스로 파악하고 있다는 점을 들어 아리스토텔레스를 권하고 있다.[32] 윌리엄스 역시 자신의 저술인 *Ethics and the Limits of Philosophy*에서 대체로 비슷한 방식으로 아리스토텔레스를 거론하는데, 그는 아리스토텔레스가 한 사회 안에서 일어나는 인격상호적 연대를 통해서 발전된 성향을 갖춘 윤리적 삶이 우선되어야 한다는 것을 인지하고 있다고 보기 때문이다. 윌리엄스는 아리스토텔레스를 (칸트 이론의 중심이라고 할 수 있는) 이성적인 도덕의 능동적 주체에 기초하여 혹은 (공리주의의 핵심 주제라고 할 수 있는) 최대 다수의 최대 행복과 같은 보편적 이념에 기초하여 도덕성을 정립하고자 시도하는 현대의 철학 이론들에 우호적으로 대조시킨다. 이처럼 대조시킴으로써 윌리엄스는 한 주어진 공동체 안에서 직접적이고 실천적으로 사용되는 윤리적 언어의 부분을 형성하는 '단단한 가치들thick values'이 일반적인 혹은 추상적인 도덕적 개념들로서의 '가냘픈 가치들thin values'에 그 기반을 둘 수 있다는 생각에 회의를 품는다.* 이와 더불어 윌리엄스는 그리스 윤리 이론의 범주들, 즉 덕과

---

* 여기서 저자는 '단단한 가치들' 및 '가냘픈 가치들'이라는 윌리엄스의 용어를 직접 인용하여 사용하고 있다. 윌리엄스는 '단단한 가치들'이라는 표현을 통해서 직접적으로 상호적 관계를 맺고 살아가는 실천적인 삶에 구체적으로 주어지는 행위 판단의 가치들을 의미하며, '가냘픈 가치들'이란 표현을 통해서 이론적인 체계를 통해서 개념화되고 추상화되어 마치 만질 수 없는 먼 거리에 떨어져 있는 절대적이고 보편적 가치들을 의미한다. 보다 간단히 말해서, 전자는 일종의 실정법 혹은 실천적 규범을 그리고 후자는 일종

행복에 대한 범주들이, 오히려 대부분의 현대 도덕 이론들에 비해, 더욱 주지주의적 형태의 윤리적 사유를 제공하고 있기도 하다고 논한다.[33]

반면 다른 학자들은, 비록 서로 다른 지적(知的) 관점에 기초하기는 하지만, 그리스의 윤리적 이론이 매킨타이어와 윌리엄스가 비판하던 형태의 현대적 이론에 보다 가까이 근접해 있다고 논한다. 예를 들어 테런스 어윈은 그리스의 이론들이, 자신의 이익을 도모하기보다는 타인을 이롭게 하라는 주장을 포함해서, 도덕적 원칙들에 대한 지배적 주장을 인정하는 방식에서 행복을 목표로 삼고 있다고 논한다. 이런 이해에 비추어 어윈은 정의(디카이오쉬네[dikaiosunē])가 행복(에우다이모니아)을 구성한다고 플라톤의 『국가』를 해석한다. 어윈은 바로 여기서, 그리고 아리스토텔레스의 윤리 이론에서도, 가장 심도 있는 종류의 '자아-실현[self-realization]'이 이타주의의 발전에 달려 있다는 점에 대한 증거를 찾는다. 매킨타이어와 윌리엄스가 윤리에 대한 그리스의 이론과 (대부분의) 현대 이론들 사이의 차이점을 강조한 반면, 어윈의 접근법은 전제되고 있는 윤리적 규범들 안에서 나타나는, 아울러 이성적인 도덕의 능동적 주체와 같은 일반적인 윤리적 이념들의 사용 안에서 나타나는 유사성을 강조한다.[34]

줄리아 안나스는 자신의 *The Morality of Happiness*에서 아리스토텔레스와 헬레니즘 철학 안에서 발견되는 윤리적 사유에 대한 광범위한 연구를 통해서 보다 두드러지고 진전된 입장을 취한다. 안나스는 고대와 현대 사이에 윤리 철학의 일반적인 구조가 차이를 지닌다는 점을 강조하면서도, 일군의 현대 학자들이 근래 들어 '덕 윤리[virtue ethics]'를 수용함으로써 이러한 차이가 좁혀졌다는 점을 인정한다. 그러나 안나스는,

의 보편적 도덕 법칙 혹은 원칙을 가리킨다고 할 수 있다.

이러한 구조적 차이가 있기는 하지만, (비록 대부분의 현대 이론들이 제시하는 것과 반드시 같은 방식과 정도에서는 아니겠으나) 그럼에도 타인을 이롭게 해야 한다는 주장 및 의무에 대한 이념의 흔적을 그리스 사상가들이 제공하고 있다는 점 또한 강조한다.[35] 이와 더불어 그녀는 한 개인의 자신 삶 전체에 대한 반성, 특히 그 삶이 전반적으로 목적(텔로스^{telos})으로 했던 바에 대한 반성이 그리스 윤리 이론의 출발점이라고 강조하기도 한다. 이러한 목적은, 비록 행복을 구성하는 요소와 관련하여 그리스 철학자들 사이에서 심한 논쟁이 있음에도 불구하고, 통일적으로 행복(에우다이모니아)으로 간주된다. 그와 같은 반성은, 적합하게 수행되기만 한다면, 행복을 위해서 우선해야 할 것들이 무엇인지, 그리고 행복에 대한 이해가 어떻게 되어야 하는지에 대해서 바로잡힌 시각을 가질 수 있도록 유도한다. 이와 같은 유형의 반성은 그 목적을 달성하기 위해서 소위 인간에게 '자연적' 혹은 '본성적'이라고 할 수 있는 바에 종종 호소하기도 한다. 그리고 이 경우의 호소는 무엇이 '자연적' 혹은 '본성적'인지에 대한 관습적인 견해를 재고하는 것도 포함한다. 지금까지 살펴본 바와 같이, 그리스 윤리에 대한 안나스의 해석은 현대의 사상가들이 특징적으로 도덕이라고 간주했던 것을 포함하고 있지 않아 보인다고 할지 모른다. 그러나 안나스는 대부분의 그리스 철학자들이 행복에 대한 자신들의 설명 안에서 일종의 중요한, 그리고 때로는 중심적인, 역할을 덕에 부여하고 있다는 점 역시 강조한다. 이에 따르면 그리스 철학자들은 덕과 행복이 (깊은 혹은 광범위한 수준에서) 타인-고려$^{other-concern}$에 대한 여지를 상정하고 있다고 파악한다. 그렇다면, 바로 이런 방식에서 행복 추구에 대한 그리스의 철학적 논의들이 현대의 우리가 소위 '도덕'이라고 여기는 바의 대부분을 정당화해주는 틀을 제공하고 있는 것이다.

안나스의 연구는 그리스 이론들을 폭넓게 해설하고 있을 뿐만 아니라 그리스 윤리적 사유의 일반적인 특징을 무척이나 설득력 있게 제시하고 있다고 할 수 있다. 그럼에도 불구하고, 몇몇 요점들과 관련해서는 안나스의 방식이 아니라 다른 방식으로 이해하는 것 역시 가능하다. 예를 들면, 그리스의 윤리적 반성이 (개인이 홀로 하는 반성이라기보다는) 여러 사람들 사이에서 공유되는 토의 혹은 변증^{dialectic}으로, 특히 (나 자신의 전체 삶이라기보다는 서로에게 공유된) 인간의 행복 혹은 본성에 대한 논의로 파악되고 있다는 점에 보다 중요한 방점을 둘 수 있다. 더불어 그와 같은 논의가, 공동체 안에서 사람들 사이에 이루어지는 선-반성적$^{pre\text{-}reflective}$ 수준의 담론에 포함된 행위와 삶의 목표에 대한 지침을 확장시켰을 뿐만 아니라, 동시에 이에 반하는 움직임을 야기하기도 했던 것으로 파악되고 있다는 점 역시 강조할 필요가 있다. 지금 언급한 두 요점들은 그리스 사상의 주요한 이념, 즉 반성적 논의$^{reflective\ debate}$, 상호적 논쟁$^{interactive\ exchange}$, 그리고 인격을 구성하는 부분들 사이의 '대화^{dialogue}'라는 세 종류의 상호 연결된 담론 유형들 안에 인간이 자리하고 있다는 이념을 파악하는 데에 기여한다.[36] 그리고 그리스 사상 안에서 타인-고려가 파악되고 있다는 점을 다른 방식에서 제시할 수도 있다. 인격상호적 규범이 이타주의보다는 (공유된 삶$^{shared\ life}$ 혹은 상보성을 통한) 상호적 이익활동의 규범으로 드러나는 틀 안에서 발생한다고 볼 수 있기 때문이다. 그리고 이러한 사실은 그리스의 윤리 사상과 현대의 윤리 사상 사이의 중요한 차이점을 드러낸다.[37]

이와 더불어, 심리에 대한 그리스 사상과 관련된 일반적인 중점으로 제시할 수 있는 또다른 바는, 윤리적 발전 및 이러한 발전의 부분을 이루는 성격의 형성에 대한 사유의 두 유형을 그리스 철학 안에서 구분하는 것이 가능하다는 점이다. 그런데 첫 번째 유형 안에서는 완전한 윤리적 발전이 두 단계 과정의 통합으로 구성되어 있다. 이때 두 단계 과정에서 첫 번째 단계는 적합한 인격상호적 그리고 공동적 관계 안에서 개입됨으로써 이루어지는 건전한 성향과 실천적인 추론의 발전을 의미하며, 두 번째 단계는 개인의 성품 및 삶을 재형성시킬 수 있는 객관적인 윤리적 인식으로 이끄는 반성적 논의를 가리킨다. 이러한 유형은 플라톤의『국가』나 아리스토텔레스의 윤리 이론, 그리고 스토아 학파 이론의 몇몇 윤리적 규준들 안에서 찾을 수 있다. 두 번째 유형 안에서는 (성공적인) 반성적 논의가 성품과 삶의 방식의 적합한 형성뿐만 아니라 적합한 인격상호적 형태와 공동적 관계를 위한 필수적인 전제 조건이라는 점이 강조된다. 이러한 유형은 무엇보다도 에피쿠로스 학파의 이론 안에서 분명히 드러나며, 다소 다른 형태로 플라톤의 몇몇 대화편들, 특히『파이돈』안에서, 그리고 스토아 학파의 또다른 윤리적 규준들 안에서도 볼 수 있다.[38]

지금까지 하여, 바로 위에서 강조한 사유의 유형들뿐만 아니라, 최근 학자들이 제시한 그리스 윤리철학으로의 접근법들의 내용 및 성격을 밝혀주는 특정 논점들을 개략적으로 살펴보았다. 이 논점들은 사랑에 대한 플라톤의 이론 및 우애에 대한 아리스토텔레스와 에피쿠로스 학파의 이론과 관련하여 하나의 논의거리로 조성될 수 있다. 아울러 이는 실천적인 혹은 이론적인 지혜가 인간 행복의 최고 형태를 정말로 구성하는지에 대한 질문과 관련해서 또다른 하나의 논의거리로 조성될 수도 있다. 그 가운데 우선 이 논점이 플라톤의『국가』및 아리스토텔레스에게서 사랑과 우애라는 개념을 통해서 일어나는 논의의 방식들을, 아울러 이에 대한 에피쿠로스의 경우를 살펴보고자 한다.

3. 사랑과 우애에 대한 그리스 이론들

그레고리 블라스토스는 자신의 저명한 연구 논문에서 플라톤의 사랑을 다루면서, 플라톤의 이상적 논의가 사랑의 결정적인 특징, 다시 말해서 한 개인의 자기 자신을 위한 사랑을 포착하는 데 실패했다는 견해를 피력한다. 블라스토스의 비판은 특히 『향연』에 등장하는 핵심 연설의 정점, 즉 소크라테스가 전하는 디오티마의 '비의(秘儀)'(209e-212c)를 겨냥하고 있다. 표면적으로 보았을 때 이 구절은 인격상호적 사랑을 넘어 인식의 대상에 대한 사랑으로, 궁극적으로는 아름다움(칼론^{kalon})의 형상에 대한 사랑으로 인도하는, 욕구의 '상승'을 묘사하고 있다.[39] 그러나 이후의 학자들, 특히 프라이스는, 디오티마의 비의가 단순히 하나의 해석 가능성만을 가지고 있는 것이 아니라고 논한다. 무엇보다도 사랑하는 자의 욕구의 상승이 사랑하는 자 혼자만을 통해서 실천되는 것이 아니라, 그로부터 사랑을 받는 자와 함께 실천될 수도 있다고 해석하는 것이 가능하다. 즉, 사랑하는 자가 그 자신의 불멸성을 야기하는 덕의 '출산'을 수행하는 데에 동반하는 바로 그 사랑받는 자와 함께 그 자신이 가진 욕구를 상승시키는 일을 한다는 것이다.[40] 이런 맥락에서 그 비의는, 타인에 대한 사랑을 단순히 인식에 대한 사랑으로 대체해서가 아니라 윤리적 진리에 대한 이해를 키워나가기 때문에, 인격상호적 관계가 더욱 깊어질 수 있다는 이상을 드러내고 있다고 이해할 수 있다.[41]

이런 유형의 해석은 확실히 『파이드로스』에서 제시되는 사랑 및 프쉬케(영혼)에 대한 신화, 즉 사랑에 기반한 동반자 관계가 지속되어야 한다는 점이 명백히 강조되고 있는 신화에도 알맞게 적용된다.[42] 그렇기 때문에 디오티마의 비의를 이처럼 독해하는 것 또한 가능하다. 물론, 전통적으로 여겨왔던 것처럼, 욕구의 상승을 논하는 디오티마가 특정 사람들을 향한 사랑을 넘어서 진리에 대한 인식을 지향하는 사랑으로 이끄는 인도자로 그려지고 있는 것이라고 이해할 수도 있다. 그러나 그렇다고 해도 그 상승의 결과는 타인을 등지되 자신만을 위해서 이러한 인식으로부터의 이익을 유지하라고 하지 **않는다**. 오히려 그 결과는 인식의 이러한 형태가 최고 수준의 인간적 사랑과 행복을 구성한다는 점을 남들에게 (즉, 자신이 사랑하는 특정 인물들만이라기보다는, 오히려 전체로서 타인들 일반에게) 알리도록 원하게끔 만든다. 바로 이런 식으로, 그 자신이 디오티마에 의해서 이와 같은 인식으로 이끌렸던 소크라테스 역시 향연에 참석한 다른 이들에게, 사랑하는 자가 자신보다 인식을 더욱 갖춘 인도자에 의해서 상승의 단계들을 거쳐 이끌리게 된다는 욕구의 상승에 대한 설명을 전하는 것이다.[43] 이상의 독해에 따를 경우, 디오티마의 비의는 그리스의 윤리 철학에서 되풀이되어 나타나던 사고의 한 유형을 예증한다고 할 수 있다. 그리고 이러한 유형 안에서는, 비록 윤리적 반성의 결과가 당시 관습적으로 여겨지던 타인을-이롭게-하는 행위를 정당화하고자 제시되는 것은 아니겠으나, 반성에 의해서 (다시 말해, 철학적인 삶에 의해서) 정당화된 삶의 종류를 **소통을 통해서 전하는 일**communicating이야말로 타인을 이롭게 하는 가장 심원한 방식으로 간주되고 있음을 볼 수 있다.[44]

우애friendship에 대한 아리스토텔레스의 이론도 대체로 이와 같은 사랑에 대한 플라톤의 논의에 상응하는 논점을 불러일으킨다. 한편으로 아리스토텔레스는 최고 수준의 우애란 이타주의적이라는 생각이 관습적이라고 여기는 것처럼 보인다. 그가 (『니코마코스 윤리학』 8권 1-2장에서) '자기 자신이 아니라 친구를 위해서' 친구가 잘 지내기를 바라야 한다고 논하기 때문이다. 우애의 이상적인 형태를 (특히 두 덕스러운 자들 사이의 우애로서) 제시하는 가운데, 아리스토텔레스는 (『니코마코스 윤리학』 8권 3-5장에서) 친구가 '그 자신 그대로인 바로서' 잘 지내기를 바라야 한다고 말하며, 이러한 이념을 형식화된 형태로 제공한다. 다른 한편으로 아리스토텔레스는, 훌륭한 자들이란 (덕스러운) 자기애$^{self-love}$를 위한 여건과 자기 자신의 (덕스러운) 행복을 영속화하는 수단을 구성하고자 할 터이니, 두 훌륭한 자들 사이의 우애가 가치 있다고 논한다. 덕을 갖춘 인물은 그 스스로가 좋은 친구로서 자신의 진정한 자아를 (즉 덕스러운 인물로서 '우리들 각각이 바로 그 자신인 바$^{what\ each\ of\ us\ is}$'를) 현실화하기 때문에 그럴 수 있는 것이다. 아울러 아리스토텔레스는 (『니코마코스 윤리학』 9권 4장 및 8-9장에서) 덕을 갖춘 인물이 덕을 갖춘 친구를 '또다른 자아$^{other\ self}$(알로스 아우토스$^{allos\ autos}$)'로 대함으로써, 그리고 친구의 덕을 자기 자신의 덕으로 여기며 그 안에서 가능한 한 많은 즐거움을 취함으로써, 자기 자신의 행복을 확장시킨다고 강조한다.[45] 그런데 우애에 대한 아리스토텔레스 논의의 이와 같은 특징들은 그것들이 서로 결합될 때에 종종 문제가 야기된다고 여겨져왔다. 아리스토텔레스가, 이후의 논의에서 이기주의를 표현하는 용어들을 통해서 우애의 이타주의적 이상을 논하고 분석함에도 불구하고, 그가 자신의 논의를 위해서 이를 전제하(며 아울러 이를 발판으로 삼)고 있다고 보이기 때문이다.[46] 그래서 몇몇 최근 학자들은, 이상적인 우애에 대한 아리스토텔레스의 분석이 이타주의의 이상을 약화시킨다기보다는, 오히려 이를 전제하며 이에 의존한다고 논하고 있는 것이 아니냐는 반응을 보인다. 그들에 따를 경우, 아리스토텔레스가 주제로 삼아 논하는 우애가 **정말로** 이 타적인 경우에만 (즉, 누군가가 완전한 의미에서 타인을 일종의 '두 번째 자아$^{second\ self}$'로 간주하는 경우에만, 그리고 그가 덕스럽고 타인을-이롭게-하는 자아를 자신의 참된 자아와 동일시하는 경우에만), 아리스토텔 레스가 강조하는 바로 그 방식에서 덕스러운 우애가 자신의 행복을 촉진한다고 볼 수 있기 때문이다.[47] 더 나아가 안나스는 자신의 저술 *The Morality of Happiness* 전반에 걸쳐서, 타인을 이롭게 하는 행위로서의 우애와 자기애 사이의 관계에 대한 아리스토텔레스의 설명이 타인을 이롭게 하는 행위를 일으키는 동기가 발전하는 방식에 대한 두드러진 이론을 구성한다고 주장하기도 한다. 안나스는, 비록 아리스토텔레스의 설명이 더욱 근원적인 종류의 동기로서 자기애라는 점을 어느 측면에서는 함의하고 있으나, 동시에 윤리적 발전의 전체 과정 안에서 자기애가 타인을-이롭게-하는 행위의 전적인 동기를 발전시키는 기반을 제공할 수 있다는 점 또한 함의하고 있다고 본다.[48]

최근의 이와 같은 논의들은 철학적으로 영향력을 가진 논변 형식을 그것이 다루는 주제들을 담고 있는 고전 텍스트들에 대한 밀도 있는 독해와 결합하려는 시도이다. 그러나 이러한 사유의 노선과 다소 거리를 두는 것이 필요해 보인다. 특정 관련 문화권 안에서 인격상호적 윤리의 규범이 발견될 수 있는 배경으로서 영향을 끼친다는 식으로 아리스토텔레스의 논의가 해석되어서는 안 되기 때문이다. 그리스에서는, 가족이나 가까운 친지와의 '공유된 삶'을 통해서든 아니면 호의와 이득의 상보화를 통해서든, 서로 관계를 맺고 있는 양 측 모두에 상호적인 이득을 낳는 종류의 관계가 이타주의로 간주되지 않았다. 그리고 관습적으로 받아들여졌던 우애의 이상에 대한 아리스토텔레스의 의견이 바로 이러한 점들을 전제하고 있는 것으로 보인다.[49] 우애에 대한 자신의 이상을 형식화하면서 아리스토텔레스는 (자신이 보기에 이상적으로 형성된) 두 좋은 이들 사이의 우애야말로 양측 모두에 최대치의 이득을 제공한다는 점을 강조한다.[50] 아리스토텔레스가 (『니코마코스 윤리학』 9권 4장 및 8-9장 그리고 『에우데모스 윤리학』 7권 6장과 12장을 통해서) 이러한 이념이 함의하고 있는 바를 덕과 행복 사이의 관계에 반영시키면서 주안점을 두려고 한 내용의 핵심은, 만일 우애가 덕과 완전히 결합될 수 있다면, 우애에 대한 극단적인 요청과 자신의 행복을 실현시키는 일이 실상 전적으로 양립 가능하다는 것이다. 그러므로 가장 극단적인 경우, 친구를 위해서 자신의 삶을 희생해야 하는 우애가 요구되는 상황이라고 해도, 이는 삶에서 가능한 한 최선의 (그리고 가장 덕스러운) 성품 및 방식과도 양립 가능하며, 고로 이런 식으로 행하는 자에게도 최대치의 이득이 제공된다. 그리고 우애에 대한 아리스토텔레스의 입장을 이와 같이 해석함으로써, 이 장의 앞부분에서 논의했던 것과 같은 명예에 대한 협력적 추구를 도모하는 영웅적 이상이 아리스토텔레스의 사유 안에서 주지주의적 방식으로 이어지는 형태를 갖추고 있다고 볼 수 있다. 그리고 영웅적 이상과 아리스토텔레스의 우애에 대한 이상 모두, 이타주의라기보다는, 공유된 삶과 상보성을 통해서 이루어지는 상호적 이득의 규범을 함의한다고 볼 수 있다.[51]

이에 상응하는 일련의 논점들이 우애에 대한 에피쿠로스 학파의 사상 안에서 발생하는 상충적인 문제들과 관련하여 논의되기도 한다. 한편으로 에피쿠로스 학파는 우애를 위해서 마땅히 '위험을 감내해야' 하며, 이상적인 ('지혜로운') 자는 친구를 '결코 포기하지 않을' 것이고, '때로는 친구를 위해서 죽음도 꺼리지 않을 것'이라고 고수한다.[52] 그러나 다른 한편으로 에피쿠로스는 (아마 우애와 연관된 덕을 포함하여) 덕이 삶에서의 전반적인 목적을 (즉, 에피쿠로스가 이해하는 바에 따른, 쾌락 pleasure이라는 목적을*) 현실화하는 도구적인 수단으로 여겨져야 한다고 강조하기도 한다. 아울러 에피쿠로스는 '매 순간 자신의 각 행위들을 자연적인 혹은 본성적인 목표에다 (즉, 전반적인 쾌락이라는 목적에다) 돌려야' 한다고도 강조한다.[53] 이 두 측면이 서로 일관적이지 않아 보인다는 혹은 상충하고 있어 보인다는 점을 에피쿠로스 학파 스스로도 파악하고 있었으며, 이를 해소하고자 다양한 시도를 했다고 여길 근거가 있다. 에피쿠로스는 인간의 전 생애에 걸쳐 결국엔 우애가 진정한 쾌락이라는 에피쿠로스적 목적을 충족시켜 줄 수단을 제공한다는 입장을 지닌 것으로 본다. 에피쿠로스에 따를 경우 우애가 한 개인에게 필요한 조력과 안전을 보장할 뿐만 아니라 그 자체로 '기쁨'의 적극적 원천이기에 그렇다.[54] 그렇기 때문에 그러한 우애가 참으로 '진정한' 우애라면, 이는 이와 같은 진정한 쾌락이라는 목적을 달성하는 데 효과적인 수단으로 역할을 한다. 그리고 그러한 우애 안에서 '우리는 우리 친구들의 기쁨을 바로 우리 자신의 기쁨처럼 기뻐하고, 그들의 괴로움만큼 그 같이 우리도 고통을 받으며', 그래서 이처럼 요청되는 우애를 달성하는 일에 가까이 놓여 있으면서 종종 우애의 일부분이 되기도 하는 고통과 고난마저도 우리는 기꺼이 견딘다.[55]

그러나 우애에 대한 아리스토텔레스의 이론에서와 마찬가지로, 여기 에피쿠로스의 논의에서도 도대체 무엇이 '진정한' 우애를 구성하는지에

---

* 에피쿠로스는 쾌락을 단순히 육욕적이거나 감각적인 것을 획득함으로써 달성하는 종류의 즐거움이 아니라, 어떤 물리적 작용으로 인해서 신체와 정신에 야기되는 괴로움이나 고통에서 벗어난 채, 순수하며 자유로운 지성적인 사유활동을 통해서 이르는 즐거움으로 의미한다. 관련하여 저자의 미주 53을 참조.

대한 물음이 제기된다. 특히 이러한 물음이 이기주의와 이타주의 사이의 대조라는 측면에서 제기된다면, 그리고 우애가 전적으로 이타적이어야 한다는 바가 요구된다면, 쾌락이라는 전반적인 목적에 대한 에피쿠로스의 (이기주의적) 옹호는 종국에는 해결될 수 없을지도 모른다.[56] 그러나 아리스토텔레스에게서와 마찬가지로, 에피쿠로스에게서도 이타주의라기보다는 오히려 공유된 삶이나 상보성에 의해서 주어진 상호적 이득 행위라는 규범이 전제되어 있다는 징후가 발견된다. 그러므로 (LS 22 F(4)를 통해서 확인할 수 있듯이) 우애를 이용해서 '늘 조력을 구하는 자'뿐만 아니라 '조력과 우애를 서로 연관짓지 않는 바람에' 그 결과 '미래에 대한 확신에 찬 기대조차 끊어버리는' 자 **모두**를 에피쿠로스는 비판한다. 아울러 (LS 22 O(3)에서 볼 수 있듯이) 에피쿠로스에게 우애의 가장 좋은 종류란 우애를 나누는 양측 모두의 삶이 에피쿠로스적 목표에 의해서 구체화될 수 있는 종류의 우애를 가리킨다. 그렇기 때문에, 아리스토텔레스의 이상적인 우애 안에서 덕스러운 자들이 서로의 좋음을 위해서 분투하나, 에피쿠로스의 이상적인 우애 안에서 친구는 '자신의 친구가 **쾌락**에 이르기 위해서 나아가는 과정에서 겪는 종류의 괴로움을 마치 자기 자신의 괴로움인양 기꺼이 겪을 것'이다. 마찬가지로, 죽음으로 인해서 우애가 끝나게 되는 경우, (에피쿠로스주의자에게는 '죽음이란 우리에게 아무것도 아닌 것'으로 여겨질 따름이므로) 죽은 친구를 위해서 '슬퍼함으로써'가 아니라, 우애를 '불멸하는 좋음immortal good' 이도록 해주는 쾌락을 지속시키는 방식 안에서 죽은 친구에 대해서 '생각함으로써', 우리는 친구에 대한 우리의 동료-의식fellow-feeling을 드러내야 한다고 에피쿠로스 학파는 강조한다.[57] 이런 종류의 우애야말로, 친구들이 서로를 위해서 기꺼이 괴로움을 감내한다는 의미에서, 아울러

'매 순간 [자신들의] 각 행위를 자연적인 혹은 본성적인 목표에다 [돌릴 수 있다는]'** 의미에서 '진정한' 우애인 것이다. 물론 자연적인 혹은 본성적인 목표란, 에피쿠로스가 이해하고 있듯이, 곧 쾌락을 의미한다.[58] 결국 이러한 유형의 우애는 단순히 상호적인 이득 행위에 의해서 그 특징이 갖추어지는 것뿐만이 아니라, (에피쿠로스가 보기에) 그와 같은 상호적인 이득 행위가 내포하고 있는 바에 대한 가장 깊은 수준의 이해에 의해서도 그 특징이 갖추어지는 것이다.

4. 실천적 지혜 대(對) 관조적 지혜

이제, 실천적인 혹은 이론적인 지혜를 인간 행복의 최고 형태로 여기며 윤리적 사상과 관련하여 유사한 논점들을 제시하는 두 구문들을 살피고자 한다. 그것들은 각각 플라톤과 아리스토텔레스로부터 유래하는 잘 알려진 구문들로서, 그 안에서 플라톤과 아리스토텔레스는 인간 행복의 최고 형태를 구성하는 것이 실천적 지혜인지 아니면 이론적 지혜인지를 놓고 서로 맞서는 주장을 하고 있다. 플라톤은 『국가』에서 철학자-통치자**를 위한 두 단계의 교육 과정을 기술한 뒤, 그러한 통치자가

---

* 이 구문에서 [자신들의]와 [돌릴 수 있다는]이라는 표현은 저자가 원문을 이용하는 가운데 대괄호를 이용하여 첨언한 부분이다.

** 저자의 표현을 따라 philosopher-ruler를 우리말로 옮긴 것이다. 흔히 우리말로 철학자-왕(philosopher-king)으로 표현되기도 한다. 철학자-왕 혹은 철학자-통치자라는 표현을 통해서 플라톤이 의도하려는 바는 참된 진리, 즉 좋음의 형상을 깨우쳐서 무엇이 진정으로 좋은지를 파악한 철학자가, 이에 대한 자신의 앎에 기반하여 이를 앎의 수준으로 파악하지 못한 자들인 전사자와 생산자를 다스려, 나라가 전체적으로 좋고 훌륭한 한 나라일 수 있도록 다스려야 한다는 것이다. 다시 말해서, 참된 좋음, 즉 진리를 파악한 자(철학자)만이 진정으로 모든 일들을 바르고 좋도록 이끌고 관장할 수 있기 때문에 올바른 통치자가 되는 반면, 그렇지 못한 자(전사자와 생산자)가 통치를 할 경우에는 모든

진리에 대한 철학적 관조를 뒤로 한 채, 그 교육을 통해서 획득한 지식에 기초하여 실천적이고 정치적인 행위를 하기 위해서 '동굴 안으로 다시 들어가는' 것을 기꺼이 달가워하지 않을지도 모른다고 암시한다.*

그래서 플라톤은 몇 차례에 걸쳐 철학자-통치자가 동굴 안으로 다시 들어가 실천적이고 정치적인 행위를 하도록 '강제되어야^{compelled}' 할 필요가 있다고 제안한다.[59] 그러나 철학자-통치자가 '자신의 나라를 하나의 전체로서 돌보는' 역할을 이행하리라 자연스럽게 기대할 수 있기 때문에,[60] 여기서 강제라는 용어가 사용되고 있다는 점은 다소 당혹스럽다. 게다가 강제라는 용어의 사용은, 플라톤이 철학자-통치자에게 어째서 그가 동굴 안으로 다시 들어가야만 하는지를 해명하는 가운데, 철학자-통치자는 그렇게 하는 것을, 즉 동굴 안으로 되돌아 내려가기를 '꺼려하지 않을' 것이거니와, 아마 그러길 '열망하기도' 할 것이라고 표현하는 부분과도 상충되어 보인다.[61]

일들이 옳고 좋도록 이끌릴 수 없게 된다는 것이다. 이는 앞의 제 Ⅱ장에서 다룬 영혼의 삼분에 비유되는 논의로서, 이성적 부분과 기개적 부분 그리고 욕구적 부분으로 이루어진 영혼의 경우 진리를 파악할 수 있는 부분인 이성적 부분이 기개적 부분과 욕구적 부분을 옳게 이끌어 전체적으로 바르고 훌륭한 영혼이 되도록 해야 한다는 주장과 연관된다. 이때 플라톤은 나라의 경우든 영혼의 경우든 그것들이 여러 부분으로 구성되어 있기는 하나, 그렇다고 해서 그 부분들이 서로 나뉘어 제각각 따로 독립되어 존재할 수는 없는 전체로서의 하나라는 점을 강조한다.

* 플라톤의 유명한 '동굴의 비유'에 뒤따르는 논의에서 바로 이와 같은 바가 암시된다. 예컨대 플라톤은 『국가』 517d-e에서 "이 경지에 [즉, 동굴에 갇혀 있던 자가 족쇄를 풀고 동굴 밖으로 나와 마침내 태양을 보고서는 태양이야말로 모든 것들의 (존재와 인식의) 근거라는 것을, 즉 좋음의 형상이라는 것을 파악한 경지에] 이른 사람들은 더 이상 인간사에 마음을 쓰고 싶어하지 않되, 그들의 영혼은 언제나 높은 곳에서 [즉, 좋음의 형상이 있으며 그것을 관조할 수 있는 동굴 밖에서] 지내기를 열망한다"라고 말한다. 또 『국가』의 519d에서 플라톤은 "[좋음의 형상을 본 자는 좋음의 형상이 있으며 그것을 관조할 수 있는 동굴 밖의] 바로 거기에 머물고 있으려 할 뿐, [동굴 안에 갇혀 족쇄에 채워진] 저 죄수들 곁으로 다시 내려가, 하찮든 아니면 대단하든, 그들과 함께 노고와 명예를 함께 하려 하지는 않을 것이다"라고 논하기도 한다.

아울러 이 구문은, 플라톤이 『국가』에서 꾀하는 기본 기획, 즉 (『국가』 편에서 제시되고 있는 식의) 정의justice가 행복을 구성한다는 것을 드러내려는 기획과 관련해서도 문제를 일으키는 것으로 보인다는 점에서도 당혹스럽다. 두 단계 교육 과정의 결과인 철학자-통치자는 『국가』 안에서 윤리적 성격의 최고 수준을 나타내는데, 만약 그러한 철학자-통치자가 자신의 적합한 역할을 지향하고자 하는 동기를 완전히 갖추지 못한다고 한다면, 플라톤 전체 논의의 일관성이 의심의 대상이 되기 때문이다.[62] 현대 사상가들 역시 인정하듯이, 그리스의 철학은 '윤리적' 혹은 '도덕적' 접근법을 구현한다고 여겨왔던 오늘날의 일반적 견해에 역행하는 듯이 보인다는 이유로, 최근 연구자들은 이 문제에 각별한 주의를 기울여왔다. 예를 들면 어윈은 플라톤이 철학자-통치자가 동굴 안으로 다시 들어가기를 기꺼이 달가워하지 않을지도 모른다고 제안하며 실수를 범하고 있다고 논한다. 그러면서 그는 (부분적으로는 『향연』에서 묘사되는 사랑에 대한 디오티마 이론의 유비에 기대어) 플라톤의 이론에 대한 한 해석을 제시하는데, (어윈 자신의 그 해석에 따를 경우) 철학자-통치자는 타인을 -이롭게-하는 행위 안에서 윤리적 진리에 대한 자신의 지식을 사용하고자 하는 동기를 적극적으로 가져야만 함이 마땅하다.[63]

해석이 어찌되든, 플라톤은 어째서 동굴 안으로 다시 들어가야만 하는지를 철학자-통치자에게 해명하면서, 그 철학자-통치자가 '그러길 거부한다거나 …… 혹은 다른 철학자-통치자들과 정한 순서에 따라 자기 나라에서의 일들에 참여하는 것을 꺼려하지는 않을 게 분명하겠지?'라고 논의를 이어가며, 이 문제를 해결하고 있다. 그리고 (『국가』 520d6-e1에서) 플라톤은 이와 같은 논의에 대해서 대화 상대자인 글라우콘의 표현을 통해서 철학자-통치자는 응당 그런 식으로 행할 터인데, 왜냐하면 '우리가 올바른 자에게 올바른 요청을 하고 있는 것'이기 때문이라고 답한다. 이런 측면에서, 비록 '강제'라는 용어가 다른 곳에서 사용되고 있기는 하나, 철학자–통치자가 자신을 교육한 도시를 위해서 통치의 역할을 맡는 데에 '꺼려하지 않는다'는 의미에서 '올바를^{just}' 것이라는 점이 분명히 강조되고 있다.[64] 만약 이 구문이 철학자–통치자에게 가장 우선이 되는 것은 자기 자신을 위해서 남들에게 이득을 주는 것을 의미한다면, 다시 동굴 안으로 되돌아 내려가야 한다는 요청에 대한 철학자–통치자의 응답이 이타주의적이라고 할 수는 없어 보인다. 오히려 플라톤이 사용하는 표현이 상보적 교환의 한 유형을 제안하는 것으로 이해할 수 있다. 그래서 플라톤은 (『국가』 520b에서), 다른 나라의 철학자들과는 달리, 이상적인 나라에서의 철학자–통치자는 자신이 철학적 지식뿐만 아니라 통치에도 능력을 갖추도록 길러준 '양육의 빚을 갚고자 열의를 가질[ἐκτίνειν……τὰ τροφεῖα]" 것이 분명하다고 강조한다. 그렇기 때문에 이타주의적 모델에서는 그렇지 않겠으나, 윤리의 상보성 모델에서는 철학자–통치자가 남들의 주장에, 즉 올바른 철학자–통치자라면 그가 통치를 해야 하는 것이야말로 올바르다고 하는 주장에 답하고자 자신의 타고난 욕구에 부합하는 무엇인가를 포기하기도 한다는 이념이 허용된다. 그 타고난 욕구에 부합하는 바란 바로 철학적 관조이며, 다른 특별한 조건이 없는 한 철학자–통치자는 이를 계속하여 이어가고자 한다.[65] 그러나 기꺼이 전투에 참가하고 자신의 목숨을 건 위험을 감내하며 그 답례로 동료들이나 사람들로부터 적합하게 명예를 받는 걸 '일반화된' 상보성 행위로 여기는 호메로스의 영웅들과 마찬가지로, 철

---

* 저자가 대괄호를 이용하여 첨언한 부분 안에 인용된 그리스어의 표현은 '[자신이 입은] 양육에 대한 대가를 …… 어느 하나의 빠짐없이 모조리 지불한다'의 의미이다.

학자-통치자 역시 자신이 받은 특수한 교육과 지위에 대한 답례로 그처럼 다시 동굴 안으로 되돌아 내려가서 통치하기를 기꺼워하는 것이다.[66]

하지만, 동굴 안으로 다시 들어가는 철학자-통치자의 자세에 대한 플라톤의 표현이 지닌 양면적 가치를 완전히 이해하기 위해서는, 윤리 교육의 두 단계 과정과 철학자-통치자의 성격을 규정짓는 그 과정의 (복잡한) 결과를 고려해야 할 필요도 있다. 이 과정의 첫 단계는 젊은 수호자들이 공동적 믿음과 규준을 (이곳 동굴 안에서 다시 사용하기 위해서) '내면화'하는 단계이자 이에 연관 지어 자신의 포부와 욕구를 형성하는 단계로 이해할 수 있다.[67] 두 번째 단계는 그러한 믿음과 규준들에 대한 분석적 이해를 제공하며, 그것들을 공동체의 삶을 형성하는 데에 적용하는 기반을 제공하는 단계로 이해할 수 있다.[68] 더불어 두 번째 단계에는 그 이상의 중요성이 담겨 있다. 이 단계는 철학자-통치자로 하여금 공동적 규준과 덕을 이해할 수 있도록 해줄 뿐만이 아니라, 철학자-통치자가 갖춘 철학적 지식에 직접적으로 의존하여, 철학적이지 않은 인물들이 지닌 덕에 비해 종류와 깊이에서 그 수준이 다른 덕을 철학자-통치자에게 제공하기 때문이다. 예를 들어 자제 혹은 절제(소프로쉬네 sōphrosunē)의 경우, 철학적 이해가 주는 더욱 우세한 쾌락을 자각하는 일은 감각적 욕구에 대한 관습적 형태의 절제를 넘어서는 방식으로 철학자가 지닌 욕구의 양식을 재형성한다.[69] (서로 다른 종류의 쾌락들이 지닌 상호 경쟁적인 장점들에 대한 논변에서도 그렇듯이[70]) 바로 이 점에 함의되어 있는 바는, 진리에 대한 철학적 이해가 가능한 한 최고 수준의 인간 활동을 구성한다는 이념이자, 철학자-통치자의 성품 및 동기의 양식이 이러한 사실을 반영하고 있다는 이념이다. 그리고 이로부터 철학자-통치자가 철학자가 아니라 통치자로서 자신의 역할의 또다른 측면, 즉 정치적 역할을 맡도록 강하게 동기 지워졌기 때문에 정치적 행위 안에서 자신의 지식을 실천하는 일을 기꺼이 책임지고자 하되, 대신 그 자신의 내부에서 보다 강하게 욕구되는 활동을, 즉 철학자로서 동굴 밖에 머물며 철학적 관조에만 매진하는 일을 실로 포기할 것이라는 점이 따라나온다. 고로 철학자-통치자에 대한 이와 같은 플라톤의 양면적인 표현은 바로 플라톤의 논의에서 요구되고 있는 철학자-통치자의 동기에, 즉 진리에 대한 철학적 지식에 최고의 가치를 부여하면서도 그러한 지식에 기초하여 이루어지는 실천적인 행위의 가치를 부정하지 않는다는 점에 정확하게 부합한다.[71]

아리스토텔레스는 이와 유사한 논점을 『니코마코스 윤리학』 10권 7-8장에서 제시하고 있는데, 거기서 그는 이론적 혹은 관조적 지혜가 최고 수준의 (그래서 더욱 '신적인divine') 형태의 행복을 구성하며, 이는 그에 비해서 다소 낮은 가치의 윤리적 덕과 결합된 실천적 지혜를 따르는 '인간적인human' 행복과 대조된다고 논한다. 학자들은 이 구문에 대해서 서로 다른 입장을 보이고 있다.[72] 몇몇 학자들은 아리스토텔레스가 여기서 제시하는 움직임, 즉 보다 '우위를 차지하는' 형태의 행복을 결정짓는 움직임이, 『니코마코스 윤리학』의 일반적인 접근법, 다시 말해서 (예컨대 1권 7장의 논의를 통해서 표현되고 있듯이) 실천적인 측면과 관조적인 측면 모두를 포함하는 행복의 '포괄적' 개념에 다가서려는 접근법과 일관성을 유지하지 못한다고 지적한다.[73] 반면 다른 학자들은 이곳의 움직임이 『니코마코스 윤리학』 전반에 걸쳐 아리스토텔레스가 제시하는 논의의 전체적인 형태 및 구조뿐만 아니라, 『니코마코스 윤리학』 6권에서 강조되는 실천적 지혜에 대한 관조적 지혜의 우선성, 그리고 신과 신성에 대한 형이상적 개념들과도 일관성을 잘 유지하고 있다고 해석한다.[74] 아리스토텔레스 자신 스스로가 실천적 지혜를 강조하는 주장으로 인해서 야기된 실천적 지혜와 관조적 지혜 사이의 긴장감을 자각했을 것이며, 아울러 이러한 긴장감을 (해소될 수 있는 만큼) 풀어낼 방안을 자신의 논의 안에서 함의하고 있겠으나, 일단은 학자들 사이의 두 해석 가운데 후자가 보다 설득력이 있다고 여겨진다.

『니코마코스 윤리학』 10권 7-8장에서 제시되고 있는 관조적 지혜에 대한 명백한 우선성과 관련하여 학자들이 다소 유보를 표하려고 하는 까닭 가운데 하나는, 아마도 이것이 도덕 이론이라면 마땅히 수립해야 할 바에 대한 현대적 견해에 반하기 때문인 것으로 보인다. (『니코마코스 윤리학』 10권 8장 1178a10-11에 따를 경우) '신적인' 삶이라는 최고 수준에 비해서는 낮다고 할 '인간적인' 삶이라는 둘째 단계는 '서로가 서로를 향한 올바르고 용감하며 그외 다른 덕스러운 행위들'을 수행하는 것을 포함하는 삶이다. 그렇기 때문에 이에 대조적인 관조적 삶을 우선시하는 것은 일종의 이기적 삶의 한 형태로 보일 수 있다. 그러나 리처드 크라우트는, 아리스토텔레스의 이론을 이기주의와 이타주의라는 용어를 통해서 분석하는 것이 적합하다고 전제하기는 하나,[75] 그럼에도 아리스토텔레스의 이론이 이기주의적 이론이라고 볼 필요는 없다고 논한다. 그러면서 크라우트는, 누군가 관조적 지혜를 가능한 한 가장 높은 수준의 활동이자 삶의 궁극적인 목표로 (적합하게^{properly}) 간주하더라도, '그 자신이 하나의 인간이며 자신의 삶을 많은 다른 이들과 나누고 있는 한, [윤리적]* 덕에 따라 행동을 선택한다'는 점을 아리스토텔레스가 전제하고 있다고 지적한다.[76] 실천적 지혜의 발휘를 본질적으로 '인

---

* 저자는 크라우트의 논의를 인용하는 가운데 그 의미와 내용을 보다 분명히 하기 위해서 대괄호를 이용하여 이와 같이 첨언한다.

간적인' 기능으로서의 윤리적 덕과 연계하여 제시하면서 실로 아리스토텔레스는 『니코마코스 윤리학』 10권 7-8장에서, 비록 가장 높은 수준의 가치는 아니겠으나, 여전히 높다고 할 수 있는 가치를 이런 유형의 덕에 부여하고 있다. 아울러 아리스토텔레스는 관조 그 자체를 일종의 사회적이며 협력적인 활동으로 파악하고 있기도 하다.[77]

아리스토텔레스가 보여주는 사상의 이런 노선은 앞에서 플라톤의 『향연』과 연계하여 제시된 이념과 관련지어 (윤리적 사고의 그리스적 양식에 보다 더욱 잘 알맞다고 할 수 있는 방식에서) 발전시킬 수 있다. 이 이념이란 바로, 최고 수준의 인간 행복이 지닌 본성이 무엇인지에 대한 진리를 전하는 것이 (보통 이해되듯이) 타인을–이롭게–하는 덕을 입증하는 것은 아니겠으나, 그럼에도 그것이야말로 다른 이들을 이롭게 하는 가장 심오한 방식임을 가리킨다. 마치 디오티마의 비의에 입문한 결과로서 소크라테스가 그렇게 할 동기를 갖추게 되었던 것처럼, 아리스토텔레스 역시도 실로 그런 방식에서 자신의 논의를 읽는 독자에게 이득을 낳고자 할 동기를 갖추었다고 할 수 있다. 아리스토텔레스와 소크라테스의 두 경우 모두에서, 그리고 (다소 덜 명시적이기는 하나) 동굴 안으로 다시 들어가는 철학자–통치자의 경우에서도, 전달되는 진리란 인간 행복의 양식으로서 관조적 지혜가 궁극적으로 우선할 만하다는 점에 대한 진리인 것이다.[78] 사라 브로디는 이러한 사상의 노선을 지지하며, 『니코마코스 윤리학』 10권 7-8장의 논의는, 그것이 덕스러운 실천적 추론이 지닌 가치를 이미 파악하고 있으며 그러한 삶이야말로 본질적으로 '인간적인' 삶이라는 점을 기꺼이 수용할 자들을 겨냥하면서 제시된 논변이라고 이해할 경우, 그 의미가 가장 잘 파악될 수 있다고 제안한다.[79] 그렇기 때문에, 이러한 독자를 대상으로 아리스토텔레스가 보여주고자 한 바는,

그의 『니코마코스 윤리학』 자체가 주장하고 있듯이, 바로 관조적 지혜가 여전히 보다 고차원적이며 더욱 '신적'이기는 하지만, 이는 덕스러운 실천적 지혜의 가치를 완전히 절하하지 않는 방식에서만 그럴 수 있다는 점이다. 그와 같은 논의의 맥락에 따를 경우, 『니코마코스 윤리학』 9권 4장과 8장을 통해서 실천적 이성보다는 오히려 관조적 이성이 우리의 '참된 자아'를 구성한다고 제시되는 주장은 곧 '참된 자아'라는 이념에 대한 숙고적인 재규정$^{deliberate\ redefinition}$의 일환으로 여길 수 있다.[80] 『니코마코스 윤리학』 10권 7-8장에서 분명히 명시되고 있듯이, 아리스토텔레스가 관조적 지혜를 우리 인간의 (최고 수준이자 가장 본질적인) '신적' 기능으로 여기고 있기 때문에, 결국 덕스러운 다른 이들에게 이와 같은 진리를 설득하는 일이란 곧 이러한 관조적 지혜와 같은 지식이 그 지식을 갖춘 자에게 이득이 되는 것과 꼭 같은 방식에서 그들에게도 이득이 되도록 하는 일인 것이다.[81] 『니코마코스 윤리학』 10권 7-8장을 이처럼 독해하는 것은 그 텍스트 전체의 맥락과 함께 그것이 명시적으로 주장하려는 바에 보다 힘을 실어줄 뿐만 아니라, 그리스 사상의 다른 곳에서도 발견되는 윤리적 틀에 잘 어우러지는 방식으로 타인을-이롭게-하는 기능에 대한 논의를 허용하기도 한다.

이 장의 (2-4절에 해당하는) 후반부에서는 그리스 윤리 이론에 대한 최근 연구 전통이 이를 도덕 및 도덕 이론에 대한 현대의 사유와 양립 가능한 식으로 해석하려는 경향을 보여왔다는 점을 개괄했다. 부분적으로 이러한 경향은 이 장의 첫 번째 절에서 논의된 경향성과도 일정의 유사한 병행적 구도를 가지는데, 그 절에서 그리스 사상이 가진 가치에 대한 특정 종류의 발전론적 접근법들에 적용 가능한 비판들 역시 살펴보았다. 또 부분적으로 이러한 경향성은 그리스 시 전통, 특히 호메로스와 그리스 비극 이래로 시작되어 현대의 사상가들에 이르기까지 지속적으로 이어진 윤리적 주지주의를 강조하는 접근법으로 대체되었다.[82] 여기서는 그리스 윤리 철학에 대한 이러한 최근의 접근법이 대체로 보다 지지될 수 있어 보이며, 따라서 이 접근법이 더욱 나아갈 수 있는 방안들에 대해서도 살펴보았다. 그럼에도 불구하고, 저자는 현대 사상에서 발견되는 종류의 이타주의적 평가를 그리스 윤리 이론에다 부과하는 경향성에는 유보를 피력했다. 비록 그리스 사상이 타인을-이롭게-하는 행위 및 그러한 자세에 중요한 역할을 부여하고 있다는 점을 분명히 드러내고 있음에도, 이런 유형의 윤리를 촉발하는 동기는, 이타주의라기보다는, 한 사회 안에서 구성원들 사이에서 서로에게 공유되며 상보적인 이득이 인격상호적 윤리의 표준적인 규범으로서 취해지는 틀 안에 놓여 있다고 할 수 있다.[83] 윤리적 주제들에 대해서는 이 책의 후반부에서, 특히 윤리적 이념들과 연계해서는 제 IV장에서, 그리고 자연의 규범이라는 이념과 관련해서는 제 V장에서 다시 다루고자 한다.

― 주 ―

1) 무엇보다도 이 장에서 분명히 하고자 하는 바는, 현대의 윤리적 사유가 이타주의에 부여하는 중심적 가치와 동일한 바를 그리스의 윤리적 사유 역시 제공하는 것은 아니라고 제안하는 것이다. 그럼에도 그리스의 사유 역시, 현대적 이타주의 관점은 아니겠으나, 남을 이롭게 하고자 하는 동기가 자리하고 있는 윤리적 틀을 제공하고 있기는 하다. 이와 관련해서는 아래의 미주 37, 49-58, 그리고 65-66에 관련된 해당 본문 참조.
2) 인류학적 접근법이 종교와 신화에서 드러나는 윤리적 가치들에까지 적용되고 있다는 점과 관련해서는, J. N. Bremmer, *Greek Religion* (Oxford, 1994) 56쪽 참조.
3) 이와 관련하여 추가적으로 G. E. R. Lloyd, *Demystifying Mentalities* (Cambridge, 1990) 참조. 사고체계에 초점을 맞추는 접근법에서 가장 대표적이라고 할 수 있는

것들은, 소위 '파리 학파(Paris school)'라고 불리는 베르낭, 비달-나케, 데티엔의 연구를 들 수 있다.

4) 스티븐 콜린스는, 자아의 개념에 대한 비교-문화적 연구에 접근하기 위해서 마르셀 마우스와 같은 인류학자가 취하는 방식이 지닌 장단점을 논하는 소논문에서, 그 개념들의 노선을 밝히는 일과 관련하여 현대의 인류적 사유가 지닌 지성적 배경을 부각시키고 있다. 이에 대해서는 M. Carrithers, S. Collins & S. Lukes (edd.), *The Category of the Person: Anthropology, Philosophy, History* (Cambridge, 1985) 46-82쪽을 볼 것.

5) B. Snell, *The Discovery of the Mind*(『정신의 발견』) 154-161쪽, 특히 그 논의의 맥락에서 159쪽을 볼 것. 거기서 스넬은 오뒷세우스의 반응을 '자신의 고유한 계급(caste)에 적용되는 엄격한 명예에 따라 이루어지는 스스로의 행위'를 가늠지어 판단하는 '통솔자 혹은 장수'의 반응에 대조시켜 비교하고 있다.

6) B. Snell, *The Discovery of the Mind*(『정신의 발견』) 8장, 특히 154-160, 163-163, 165-167, 167-170, 182-183, 그리고 186-188쪽 참조. 선의와 자율성에 대한 (즉, 도덕적 자기-입법화[self-legislation]에 대한) 칸트의 입장에 대해서는 그의 『윤리형이상학정초』를 볼 것. H. J. Paton, *The Moral Law* (London, 1986) 59-79쪽에는 이의 영역본이 *The Groundwork of the Metaphysics of Morals*라는 제목으로 실려 있어서 유용하게 참조할 수 있다.

7) 이러한 논의는 A. W. H. Adkins, *Merit and Responsibility* 전반에 걸쳐 확인할 수 있으나, 특히 1-9쪽을 보면 분명히 확인할 수 있다. 아울러 그 연구의 2쪽에서 애드킨스는 현대의 도덕적 사유 맥락에서 '이제 우리 모두는 칸트주의자이다'라는 자신의 악명 높은 주장을 하기도 한다. '잘못과 도덕적 과실'에 대해서는 그의 책 3장을, 특히 경쟁적 가치들과 협력적 가치들 사이의 구분에 대해서는 34-38쪽 참조. 애드킨스는 *From the Many to the One* (London, 1970)에서 유사한 견해를 재차 피력하고 있으며, 그곳의 237-238쪽과 259-260쪽에서는 스토아주의와 에피쿠로스주의 안에 수치문화에 맞서는 (부분적인) 움직임도 있다고 논하기도 한다.

8) E. Dodds, *The Greeks and the Irrational*(Berkeley, 1951, 『그리스인들과 비이성적인 것』), 특히 2장의 36-37쪽과 47-49쪽을 볼 것. 이 책에서 저자는 이러한 접근법에 기초하여 프로이트적이라고 할 수 있는 바를 보다 명시적으로 그 이름을 직접 빌려 부르고 있는 반면, 실상 도즈는 (자신의 연구가 담고 있는 맥락에서 프로이트를 넌지시 암시하고 있기는 하지만) 그처럼 명시적으로 프로이트를 거론하지는 않는다.

9) 이 책 제 II장의 미주 4 참조.

10) 이런 지적과 관련하여 A. A. Long의 "Morals and Values in Homer" (*JHS* 90, 1970) 121-139쪽; H. Lloyd-Jones, *The Justice of Zeus* (Berkeley, 1971) 15쪽; A.

C. Rubino & C. W. Shelmerdine (edd.), *Approaches to Homer* (Austin, 1983) 248-275쪽에 실린 C. Rowe, "The Nature of Homeric Morality" 등을 참조. 그러나 이처럼 지적한다고 해서, 어려운 윤리적 논의들이 명예에 대한 추구와 협력 사이의 상호작용과 연결되어 발생할 수 있다는 점을 부정하는 것은 아니다. 이와 관련하여, 특히 호메로스에서 등장하는 아킬레우스와 헥토르에 초점을 맞추어 강조하는, J. Redfield, *Nature and Culture in the* Iliad: *The Tragedy of Hector* (Chicago 1975 & Durham N.C., 1994²)를 참조. 아울러 이 책 제 IV장, 특히 미주 12-13과 관련된 본문 역시 참조.

11) *Merit and Responsibility* 30-46쪽. 예컨대 애드킨스는 아킬레우스가 승리의 전리품으로 취한 여인을 가로채려고 하는 아가멤논에게 하는 네스토르의 말, 즉『일리아스』1권 131-132행에 등장하는 '당신은 훌륭하니 혹은 고귀하니(아가토스), 그의 여인을 가로채지 마시길'이라는 구절이, 고귀함과 비협력적 품행은 서로 독립적이라는, 혹은 전자가 후자를 적법화할 수 있다는, 자신의 해석을 지지한다고 본다.

12) N. Yamagata, *Homeric Morality* (Leiden, 1994) 2부, 특히 9-11장을 볼 것. 또한 야마가타는 호메로스에게 아가토스나 ('최선'을 의미하는) 아리스토스^{aristos} 그리고 ('나쁜' 또는 '열등한'을 의미하는) 카코스^{kakos}와 같은 용어들이 사회적 지위 및 입장만을 뜻하는 것이 아니라, 그런 지위 및 입장에 연계된 (협력적이고 경쟁적인) 자질의 범위를 평가하기도 한다고 강조한다. 이에 대해서는 191-192, 205-206, 211-212쪽 참조.

13) 이 책 제 II장의 미주 18-25에 관련된 본문을 볼 것. 어휘가 가진 윤리적 기능과 관련하여 K. J. Dover, *Greek Popular Morality in the Time of Plato and Aristotle* (Oxford, 1974) 14-18쪽과 "The Portrayal of Moral Evaluation in Greek Poetry" (*JHS* 103, 1983) 35-48쪽 참조. 이와 더불어, M. Nussbaum, *The Fragility of Goodness* (Cambridge, 1986) 424-425쪽, 각주 20; S. Goldhil, *Reading Greek Tragedy* (Cambridge, 1986) 122-127쪽 참조.

14) W. Donlan, "Reciprocities in Homer" (*Classical World* 75, 1981-1982) 137-175쪽; "The Unequal Exchange between Glaucus and Diomedes in the Light of the Homeric Gift-Economy" (*Phoenix* 43, 1989) 1-15쪽; "Duelling with Gifts in the *Iliad*: As the Audiences Saw It" (*Colby Quarterly* 29, 1993) 155-172쪽 참조. '긍정적^{positive}' 상보성과 '부정적^{negative}' 상보성 사이의 대조에 기초하여, 이와는 달리 제시될 수 있는 상보성 모델과 관련해서는 A. W. Gouldner, "The Norm of Reciprocity: A Preliminary Statement" (*American Sociological Review* 25, 1960) 161-178쪽 참조. 이 연구 논문은 그의 연구서인 *For Sociology: Renewal and Critique in Sociology Today* (New York, 1973) 226-259쪽에도 실려 있다.

15) R. Seaford, *Reciprocity and Ritual: Homer and Tragedy in the Developing*

City-State (Oxford, 1994), 특히 65-73쪽과 『일리아스』에 대한 5장의 논의를 참조.

16) C. Gill, N. Postletwaite & R. Seaford (edd.), *Reciprocity in Ancient Greece* (Oxford, 1998)을 참조. 이 연구서는 호메로스의 상보성과 관련된 실천과 사유의 유형들이 얼마만큼이나 이후의 그리스 문화에서 지속되었는지를 탐색한다. 특히 이와 관련해서는 다음 제 Ⅳ장의 미주 6과 관련된 본문 참조.

17) W. Donlan, "Duelling with Gifts in the *Iliad*: As the Audiences Saw It" 및 다음 제 Ⅳ장 미주 12-23과 관련된 본문 참조.

18) 위의 미주 7과 관련된 본문 참조.

19) 자신들의 견해를 위해서 이 구절에 주목하는 부분은, 각각 A. W. H. Adkins, *Merit and Responsibility* 50-52쪽; E. Dodds, *The Greeks and the Irrational*(『그리스인들과 비이성적인 것』) 1장, 특히 2-8쪽에서 찾을 수 있다.

20) C. B. R. Pelling (ed.), *Characterization* 60-82쪽에 실린 O. Taplin, "Agamemon's Role in the *Iliad*", 특히 75-77쪽; 그의 연구서인 *Homeric Soundings: The Shaping of the* Iliad (Oxford, 1992) 207-210쪽 참조. 태플린이 지적하듯이, 『일리아스』 19권 270-275행에 나오는 아킬레우스의 용어들은 신적인 동기와 인간적 동기가 결합된 더욱 표준적인 호메로스식 유형을 회복시키고자 강조하는 것으로 이해될 수 있다. 신적인 개입과 '이중의-동기'에 대해서는 A. Lesky, *Göttliche und menschliche Motivation im homerischen Epos* (Heidelberg, 1961)를 무엇보다도 참조할 만하다. 다소 비-규준적이기는 하나, 인간의 행위를 지배하는 신적인 힘이라는 생각은 에우리피데스의 『트로이아 여인들』 945-950행과 고르기아스의 ≪헬레네찬가≫ 15절과 19-20절에서도 볼 수 있다. 이에 대해서는 S. Saïd, *La Faute Tragique* (Paris, 1978) 193-199, 252-257쪽 참조.

21) B. Williams, *Shame and Necessity* (Berkeley, 1993) 3장, 특히 52-58, 66-68쪽 참조. 아울러 의지, 자유, 그리고 자율성[autonomy]에 대한 칸트의 생각들에 영향을 받아 애드킨스가 자신의 견해를 피력하고 있다는 점과 관련해서는 41-44, 98-102, 158-163쪽 참조. (윌리엄스는 이런 사고의 유형이 또한 플라톤식의 사고유형이라고 보기도 한다. 이에 맞선 다른 견해와 관련해서는 C. Gill, *Personality in Greek Epic, Tragedy, and Philosophy* (Oxford, 1996) 6.6. 참조.)

22) B. Williams, *Shame and Necessity* 4장, 특히 75-78, 91-95, 97-98쪽을 볼 것.

23) D. L. Cairns, *Aidos: The Psychology and Ethics of Honour and Shame in Ancient Greek Literature* (Oxford, 1993) 27-47쪽 참조.

24) B. Williams, *Shame and Necessity* 4장, 특히 81-98쪽 참조. 버나드 윌리엄스는 '내면화된 타자'라는 이념이 '수치-윤리'의 현대적 형태에서도 그 역할을 지닐 수 있다고 본다. 이는 보다 구체적으로 G. Taylor, *Pride, Shame and Guilt: Emotions of Self-Assessment* (Oxford, 1985) 53-66쪽에서 논의된다. 헥토르와 아이아스의

숙고적인 윤리적 사유에 대해서는 C. Gill, *Personality* 1.4와 3.4 참조.

25) 더글러스 케언스는 *Aidos* 15-26, 141-146쪽에서 '수치-죄책감' 구분의 구도가 완전히 깨지고 있다고 논하는 반면, 버나드 윌리엄스는 *Shame and Necessity* 88-95 쪽에서 (서로 동등한 정도로 복잡한) 윤리적 사유의 두 형태가 있다고 논한다. '수치-죄책감' 구분에 대한 보다 초기의 그리고 상대적으로 덜 분석적인 비판과 관련해서는, H. Lloyd-Jones, *Justice of Zeus* 1장, 특히 24-27쪽 참조.

26) A. MacIntyre, *After Virtue: A Study in Moral Theory* (London, 1985², 『덕의 상실』), 특히 1-8장과 14-18장을 볼 것. 그리스의 윤리에서도 한 개인의 도덕적 삶과 지위 가 그 개인의 공동체적 역할과 다른 개인들의 역할 및 실천과 연계되어 이해되는 경우에만 규정될 수 있다는 점에 대해서는 다음의 제 IV장 1절 부분 참조.

27) 스넬의 견해와 관련해서는, 위의 미주 5-6에 관련된 본문을 볼 것. 이에 대조되 는 시각으로 호메로스의 윤리를 이해하는 매킨타이어의 논의와 관련해서는 그의 *After Virtue: A Study in Moral Theory*(『덕의 상실』) 10장을 참조. 매킨타이어는 이 연구서에서는 『일리아스』의 해당 구절을 다루지는 않으나, 대신 *Whose Justice? Which Rationality?* (London, 1988) 15-16쪽에서 호메로스의 윤리적 사 유와 관련 지어서 이 구절을 논한다.

28) A. MacIntyre, *After Virtue: A Study in Moral Theory*(『덕의 상실』) 12장을 참조. 칸트를 기점으로 시작되는 현대적 이론들과 아리스토텔레스의 이론 사이의 대조 에 대해서는 그의 저서 4-6장 참조. 매킨타이어는 그러한 현대적 이론들을 (공동적 가치에 대한 성찰 없이) 오로지 보편적 규범 자체에만 기대어 윤리적 기준을 세우 려는 시도로 본다. 이와 관련하여 아래 제 V장 미주 6-11에 관련된 본문 역시 참조.

29) 이 두 입장의 연결과 관련해서는 C. Gill, *Personality* 1.3-4 참조.

30) 매킨타이어는 자신의 *After Virtue: A Study in Moral Theory*(『덕의 상실』) 122쪽에 서 M. I. Finley, *The World of Odysseus* (London, 1954) 5장을 언급하나, 핀리는 호메로스 사회에서 역할에 따라 다스려지는role-governed 성향과 이것이 합리적 숙고 를 위한 영역을 축소시키는 범위를 지나치게 과장하고 있다. 이와 같은 점을 놓고 이루어지는 핀리에 대한 비판은 M. Schofield, "*Euboulia* in Homer" (*Classical Quarterly* NS 36, 1986) 6-31쪽에서 볼 수 있다.

31) 예를 들면, H. A. Prichard, *Moral Obligation and Duty and Interest* (Oxford, 1968), 특히 이전에 논문 형식으로 각각 1912년과 1935년에 출판된 적이 있는 1장과 3장 부분; W. D. Ross, *Aristotle* (Oxford, 1923) 특히 208쪽; G. J. Warnock, *The Object of Morality* (London, 1971) 89-92쪽 참조.

32) 위의 미주 28과 관련된 본문 참조.

33) B. Williams, *Ethics and the Limits of Philosophy* (London, 1985), 특히 3-5장과

10장을, 그리고 '단단한 가치들'과 관련해서는 143-145쪽을 볼 것, 윌리엄스의 제안에 대한 진중한 비판과 관련해서는, S. Scheffler, "Morality through Thick and Thin"(*Philosophical Review* 96, 1987) 411-434쪽 참조. 윌리엄스와 매킨타이어 모두『니코마코스 윤리학』1권 7장에서 아리스토텔레스가 윤리 이론에서 특정 역할을 가지는 것으로서 인간의 본성에 대한 일반적인 관념을 제시한다고 파악한다. 이와 관련해서는 아래 제 V장의 1절 참조.

34) T. Irwin, *Plato's Moral Theory* (Oxford, 1977) 7장 참조. 거기서 어윈은 (행복-중심적인[happiness-centred]) '행복론적[eudaimonistic]' 입장과 (의무-중심적인[duty-centred]) '의무론적[deontological]' 입장 사이의 관계를 살핀다. 이와 더불어 그의 *Plato's Ethics* (Oxford, 1995), 특히 17-18장과 *Aristotle's First Principle* (Oxford, 1988) 16-18장 또한 참조. 어윈이 제시한 견해와 대체적으로 유사한 입장은 T. Engberg-Pedersen, *Aristotle's Theory of Moral Insight* (Oxford, 1983) 및 *The Stoic Theory of* Oikeiosis (Aarhus, 1990) 등에서도 볼 수 있다. C. Gill, *Personality* 4.3, 5.2 참조.

35) J. Annas, *The Morality of Happiness* (Oxford, 1993), 특히 도입부와 22장을 볼 것. 덕 윤리에 대한 현대적 형태에 대해서는 위 연구서의 7-10쪽 참조.

36) C. Gill, *Personality* 가운데 "The Self in Dialogue"라고 부제가 붙은 부분, 특히 그곳의 도입부와 이러한 이념이 인간 인격의 '객관적-참여[주의]자[objective-participant]' 개념을 드러내고 있다고 논하는 6장을 볼 것. 대화의 이와 같은 유형들이 서로 영향을 미치고 있다는 점과 관련한 사례에 대해서는, 위의 제 II장 미주 19-25와 27-31에 관련된 본문 참조. 아울러 아래 제 IV장 미주 6-12에 관련된 본문 역시 참조.

37) C. Gill, *Personality* 5.3 참조. 또한 C. Gill, N. Postletwaite & R. Seaford (edd.), *Reciprocity in Ancient Greece* (Oxford, 1998)에 실린 C. Gill, "Altruism or Reciprocity in Greek Ethical Philosophy?" 역시 참조. 줄리아 안나스는 *The Morality of Happiness* (Oxford, 1993) 225-226쪽에서 그리스의 윤리 이론과 관련하여 '이타주의'라는 개념을 사용하는 것이 적합하지 않다는 우려를 표한다. 그리고 이 우려를 저자는 보다 강조하고자 한다. 인격 상호적 윤리를 위해서 그리스인들이 상정했던 가정은 그것이 다소 다른 방식에서 이해되었으리라는 바를 의미하겠으나, 그럼에도 그리스의 윤리 사상은 (*Morality and Happiness* 3부의 핵심적인 주제인) '타인-고려'(라고 우리가 마땅히 볼 만한 바)를 분명히 설명하고 정당화하는 틀을 제공한다. 이타주의의 이상과 상호적 이익활동 사이의 차이를 덜 강조함으로써, 그리스 사상을 현대 윤리학에 (지금 저자가 제시하고 있는 것보다) 더욱 가깝도록 제시하는 것 역시 또다른 이해의 전략이 될 수도 있다. 이러한 전략과 관련해서는 C. Kahn, "Aristotle and Altruism" (*Mind* 90, 1981) 20-40쪽, 특히 21-27쪽; R. Kraut, *Aristotle on the Human Good* (Princeton, 1989) 78-86쪽 참조. 상보성과

이타주의는 서로가 결합된 상태에서 이상적일 수 있다는 논의에 대해서는, (위의 미주 14에서 서지를 소개한) A. Gouldner, *For Sociology* 246쪽 참조.

38) C. Gill, *Personality* 4.5, 5.7 그리고 6.6-6.7 참조. 아래의 미주 52-58, 67-71 그리고 78-81과 관련된 본문, 그리고 이후 제 V장의 3-4절 역시 참조. 공동체의 최선 형태에 대한 사유 유형에서 볼 수 있는 비슷한 단계 구분과 관련해서는 아래 제 IV장 미주 10-11에 관련된 본문 참조.

39) 블라스토스가 1969년에 처음 출판을 했다가, 이후 자신의 *Platonic Studies* (Princeton, 1981²) 3-42쪽에 다시 실은 "The Individual as an Object of Love in Plato", 특히 30-34쪽 참조. 그리스 윤리 사유에 대한 이런 형식의 비판과 관련해서는 위의 미주 31에 관련된 본문을 볼 것. 누스바움은 자신의 *The Fragility of Goodness* (Cambridge, 1986) 6장에서 이와 같은 블라스토스의 견해를 부분적으로는 수용하며 부분적으로는 수정한다. 플라톤의 『향연』에서 제시되고 있는 사랑의 개념에 대한 논쟁 및 이에 대한 검토에 대해서는, A. Loizou, H. Lesser (edd.), *Polis and Politicus: Essays in Greek Moral and Political Philosophy* (Aldershot, 1990) 69-88쪽에 실린 C. Gill, "Platonic Love and Individuality" 참조.

40) 자기-불멸화[self-immortalization] 및 덕의 출산과 관련해서는 『향연』의 206a-b, 207d-209e, 그리고 212a를 참조. 상승의 과정에서 적어도 상대를 한 번 바꿔야 한다는, 즉 신체가 아름다운 상대로부터 마음이 아름다운 상대로 바꿔야 한다는 점은 분명하다(210b6-c6). 그러나 후자의 상대는 이후 상승의 과정을 통해서 지속적으로 유지되어야 할 것이며, 210d5와 212a5-7의 교육과정의 수혜자가 될 것이다.

41) A. W. Price, *Love and Friendship in Plato and Aristotle* (Oxford, 1989) 2장, 특히 38-54쪽; "Martha Nussbaum's *Symposium*" (*Ancient Philosophy* 11, 1991) 285-299쪽, 특히 289-290쪽 참조. 이와 함께, W. H. Werkmeister (ed.), *Facets of Plato's Philosophy* (Assen, 1976) 53-69쪽에 실린 L. Kosman, "Platonic Love"; T. Irwin, *Plato's Moral Theory* 234-237쪽, *Plato's Ethics* 18장, 특히 306-313쪽 참조.

42) 플라톤의 『파이드로스』 244a-256e, 특히 249d-256e를 볼 것. 이 부분에 대한 논의로는 A. W. Price, *Love and Friendship* 3장; G. R. F. Ferrari, *Listening to the Cicadas: A Study of Plato's Phaedrus* (Cambridge, 1987) 6장; C. Gill (ed.), *The Person and the Human Mind* (Oxford, 1990) 227-246쪽에 실린 C. Rowe, "Philosophy, Love, and Madness" 참조.

43) 상승의 과정에서 인도자가 지닌 역할에 대해서는 『향연』 210a, 210c, 210e 그리고 211c를 참조. 디오티마의 인도자 역할에 대해서는 208b-c와 210a 그리고 211d를, 향연에 참석한 이들에게 조언을 하는 소크라테스의 모습에 대해서는 212b를 볼 것.

44) C. Gill, *Personality* 5.3과 5.7 참조.

45) 우애에 대한 아리스토텔레스의 논의에서 보이는 이와 같은 세 단계 사이의 구분을 명확히 할 필요는 있다. 아리스토텔레스는, (1) 『니코마코스 윤리학』 8권 1-2장에서는 관습적인 이념을 기술하고, (2) 『니코마코스 윤리학』 8권 3-5장에서는 우애의 이상적인 모델을 형식화하며, (3) 『니코마코스 윤리학』 9권 4장, 8-9장에서는 이러한 이상적인 모델과 관련하여 야기되는 쟁점들을 분석한다. 아리스토텔레스의 『에우데모스 윤리학』의 7권 1장, 7권 2장, 7권 6과 12장의 논의가 이 세 단계 각각에 상응한다고 할 수 있다. 『니코마코스 윤리학』과 『에우데모스 윤리학』에서의 우애에 대한 아리스토텔레스의 논의 구조와 관련해서는, A. W. Price, *Love and Friendship* 4장, 특히 103-108쪽, 그리고 5장 참조.

46) 아리스토텔레스의 접근법에 대한 이와 같은 비판에 대해서는 W. D. Ross, *Aristotle* (London, 1923) 208쪽을 볼 것. 윌리엄스는 자신의 *Ethics and the Limits of Philosophy* 35쪽과 50-52쪽에서 이러한 비판에 주목하기는 하지만 지지하지는 않는다.

47) A. O. Rorty (ed.), *Essays on Aristotle's Ethics* (Berkeley, 1980) 301-340쪽에 실린 J. M. Cooper, "Aristotle on Friendship" 특히 332-334쪽; J. Annas, "Plato and Aristotle on Friendship and Altruism" (*Mind* 86, 1977) 532-554쪽; C. Kahn, "Aristotle and Altruism"; R. Kraut, *Aristotle on the Human Good* 2장; T. Irwin, *Aristotle's First Principles* 17-18장 참조.

48) J. Annas, *The Morality of Happiness* 249-262쪽, 특히 260-262쪽 참조. 안나스는 262-276쪽에서 이런 생각을 자신에게 이득을 낳으려는 동기와 타인에게 이득을 낳으려는 동기가 서로 구분되나 (둘 모두) 근원적 유형의 동기라고 하는 스토아적 관점과 대조시킨다. 아리스토텔레스의 접근법과 스토아 학파의 접근법을 다소 다른 방식에서 결합시켜 윤리적 발전을 도모하려는 후대의 두 이론들에 대한 그녀의 명쾌한 설명(276-287쪽) 역시 주목할 만하다.

49) 아리스토텔레스의 『니코마코스 윤리학』 9권 4장 1166a2-9 및 8권 8장 1159a28-33 참조. 아리스토텔레스가 인용하고 있는 그 경우에서는 쓸모가 있어 보이지는 않으나, (가령 에우리피데스의 『메데이아』 1024-1027행과 1029-1035에서도 볼 수 있듯이) 자식을 아끼고 사랑하는 어머니를 사례로 쓰면서 그가 상호적으로 이득을 낳는 공유된 삶의 규범을 전제하고 있다는 점은 거의 틀림없어 보인다.

50) 아리스토텔레스의 『니코마코스 윤리학』 8권 3-5장, 특히 1156b12-17과 1157b33-36, 그리고 『에우데모스 윤리학』 7권 2장, 특히 1236a14-15와 1236b3-6을 참조. 앤서니 프라이스는 *Love and Friendship* 118-119, 138-148쪽에서 '공유된 삶'과 좋기를 바람(안티필레시스antiphilēsis, 안티필리아antiphilia)이라는 이념에 대한 아

리스토텔레스의 설명이 가지는 중요한 점을 잘 보여준다. 아울러 N. Sherman, *The Fabric of Character: Aristotle's Theory of Virtue* (Oxford, 1989) 4장, 특히 132-136쪽 참조.

51) 이런 사유의 노선은 특히 『니코마코스 윤리학』 9권 8장, 특히 1168a18-1169b2에서 분명히 드러나는데, 거기서 아리스토텔레스는 명예에 대한 협력적 추구를 꾀하는 영웅적 이상을 우애와 연결시키고 있다. 영웅적 이상과 관련해서는 위의 미주 10-17과 관련된 본문 참조. 아울러 C. Gill, *Personality* 5.4-5, 그리고 C. Gill, N. Postletwaite & R. Seaford (edd.), *Reciprocity in Ancient Greece* (Oxford, 1998)에 실린 C. Gill, "Altruism or Reciprocity in Greek Ethical Philosophy?" 참조. 이런 해설은 위의 미주 48에서 언급된 참고 문헌들 안에서도 학문적으로 다루어지고 있다. 반면 위의 미주 48에서 언급된 연구 출처에서 안나스는 이후 저자가 다른 곳에서 다루고자 하는 다른 문제들을 제기하고 있다.

52) A. A. Long, D. N. Sedley (edd.), *The Hellenistic Philosophers* 2 vols. (Cambridge, 1987) 22 F(2), Q(5)와 (6), 그리고 G와 H 항목을 참조. 이하 이 저술은 간단히 LS로 표기. 여기서 숫자는 항목을, 알파벳 철자와 괄호 안의 숫자는 항목들 안의 고전 구절들을 가리킨다.

53) LS 21 E(2) 및 21 A-B, O-P 항목을 볼 것. 에피쿠로스에게 '쾌락'은 신체적 고통의 부재(아포니아[aponia])로 그리고 심리적 불안의 부재(아타락시아[ataraxia])로 규정된다.

54) LS 22 E, R, I, O 항목, 특히 O(3) 참조. 아울러 LS vol. 1의 137-138쪽에 제시된 주해 역시 참조.

55) LS 22 O(3) = 키케로의 『최고선에 관하여』 1. 67을 볼 것. P. Mitsis, *Epicurus' Ethical Theory: The Pleasures of Invulnerability* (Ithaca, 1988) 3장, 특히 98-104, 112-117쪽; J. Annas, *The Morality of Happiness* 236-244쪽, 특히 239-240쪽 참조. 에피쿠로스에 귀속시키는 이러한 사유의 노선은, 그것이 자신 행복에 대한 추구를 이타적 우애에 대한 평가와 조화시키려고 한다는 점에서, 아리스토텔레스로부터 기인한 사유의 노선과 닮아 있다. 이와 관련해서는 위의 미주 47에 언급된 참고 문헌들을 볼 것.

56) 필립 미치스는 *Epicurus' Ethical Theory* 123-128쪽에서 이러한 용어들을 사용하여 이 문제를 제기하며 이와 같은 결론, 즉 에피쿠로스가 자기 상충적이라는 결론에 이른다. 안나스는 *The Morality of Happiness* 240-244쪽에서 다소 다른 방식으로, 그러나 미치스와 유사하게 부정적인 식으로, 결론을 구상한다.

57) LS 22 F(6)-(7), 22 C(2), 그리고 24 D-F 참조.

58) 에피쿠로스의 이상적인 우애 안에서 이와 같은 두 조건들이 서로 조화를 이루고 있다는 점에 대해서는, 위의 미주 54-55에 관련된 본문을 볼 것. 아울러 C. Gill,

Personality 5.7 역시 참조.

59) 『국가』 519c8-d7, 519e4, 520a8-9, 520c1, 520e2, 그리고 521b7-10 등 참조. 아울러 499b5와 500d4 부분도 볼 것.

60) 철학자-통치자의 이와 같은 역할에 대해서는 『국가』의 520b5-c6 및 412c-e, 428a-429a 그리고 433a-c 등 참조.

61) 『국가』 520d6-8과 520b3-4.

62) 철학자-통치자의 역할에 대한 『국가』 안에서의 기본 논의에 대해서는 (그리고 이 논의가 일관성을 유지하고 있는지에 대해서는) J. Annas, *An Introduction to Plato's* Republic (Oxford, 1981) 3, 6, 12-13장; R. Kraut (ed.), *The Cambridge Companion in Plato* (Cambridge, 1992) 311-337쪽에 실린 크라우트 자신의 "The Defense of Justice in Plato's *Republic*" 참조.

63) T. Irwin, *Plato's Moral Theory* 242-243쪽 및 233-241쪽 참조. 어윈은 *Plato's Ethics* 298-317, 특히 298-301, 313-316쪽에서 다소 절제된 방식으로 유사한 견해를 제시한다. 이 문제에 대한 또다른 방식의 논의에 대해서는 J. Annas, *Introduction in Plato's* Republic 266-271쪽; C. D. C. Reeve, *Philosopher-Kings: The Argument of Plato's* Republic (Princeton, 1988) 199-203쪽 참조.

64) 철학자-통치자의 이와 같은 역할 및 여기서 규정되는 '정의', 즉 '자신의 일을 함doing your job'이라는 이념에 대해서는 위의 미주 60에서 언급된 텍스트 출처 부분들을 참조.

65) 특히 후자의 요점, 즉 진리에 대한 철학적 관조를 철학자-통치자가 이어가고자 한다는 점은 『국가』 519c-520a, 520d2-7, 520e4-521a4 등에서 강조되고 있다. 이는 (위의 미주 59에서 언급된 텍스트 출처 부분들에서 사용되고 있는) '강제'라는 용어가 필요한 까닭을 부분적으로 설명하고 있다. 그와 같은 용어가 어째서 사용되고 있는지에 대한 추가적인 (부분적) 설명으로, 플라톤의 논변이 지닌 논리적 구조가 철학자-통치자로 하여금 이와 같이 행할 것을 요청한다고도 (혹은 '강제한다고도') 할 수 있다. 이와 관련해서는 『국가』 519c9-10, 520a8, 521b7 그리고 520d3 참조.

66) 호메로스의 영웅들과 관련해서는 『일리아스』 12권 310-328행 참조. 아울러 위의 미주 14-17에 관련된 본문 역시 참조.

67) 교육 과정의 두 단계는 각각 『국가』 2-3권과 6-7권에서 논해지고 있다. (영웅적 윤리에 입각한) 덕의 '내면화'라는 이념과 관련해서는 위의 미주 24-25와 관련된 본문을, 그리고 영혼이 삼분되어 있고 '이성에-따라-다스려져야reason-ruled' 한다는 점과 그 과정에 대해서는 앞의 제 II장 미주 27-31과 관련된 본문 참조.

68) 『국가』 500b-501b (및 498e) 부분을 400d-402c, 특히 402a-c 부분과 관련하여 볼 것. 아울러 519b-520c 역시 참조.

69) 『국가』 485d-e를 430e-432a, 442a, 442c-d, 402c-403c에서 이루어지는 소프로쉬 네(절제)에 대한 선-반성적인^{pre-reflective} 이해와 대조하여 참조. 아울러 '모든 시간과 일체의 본질^{all time and all reality}'에 대한 지식에 기초하여 이루어진(486a-b) 철학자의 용기와, 이에 대조된 선-반성적인 (시민의) 용기와 관련해서는 429b-430c를 참조.

70) 『국가』 580-587, 특히 581b, 582b-d, 585c-586b 참조.

71) 이와 관련하여 C. Gill, *Personality* 4.6을 추가적으로 참조.

72) 이 부분에 대한 학자들 사이의 논쟁과 관련해서는 R. Kraut, *Aristotle and the Human Good* 7-9쪽과 5장; A. Kenny, *Aristotle on the Perfect Life* (Oxford, 1992) 4-42, 86-93쪽 참조. A. O. Rorty (ed.), *Essays on Aristotle's Ethics* 1-2장과 18-20 장에서도 이 문제에 관련된 논의가 제시된다.

73) M. Nussbaum, *Fragility of Goodness* 373-378쪽; A. O. Rorty (ed.), *Essays on Aristotle' Ethics* 341-357쪽에 실린 K. V. Wilkes, "The Good Man and the Good for Man in Aristotle's Ethics" 참조.

74) 이와 관련된 논의들은 『니코마코스 윤리학』 1권 7장 1098a16-18, 6권 7장 특히 1141a18-b12, 6권 12장 특히 1144a1-6, 6권 13장 특히 1145a6-11 부분을 통해서 확인할 수 있다. 아울러 『니코마코스 윤리학』 10권 7장 1177b26-1178a22와 함께 『형이상학』의 12권 7장과 9장 역시 유사한 내용을 담고 있다. 이런 해석 입장과 관련해서는 R. Kraut, *Aristotle on the Human Good*; J. Lear, *Aristotle: The Desire to Understand* (Oxford, 1988) 특히 1, 4 그리고 6, 8장 참조. 이 문제와 관련하여 『에우데모스 윤리학』 역시 『니코마코스 윤리학』과 같은 견해를 유지하고 있는지 에 대해서, 앤서니 케니는 *Aristotle on the Perfect Life* 93-102쪽에서 『에우데모스 윤리학』이 행복의 포괄적 개념을 제시하고 있다고 이해한다. 그러나 마이클 우즈 는 *Aristotle:* Eudemian Ethics *I, II and VIII tr. With commentary* (Oxford, 1992²) 180-184쪽에서 『에우데모스 윤리학』 8권 3장 말미의 중요한 부분인 1249b6-25에 서 아리스토텔레스가 실천적 및 관조적 지혜 모두를 포함하는 포괄적 개념이 아니 라 관조적 지혜의 우위적 개념을 표현하고 있다고 해석한다. 『에우데모스 윤리학』 과 『니코마코스 윤리학』 사이의 관계에 대해서는 A. Kenny, *The Aristotelian Ethics* (Oxford, 1979) 참조.

75) R. Kraut, *Aristotle on the Human Good* 2장, 특히 78-86쪽 참조. 이와 다른 견해로 는 위의 미주 49-51에 관련된 본문 참조.

76) 『니코마코스 윤리학』 10권 8장 1178a9-22의 내용에 비추어 1178b5-6 부분으로 부터 인용. 크라우트의 지적과 관련해서는 그의 *Aristotle on the Human Good* 177- 182, 188-189쪽 그리고 341-353쪽 참조. 아울러 A. Kenny, *Aristotle on the Perfect Life* 90-91쪽과 105쪽 역시 참조.

77) R. Kraut, *Aristotle on the Human Good* 59-60쪽과 6장 전반, 특히 341-345쪽,

이와 더불어 부가적으로 74, 170-178, 그리고 182-184쪽 참조.

78) 위의 미주 43-44에 관련된 본문 참조.

79) S. Broadie, *Ethics with Aristotle* (New York, 1991) 392-398쪽 참조. 일반적으로 아리스토텔레스는 윤리적 덕에 대한 실천적 이해가 가치 있는 윤리적 탐구를 위해서 미리 갖춰져야 할 전제조건이라고 논한다. 이와 관련해서는 『니코마코스 윤리학』 1권 3-4장과 10권 9장, 특히 1179b4-29를 참조. 아울러 A. O. Rorty (ed.), *Essays on Aristotle's Ethics* 69-92쪽에 실린 M. Burnyeat, "Aristotle on Learning to be Good", 특히 75-81쪽 참조. 현재 전해지고 있는 아리스토텔레스 자신의 저작들은 그가 보았을 때에 이러한 자격을 갖추었다고 여겨진 학생들과 동료 철학자들을 대상으로 자신의 학교에서 진행한 강의에 기초하여 저술되었다는 점을 고려할 경우, 브로디의 제안은 설득력을 가진다.

80) 『니코마코스 윤리학』 9권 4장 1166a13-23과 9권 8장 1168b34-1169a2 부분의 내용에 비추어 10권 7장 1177b30-31과 1178a2-4 부분을 참조. 아울러 이와 같은 제안에 대해서는 C. Gill, *Personality* 5.7 참조. 『니코마코스 윤리학』 10권 7-8장의 논변 형식에 대해서는 아래 제 V장 미주 69-72에 관련된 본문 참조.

81) 그러므로 이와 같은 해석은, 이타주의보다는 인격상호적 윤리 규범으로서의 상호적 이득 행위를 고려하며 이런 규범에 따라 타인에게 이득을 주고자 하는 행위의 동기에 염두에 두는 윤리적 틀과 더욱 부합한다고 할 수 있다.

82) 위의 미주 21-29에 관련된 본문 참조.

83) 위의 미주 1과 37 참조. 저자는 이와 같은 틀이 이 절에서 검토된 (복잡한) 윤리적 경우들에 대한 설명 맥락을 제시한다고 본다. 이와 관련해서는 특히 위의 미주 64-66 및 78-81에 관련된 본문을 볼 것.

IV

공동체 안의 개인

1. 그리스와 현대의 정치적 개념

현대에 들어 그리스의 정치철학과 관련하여 많은 주요 해석 작업들이 새롭게 이루어졌으나, 최근에 이르기까지 그것들은 아직 그리스의 윤리 철학에 대한 학자들의 논쟁이 보인 학문적 집중도나 성취도에는 이르지 못하고 있는 실정이다.[1] 아울러 그리스 정치철학의 이해와 관련한 유력한 경향성을 규정짓는 것 역시 쉬운 일이 아니다. 그러니 이를 규정하는 대신, 여기서는 현대의 학문적 사유를 촉발시켰던 계기일 뿐만 아니라, 이 책의 다른 장에서 다루는 주제들을 보완하기도 하는 하나의 중요한 가닥, 즉 개인을 다루는 문제에 대한 중요한 가닥을 그리스의 정치 이론 안에서 살펴보고자 한다.

현대의 정치철학에서 '개인'과 '사회' 혹은 '개인'과 '국가state' 사이의 대비는 중요하게 강조되어왔다. 이 대비는 (마치 '개인주의'나 '사회주의'와 같이) 정치적인 이념들을 형성하는 방식으로, 그리고 특정 정치적 입장으로부터 성문화되었든 혹은 그렇지 않든 상관없이 정치 이론에서의 주요 사안들을 규정하는 방식으로 역할을 해왔다. 따라서 다른 시대와 문화권의 정치적 사유를 이해하기 위한 보편적 분석체계를, 이러한 대비에 초점을 맞춤으로써, 쉽사리 갖출 수 있게 된다고 할 수 있다. 그러나 17세기 이전의 경우로까지 거슬러올라간 상태에서도 이러한 대비의 경향이 있었다고 하기에는 어려워 보인다. 더군다나 이는 주로 19세기 후반이나 20세기 초 서구의 정치적 삶을 재고하기 위한 하나의 방편으로 사용되어왔다. 개인이 경제적인 혹은 도덕적인 단위체로서 다루어져야 한다는 생각은 그 기원의 유래를 홉스나 로크, 아니면 루소나 칸트로부터 발견할 수 있으며, 현대의 몇몇 연구서들이 강조하듯이, '개인주의'는 정치적이고 윤리적이며 심리적인 양상들과 더불어 더욱 복잡하면서도 다층적인 이념이 되었기 때문이다.[2] 반면 초기 근대 사유의 맥락에서 '국가'라는 개념은 군주와 각료들의 역할에 초점을 맞추고자 했다. 그러나 19세기 이후로 이 개념은 한 나라의 정치적 제도들과, 혹은 하나의 나라 수준을 넘어선 초-국가*들의 정치적 제도들과 결합되기 시작했다. 게다가 마르크스와 엥겔스 이래로는, '개인주의' 및 '개인'에 대비되는 윤리적이고 정치적인 이상 혹은 개념으로 '사회주의'와 '사회'가 규정되어 등장하게 되었다.

그러다 보니 '개인'과 '사회' 혹은 '개인'과 '국가' 사이의 대비에 비추어 그리스 사상을 해석하는 일이 비일비재했음에도 불구하고,[3] 엄밀히 말해서 이러한 해석들이 그리스의 개념 및 사안들에 제대로 부응한다고

---

* 여기서 저자가 의미하는 '하나의 나라 수준을 넘어선 초-국가'란 과거 영국이나 일본처럼 (식민정책 혹은 제국주의 정책 등을 통해서) 혹은 현재의 미국이나 중국 그리고 러시아와 같이 (경제정책 혹은 외교-국방정책 등을 통해서) 지리적으로나 정치적으로 한 나라의 범위를 넘어선 국가를 가리킨다. 고대 그리스의 아테네 역시 페리클레스가 집권하던 시절 제국주의 정책을 통해서 일종의 '나라의 수준을 넘어선 도시국가'의 형태를 구성했다.

보기가 어렵다. 무엇보다도 '개인'이라는 이념에 뚜렷이 상응하는 용어가 그리스어에는 존재하지 않는다. 그래서 일반적인 범주로서의 '인간(안트로포스^{anthrōpos})'이나, 아니면 '시민' 혹은 '어머니'나 '친구'처럼 보다 한정된 사회적 역할 사이에서 하나를 선택해서 사용해야 한다.[4] 물론 호메로스 시대 이래로, '국가' 혹은 '사회'를 가리키기 위한 그리스어는 분명히 존재해왔으며, 이에 대한 가장 확실한 후보는 폴리스^{polis}(나라, 공동체, 도시)였음이 틀림없다. 그러나 폴리스와 같이 완전히 하나로 통합된 소규모 단위 안에서 유지되던 정치적 삶의 형태들은 현대의 국가 혹은 초강대국 단위 안에서 이루어지는 정치적 삶의 형태들과 큰 차이를 보이며, 그렇기 때문에 '개인'과 '국가' 사이의 대비에 비추어 그리스의 정치사상을 이해하는 일은 그다지 적합하지 않다. 간단히 말해서, (그리스인들의 삶에서 서로 명확하게 구분이 되지 않았던) 사회적 삶과 정치적 삶은 사회 안에서 여러 형식으로 겹치는 관계의 집합체^{nexus}에 (다양한 종류와 정도로) 참여하는 형태를 취한다고 할 수 있다. 이러한 관계들은 비단 폴리스에 참여함으로써 이루어지는 (시민적) 관계, 혹은 교역및 외교의 정책적 목적으로 맺어진 폴리스 외부와의 관계뿐만 아니라, 가족, 우애집단, 연회나 잔치 등을 통해서 형성된 관계, 마을과 이웃 간의 관계, 지역구(데모스^{demos}) 단위 안의 관계 모두를 포함한다. 상황이 이러하다 보니, 그리스의 정치 이론이 현대에서 '정치적'이라고 간주되지 않는 교육 및 가족부양과 관련한 사안들 그리고 각종 기술들과 같은 주제들에 지대한 관심을 보였다는 점이나, 그리스의 정치이론과 윤리이론이 서로 중대하게 맞물려 있다는 점은 당연하다고 할 수 있다.[5] 게다가 폴리스를 운영하기 위한 여러 제도들에 사람들의 참여가 가장 활발했던 기원전 5세기의 민주적인 아테네에서조차, 특히 적어도 성인 남성들 사이에서, 정치적 이념들이 비-정치적 형태의 사회적 삶으로부터 파생된 가족적 연대나 상보성과 같은 이념들과 밀접하게 맞물려 있었다는 (혹은 팽팽한 상관관계에 놓여 있었다는) 점 역시 놀라운 일이 아니다.[6]

(비록 많지는 않으나) 그리스의 정치적 사상이 가진 이와 같은 특징에 주목하면서, 연구자들은 이 측면에서의 그리스적 사유를 현대의 정치적 사상 및 삶에 대조시키고자 하는 경향을 보여왔다. 그러나 정치적 삶의 최근 특징, 특히 영국이나 미국 같은 곳에서 발견할 수 있는 종류의 특징은 몇몇 학자들로 하여금 여러 사안들을 '개인주의'와 '사회주의' 사이의 대비 측면에서, 혹은 '개인'과 '국가' 사이의 대비 측면에서 구도화하는 현대의 관행에 의심을 품도록 했으며, 아울러 그들을 (가족, 이웃, 그리고 다른 종류의 소규모 사회집단을 포함하는) '공동체community'가 책임의 공유와 상호적 이득 행위의 맥락을 형성해주는 중간 체계를 제공하는 데에 중요한 역할을 한다는 논의로 이끌어왔다. 이러한 생각은 (소위 '개인주의자'로 이해될 수도 있는) 정치적 우파나 ('사회주의자'로 간주될 수도 있는) 정치적 좌파라는 구분 없이 이루어졌으며, 근래의 정치적이자 윤리적이고 사회적인 이론의 가닥들과 연결되는 결과를 야기했다.[7] 반면 이러한 이해의 배경과는 독립적으로, 그리스 사상의 일반적인 유형은 하나의 특별한 관심사를 표하고 있다.[8] 그것은 바로 '개인들'이 (이러한 표현이 그리스인들이 지닌 맥락에 적절하다고 할 수 있는 한) 다층적이면서도 복잡한 유형의 '공동체' 안에서 일종의 역할을 수행한다는 점이다. 그리고 이러한 배경을 전제하여 '정치적' 이론이 구성된다.

이와 관련된 요점은 다음과 같다. (실천적이든 이론적이든 간에) 대다수 현대의 정치적 사유는 자유나 평등성, 동포애와 삶의 권리, 행복에의 추구, 즉 '인권'이라는 특정 보편적 이상에 의거하여 정치적 삶이 구체화되어야 한다는 이념에 초점을 맞추어왔다. 물론 그리스 사상 역시 정치적 삶이 보편적인 인간의 선(善)과 덕(아레테^{aretē})을 표명해야 한다는 이념을 지닌다. 하지만 그리스 사상은 이러한 이상이 '정치적' 삶을 이루는 관계의 체계 안에, 그리고 보다 넓은 의미에서 인간이 지닌 특성 및 사유방식의 발전을 형성하는 관계의 체계 안에 단단히 새겨져야 한다는 구체적인 그림을 담고 있기도 하다. 바로 이 점이 그리스 사상으로부터 현대의 사상이 배워야 할 많은 것들을 내포하고 있는 영역이라는 것은 두말할 나위도 없다.[9]

이 장에서는 이러한 요점들을 두 가지 방식에서 따져보고자 한다. 먼저 호메로스의 아킬레우스로부터 시작하여 그 이후에 이르기까지, 상대적으로 더욱 강한 의미의 '개인'이 자신이 속한 공동체와는 분리되어 의미와 가치를 가진다고 **보일 수도** 있는, 그래서 실로 몇몇 학자들이 그처럼 해석하기도 했던 사례들을 살펴보고자 한다. 그리고 나서, 이런 해석에 반대하여, 그러한 인물들이 실상 자신이 속한 공동체의 최고 원칙들을 강조하고 있으며, 아울러 그런 원칙들을 잘 이해하고 있는 만큼 이것들의 유지에 위반된다고 여겨지는 일에 거침없이 항의를 하고 있다고 보는 것이 더욱 마땅하다는 제안을 하고자 한다. (사례들 가운데 세 번째 경우인 플라톤의 대화편들 안에서 주된 화자로 등장하는 소크라테스와 관련된 논의는 다소 복잡하고 까다롭다고 할 수 있다. 소크라테스는 폴리스의 최고 원칙들이 인간에게도 보편적으로 적용되는 원칙들이라고 이해하기 때문이다.[10]) 이 주제는, 이후 3절에서 다룰, '덕스러운 공동체$^{virtuous\ community}$'라는 두 번째 논의와 그 맥을 같이하는 접점이 있다. 그리스의 정치 이론은 전형적으로 이상적인 공동체를 규정하려는 형태를 취하며, 그러한 이상적인 공동체 안에서는 단순히 '정치적인' 기능들이 아니라 관계들의 총체가 공동체의 최고 원칙들에 의해서 형성된다고 논한다. 이러한 생각은 세 형태로 구분될 수 있다. (1) 공동체의 덕목은 본래 단순히 그 공동체의 사회-정치적$^{socio-political}$ 기능 안에 내재한다. (2) 공동체 안에는 이러한 최고 원칙들을 이해하는 자 혹은 집단이 있다. (3) 공동체에 참여하는 모든 구성원들이 이러한 최고 원칙들을 이해하고 있다. (간단히 말하면, 이것들은 각각 아리스토텔레스의 『정치학』에서의 형태, 플라톤의 『국가』, 『정치가』, 그리고 『법률』에서의 형태, 그리고 스토아 학파 및 에피쿠로스 학파가 논하는 '현자'들의 공동체 형태라고 할 수 있다.[11]) 그러나 이 세 입장 모두 '개인'과 '사회' 사이의 대비관계라는 관점에서는 옳게 분석되지 않는다는 점을 간과해서는 안 된다. 아울러, 비록 각 사상가들이 그들의 폴리스 안에서 이루어진 사회-정치적 삶에 대조하는 식으로 자신들의 이상을 드러내고 있음에도 불구하고, 그렇다고 해서 그 이상이 곧 '개인주의자'의 이상, 다시 말해서 사회적 규범들에 대한 개인적인 거부를 구현하려는 이상이나 아니면 개인주의를 구현하려는 이상이 아니라는 점 역시 주지해야만 한다. 오히려 이러한 이상은 (일종의 강한 의미의 '개인'으로서가 아니라 보다 일반적인 의미에서의) 인간이 가능한 최선의 삶을 살아갈 수 있는 공동적 맥락의 유형들에 대해서 (즉 관계 양식의 집합체에 대해서) 설명하려는 시도를 드러내고 있는 것이다.

2. 개인이 정녕 공동체에 맞서고 있는가?

자신의 공동체를 지향하는 개인주의적 자세와 관련된 경우의 첫 사례로 호메로스의 아킬레우스를 꼽을 수 있다. 『일리아스』 9권에서 아킬레우스는 자신이 승리의 전리품으로 취한 여성을 빼앗겼다는 점에 대한 응분으로 아가멤논이 보낸 선물들을 되돌려 보낸다. 선물들을 되돌려 보내는 아킬레우스의 모습은 종종 그가 자신의 공동체가 지닌 윤리관을 전적으로 부정하되 개인적으로 이해하는 윤리의 형식을 강조하고 있다고 여겨져 왔다. 일례로 세르딕 휘트먼은 (1958년에 출판한 연구서 *Homer and the Heroic Tradition* 213쪽에서) "아킬레우스는 특정 용어들을 사용함으로써 자신을 위한 것이라고 생각했던 어떤 절대적인 것을 실천하고 있는데 …… 그 절대적인 것이란 곧 자신을 위한 법률을 지각하는, 혹은 좀더 적합하게 표현할 경우, 이를 파악하는, 영웅적인 개인의 능력이자 권리를 가리키며, 아킬레우스는 아가멤논의 선물을 돌려보내는 행위를 통해서 이에 대한 자신의 경우를 증명한다"고 논한다. 애덤 패리 역시, '아킬레우스가 사용하는 용어'에 대한 자신의 유명한 논문을 통해서, (『일리아스』 9권의 308행에서 429행에 이르는) 아킬레우스의 긴 연설 안에서 이루어지는 문제 제기와 요구는 아킬레우스가 자신이 속한 공동체의 윤리관에 환멸을 느끼기는 하나, 이를 드러낼 윤리적 표현 형식을 달리 갖추지 못한 상태에서 할 수 있는 일종의 '호메로스식 질책 표현abuse of Homeric language'을 대변한다고 해석한다.[12] 패리의 논문은 아킬레우스의 연설이 정말로 호메로스식 질책을 표현하고 있는지 그리고 자신 공동체의 윤리관에 대한 거부를 조성하고 있는지에 대해서 많은 논쟁을 불러일으켰다.[13] 이 논쟁과 관련하여 많은 의미 있는 논의들이 제안되었으며, 그 가운데 리처드 마틴은 아킬레우스의 긴 연설이 실로 일반적인 호메로스식 표현과 구분되는 비-표준적이면서 상대적으로 비-형식적인 모양새이기는 하나, 이러한 드문 표현양식 안에서도 아킬레우스가 일관성뿐만 아니라 자신의 분명한 저의를 유지하는 진술을 구

성하고 있다고 주장한다.[14]

호메로스 시대의 윤리가 지닌 상보성 이념의 역할에 대한 최근의 연구들은, 아가멤논의 선물에 대한 아킬레우스의 거부가 공동체의 윤리관에 대한 거부를 뜻한다고 보일 수도 있겠으나, 실상 그처럼 보는 것은 설득력이 없다는 점을 이해하는 데에 도움을 준다. 아킬레우스의 긴 연설은 종종 『일리아스』 12권 310행부터 328행에 걸쳐 제시되는 사르페돈의 연설과 대비된다. 사르페돈의 연설은 (지도자나 영웅으로서의) 한 인물이 자신을 따르는 자들이나 동료 지도자들로부터 수여되는 영예와 명예(티메^{time})를 얻기 위해서 전장에서 기꺼이 목숨을 거는 '일반화된' 상보성 관계를 강조하는 연설로 볼 수 있다. 영예는 살아 있는 동안에는 선물(게라스^{geras})의 형태를 통해서 적합하게 보상되며, 죽은 다음에는 명예의 형태를 통해서 확인된다.[15] 아킬레우스의 연설은 언뜻 보기에는 이와 같은 상보성 유형이 가진 정당성을 거부하는 것으로 보일 수 있다.[16] 아울러 (『일리아스』 12권 378-387행에서 볼 수 있듯) 아킬레우스는 아가멤논의 선물 안에 담겨 있는 '보상적' 상보성을 받아들이기를 거부하면서 표준적인 자세를 벗어난다. 이후 (『일리아스』 12권 632-638행에서) 아이아스가 지적하는 것처럼, 아킬레우스의 경우와 같이 자신의 전리품을 빼앗기는 수준에서가 아니라 친족에 대한 살해처럼 더더욱 악의적이며 받아들이기 어려운 일이 벌어진 경우에서도 이와 같은 보상적 상보성을 받아들이는 것이 일반적이기 때문이다.[17]

그러나 상보성에 기반을 둔 윤리를 지적함으로써 오히려 아킬레우스가 어째서 선물 거부를 정당하다고 보고 있는지 이해하는 데에 도움을 받을 수도 있다. 그의 연설이 이와 같은 상보성을 강조하는 윤리체제와 밀접하게 연관된 여러 요점들을 적시하고 있다고, 혹은 함의하고 있다고 이해될 수 있기 때문이다. 이 이해의 핵심은 아킬레우스에게 전리품으로 주어진 여인을 빼앗아간 아가멤논의 행위가 지도자들 사이의 일반적인 상보성 유형을 벗어났다고 할 정도로 너무나도 부당하여, 그 결과 이제 아가멤논은 보상적 선물을 주기에 적합한 인물로 간주될 수 없다는 것이다. 아킬레우스는 헬레네를 빼앗아간 트로이에 맞서 자신의 목숨을 걸고 상보적 동료애에 전적으로 참여하고자 하는 의지를 스스로 굳건히 했던 만큼, 전리품으로 취한 여인을 아가멤논에게 빼앗김으로써 자신에게 초래된 모욕이 더욱 크다고 보는 것이다.[18] 이와 관련하여, 아가멤논이 화려하면서도 막대한 규모의 선물을 제공하면서 (그것이 주어지는 방식과 함께) 선물 제공자의 우월성으로부터 오는 위치를 부가적으로 확보하여 자신이 아킬레우스를 넘어서는 권위를 가지고 있다는 것을 거듭 강조하려고 한다는 점 역시 아킬레우스가 보상적 선물을 거부하는 자세에 함의되어 있다.[19] 결국, 아킬레우스의 여인을 고압적으로 빼앗아간 이후 자신의 권위를 재차 주지시키려는 아가멤논의 의도는 압박이나 위압이 아니라 우호적인 자세를 취함으로써 (혹은 호의(카리스 charis)를 베풂으로써) 상보를 행해야 하는 지도자의 권리를 스스로 부인하고 있다는 점을 함축적으로 나타내고 있다.[20]

(『일리아스』 9권의 371-372행과 337-339행 및 406-416행 등에서 볼 수 있듯이) 상보적 동료애를 강조하는 윤리에 의심을 품는 것으로 보이기도 하는 아킬레우스의 쓰라리면서도 냉소적인 발언과 질문들은 그가 제기하는 주장의 전체적인 맥락을 고려하여 살필 필요가 있다. 그 주장의 본질은, 아가멤논이 상보성의 절차를 적합하게 수행하는 데에 실패한 그런 상황에서는 누구도 (특히나 아킬레우스 자신도) 상보성의 절차에 참여할 필요가 없다는 점이다.[21] 결국, 상보성의 적합한 규준에 호소

하고 있는 아킬레우스의 연설은 그가 다른 종류의 상황에서 윤리적으로 보다 인정할 만한 다른 상대자들과는 상보성 절차에 함께 참여해야 한다고 생각하고 있음을 역설적으로 함의하고 있다.[22] 앞에서 살펴보았듯이, 아가멤논의 선물에 대한 아킬레우스의 거부는 공동체적 윤리체제에 대한 전적인 거부가 아니라, 일종의 '본보기 자세', 즉 스스로 비-규준적 행위를 함으로써 대가를 치르는 한이 있더라도, 그 체제의 유지에 불화를 야기하는 근본적인 문제점이 무엇인지 똑똑히 보여주고자 의도적으로 고안된 표식인 것이다. 아킬레우스의 자세는 자신의 연설에서 일반화된 입장 안에 함의된 윤리체제의 본질과 토대에 대한 반성적인 사유를 분명히 수반하고 있거니와, 동시에 그에 기반하고 있다. 따라서 전체적인 맥락을 고려할 때, 이처럼 두드러진 일반화는 결국 윤리체제의 정당성을 부인하는 일이라기보다는, 그 체제 안에서 수반되는 인간 삶의 개념을 분명히 하는 일이라고 해석될 수 있다.[23]

이와 대체로 유사한 경우로 해석할 수 있는 그리스 비극 작품에서의 또다른 사례로는 소포클레스의 『아이아스』에 등장하는 아이아스를 들 수 있다. 아이아스는 아킬레우스가 죽고 난 후 그의 무구(武具)들을 자신에게 주지 않았다는 이유로 아트레우스의 아들들* 및 오뒷세우스에게 복수를 감행하려다가, 이에 실패하자 자결을 결심한다. 이 비극에서 아이아스는 종종 그 자신의 동료들이나 가족들에 대한 협력적 윤리를 거부하는 일종의 영웅적 개인주의 유형을 대표한다고 해석된다. 예를 들면, 매리 휘틀록 블런델은 아이아스를 '그의 자존적 고립성을 허물 수

---

* 아트레우스의 아들들^Atreidae이란 아가멤논과 메넬라오스를 가리킨다. 아트레우스는 펠로폰네소스 반도에 위치한 미케네의 왕이었다. 이후 아가멤논은 아트레우스의 뒤를 이어 미케네의 왕위를 이어받는 반면, 메넬라오스는 스파르타의 왕이 된다.

도 있는 다른 이들이 지닌 가치를 그들과 직면하거나 논쟁을 벌이는 일 없이 거부하는' 인물로 이해한다. 한편 레지널드 위닝턴-잉그럼은 아이아스의 연설이 '과대망상적 자부심$^{megalomaniac\ pride}$'으로 귀결되는 영웅주의의 한 유형을 나타낸다고 본다.[24] 그러나 이와 같은 용어를 사용하면서 그처럼 해석하는 학자들조차, 일종의 현대적 사유의 특징이라고 할 수 있는 공동체의 모든 윤리관에 대한 부인을 함의하는 **급진적인** 개인주의를 염두에 두고 있지는 않다.[25] 오히려 그들이 유념하고 있던 바는 수치와 명예를 강조하는 윤리를 지나치게 개인주의적인 방식에서 유지하고자 하여, 결국 자신의 동료 지도자들이 가진 견해뿐만 아니라 자신의 자결 후 무방비 상태의 처지에 놓일 그의 부인과 아이들의 입장까지도 무시하는 아이아스의 모습이다.[26]

그러나 이 경우도 아킬레우스의 경우와 마찬가지로, 아이아스가 자결을 시도하는 일은 무엇이 동료애에 기초한 윤리에 불화를 야기하는 근본적인 문제점인지를 극화된 형식 안에서 보여주려고 고안된 일종의 '본보기 자세'로 이해될 수 있다. 아이아스로 하여금 자신의 동료들을 공격하도록 도발한 것은 단지 그가 아킬레우스의 무구들을 수여하지 못했다는 굴욕뿐만이 아니라, 이와 같은 굴욕이 본질상 전혀 **정당화되지 못한**다는 사실이기도 하다. 이는 다음과 같은 그의 연설을 통해서 분명히 드러나고 있다.*

---

* 다음의 인용은 그리스어 원문에 대한 저자의 영역을 우리말로 옮긴 것이다. 그리스어 원문에 대한 우리말 번역의 대안은 다음과 같다. '만약 아킬레우스가 살아 있어 누군가 승리한 자에게 자신의 무구들을 손수 상으로 수여하게 되었다면, 어느 누구도 나 대신 그 무구들을 거머쥐지 못했으리라. 한데 지금 아테레우스의 아들들이 마음씨가 음흉한 자에게 그 무구들을 넘겨주고 나에게서 승리를 가로챘다. 만약 내 이 눈과 마음이 뒤틀리어 내 의지에서 벗어나지 않았더라면, 그들 둘은 살아서 다시는 다른 사람에게 그런 판결을 내릴 수 없었을 텐데.' (천병희 옮김, 『소포클레스 비극 전집』, 숲, 2008, 253쪽)

…… 만약 아킬레우스가 살아 있었다면, 그리고 그가 무구와 관련한 결정을 내리는 위치에 있었다면, 나 외에 그 누구도 그것들을 얻지 못했을 텐데. 허나, 현재로서는 아트레우스의 아들들이 전쟁에서 내가 세운 공들을 무시한 채, 파렴치한 자에게 주기 위해서 그것들을 지키고 있네. [만약 광기가 나의 원한을 막아서지 않았더라면]* …… 그들은 다른 이에 대하여 결코 이런 식으로 판결을 내리지 않았을 터인데.[27]

마치『일리아스』9권의 아킬레우스처럼, 아이아스는 동료 지도자들의 횡포에 상응하는 폭력을 통해서 동료애적 상보성의 근간을 해치는 불화에 대응한다.[28] 그러나 그는 더 이상 고귀하게 살아갈 수 없는 상태에서 그러한 불화에 정당하게 복수하는 데에 실패했기 때문에, 차라리 '고귀한 죽음'이라는 본보기 자세를 취하도록 강제받고 있다.[29] 가족을 지켜내기 위해서는 살아야 하며, 이 역시 고귀한 일이라고 강조하는 아이아스의 부인 테크멧사의 주장에 대해서 그가 침묵을 지킬 수밖에 없었던 까닭 역시 바로 이 강제로 인해서임이 틀림없다.[30] 결국 아이아스에게는 상보성의 근간을 해치는 불화에 대응하여 자결이라는 본보기 자세를 취해야 한다는 스스로의 주장과 가족을 돌보기 위해서 살아남아야 한다는 테크멧사의 주장 모두에 효과적으로 답하는 일관성 있는 방식이란 존재하지 않는 것이다.

그러나 이후 (소포클레스의『아이아스』646-692행을 통해서) 제시되는 '기만-연설[deception-speech]**'이 테크멧사의 주장에 대한 아이아스의 답을

---

* 아이아스의 심리상태를 보다 구체적으로 그리기 위해서, 저자는 원문을 인용하는 가운데 이와 같은 내용을 첨언한다.

** '기만-연설'이란 사실과 부합하지 않는 내용을 말하는 연설을 가리킨다. 아이아스는 여전히 실제로는 남성다운 면모를 유지한 채로 신들이나 아트레우스의 아들들을 무시

내포하고 있다고 볼 수 있다. 이 연설은, 일부 현대 학자들이 해석하는 것처럼 아이아스가 자신이 내린 결정의 성격에 대해서 동료들(필로이 ^philoi)을 기만하고자 하는 시도라기보다는, 그가 스스로의 결심에 대한 자신의 이유를 내비치는 완곡한 진술로 이해될 수 있다.[31] 이 연설에서 아이아스는, (『아이아스』 652-653행에서 볼 수 있듯이) 자신이 자결한 후에 남겨질 부인과 아이들에 대한 연민을 드러낼 뿐만 아니라, 부인의 요청에 따라 마음을 바꾸어 그들을 보호하기 위해서 살아남겠다고 할 경우 그것이 스스로에게 어떤 의미가 될지를 더욱 쓰라리면서도 역설적인 양식에서 전달하고 있다. 아이아스는 (『아이아스』 651행에서) 자신이 '여성스러워질' 필요도 있었을 것이며, 아울러 (『아이아스』 666-668행 및 677행에서는) 자신이 '신들을 따르고 아트레우스의 아들들을 숭배토록(세베인^sebein)' 해줄 '스스로 절제하는 일(소프로네인^sōphronein)'*을

하면서도, 연설에서는 자신이 여성의 말에 휘둘릴 만큼 나약해졌고 아울러 그들을 존경하고 따를 것이라고 말한다. 그 내용의 주요 부분은 다음과 같다. '전에는 그토록 굳건하고 담금질한 무쇠처럼 단단하던 나도 저 여인의 말에 날이 무뎌졌어(651행). …… 그래서 나는 앞으로 신들에게 복종할 줄 알게 되고, 아트레우스의 아들들을 존중하는 법을 배우게 되겠지(666-668행). …… 하거늘 우리는 왜 자제하는 법을 배우면 안 되지?(677행) …… 나는 배울래. 이제 와서 나는, 적을 미워하되 나중에는 친구가 될 수 있을 만큼 미워하고, 친구에 관해서 말하자면 언제까지나 친구로 남지 않을 것처럼 베풀고 도와주어야 한다는 것을 깨닫게 되었으니 말이야. 대부분의 인간들에게 우정이란 믿음직한 항구가 못 되니까.(678-683행)' (천병희 옮김, 『소포클레스 비극 전집』, 숲, 2008, 261-262쪽)

* 스스로 절제하는 일로 번역한 소프로네인^sōphronein은 '건전한 마음을 가지다', '온화[한] 상태를 유지하다', '스스로를 다스리다' 등의 뜻을 가진 소프로네오^sōphroneō 동사의 부정사형으로, 일반적으로 '절제함'의 의미로 이해된다. 절제란 자기 반성을 통해서 스스로가 가진 약점이나 한계를 깨달아 이에 기반하여 자신이 해야 할 바와 마땅히 따라야 할 대상을 옳게 파악한다는 의미를 가지며, 자신의 모자란 점을 자각함으로써 야기되는 '수치'와 밀접하게 관련된 덕목이다. 따라서 절제를 갖추게 될 경우 아이아스는 자연스럽게 인간보다 우월한 신들이나 자신보다 높은 지위에 있는 아트레우스의 아들들을 따르고 숭배하게 된다. 이 동사의 명사형은 소프로쉬네^sōphrosynē로 '절제', '자제', 혹은 '자

배웠어야 할 필요도 있었을 것이라고 말한다. 이와 더불어 그는 (『아이아스』678-683행에서) 상보적 우애를 위한 견고한 토대라는 것이 실상 존재하지 않는다는 점을 받아들이기도 했어야 되었을 것이라고 말하기도 한다. 앞에서 이해한 바와 같이, 특히 그의 마지막 말은 그리스의 지도자들이 아킬레우스의 무구들을 자신에게 주지 않은 일을 상보적 동료애에 대한 심각한 불화로 아이아스가 간주하고 있다는 것을 입증하고 있다. 그와 같은 굴욕에 대한 자신의 복수가 실패로 돌아가자, (특히 삶을 이어가는 일이 결국 치욕스러운 자기-비하나 불명예만을 요구하게 될 뿐이라는 점을 자신의 연설에서 분명히 했기 때문에) 자결하는 것 외에 달리 취할 수 있는 적절한 자세란 더 이상 아이아스에게 남지 않게 된 것이다.[32] 이러한 해석을 따를 경우, 다소 논쟁이 남기는 하지만 그럼에도 『일리아스』 9권에서의 아킬레우스와 마찬가지로, 아이아스는 자신에게 주어진 굴욕에 맞선 복수를 감행하기 위한 자신의 공격과 그 복수가 실패로 돌아가고 난 후에 남은 일인 자결을 동료애적 상보성에 대한 반성과 인지에 기초하여 벌어지는 일로서 보고 있는 것이다. 이와 같은 견해에서 본다면, 비록 자신이 자결을 취해야 한다고 주장하는 자세가 가족을 보호해야 한다는 주장을 짓밟고 있는 것으로 보일 수는 있겠으나, 그렇다고 해서 그가 정말로 가족을 보호해야 한다는 그 주장을 전적으로 무시하고 있는 것은 아니다.[33]

소크라테스를 자신이 속한 공동체를 지향하는 개인주의적 태도의 특징을 보여주는 (하지만 달리 해석될 여지도 있는) 세 번째의 사례로 들

기-통제' 등의 의미를 가진다. 소프로쉬네와 관련해서는 앞의 제 III장 4절 부분, 특히 플라톤의 철학자-통치자가 진리를 파악한 후 다시 동굴 안으로 되돌아 내려가 정치적 행위를 맡는 논의 부분을 참조.

수 있다. 물론, 소크라테스의 경우와 관련하여 근본적으로 무엇을 관련된 증거로 쓸 수 있을지, 그리고 그 증거를 어떤 방식에서 해석해야 할지에 대한 어려움이 있다. 그렇기 때문에 대부분의 현대 학자들이 내놓은 제안들과 마찬가지로, 여기서도 플라톤의 초기 대화편들에 등장한 소크라테스의 모습에 초점을 맞추고자 한다. 그렇다고 해서 플라톤의 초기 대화편들이 역사적 소크라테스에 대해서 신뢰할 만하고 대표적인 모습을 반영한다는 현대 학자들의 확신[34]에 이 책이 전적으로 동의하고 있기 때문에 그러는 것은 아니다. 분명히 소크라테스는 그의 정치적인 모습이나 지식인으로서의 모습과 관련하여 자신의 시대에서조차 격렬한 논쟁의 대상이 되었다. 아울러 플라톤뿐만 아니라 그 외에 우리가 가지고 있는 그에 대한 모든 증거는, 모두 그 증거의 저자들이 가진 목적이나 관심사 그리고 소크라테스에 대한 연민에 의해서 다소 채색되어 있을 것임이 분명하다. 그러한 자료들로부터 역사적인 소크라테스에 대한 객관적인 모습을 그려내는 것은 (설령 그것이 추구해야 할 마땅한 목표라고 하더라도) 쉽게 이룰 수 있는 일이 전혀 아니다.[35] 다만 플라톤의 초기 대화편들을 주요 증거로 삼는 까닭은 그것들이 고대뿐만 아니라 현대에도 지대한 영향을 끼친 소크라테스의 철학적 방법과 논변을 일관성 있는 모습으로 보여주고 있기 때문이다.[36] 플라톤의 소크라테스는 그리스 사상사에서 개인과 공동체 사이의 관계에 대해서 매우 중요한 역할을 하고 있다고 여겨진다. 특히 소크라테스의 철학적 방법 및 논변들이 지닌 중요성은, 단순히 표면적으로 표현되는 방식에서가 아니라, 그 안에 함축되어 있는 바들과 관련하여 두 가지 주요 노선으로 드러난다고 이해된다. 그 노선 가운데 하나는, 한 공동체 안에서 이루어지는 행위들을 인도하는 원칙들이 이성적으로 정당화되어야 (하며, 그 정당화 안에서 원칙들이 보편적으로 타당해야) 한다는 점이다. 다른 하나는 공동체의 모든 구성원들이 지녀야 하는 윤리적 믿음들이, 단순히 많은 사람들에게서 받아들여지고 있는 공통된 믿음의 내면화가 아니라, 철저하게 반성적인 논의 혹은 변증에 기초하여 이루어져야 한다는 점이다.

개인과 공동체 사이의 관계에 대해서 소크라테스가 취하는 입장을 분석하는 데에도 두 주요 노선이 있다. 첫째는 당시 아테네의 윤리적이고 정치적인 삶에 대한 소크라테스의 자세와 관련되어 있으며, 둘째는 윤리적 원칙들을 결정하는 데에 개인과 공동체 각각이 지닌 역할들과 관련되어 있다. 첫째 노선과 관련하여, 아테네의 법률에 대해서 소크라테스가 『소크라테스의 변론』과 『크리톤』에서 두드러지게 상반된 자세를 취하고 있는 것으로 보인다는 점이 문제가 될 수 있다. 소크라테스는 『소크라테스의 변론』(29c-e)에서, 법정이 아테네인들과 대화를 하며 질문을 던지는 '신성한' 임무를 그만둔다는 조건하에서만 자신을 석방하겠다고 하더라도, 자신은 그 임무를 계속해 나가겠다고 주장한다. 반면 『크리톤』(50a-54c, 특히 51b-c와 52c-d)에서 소크라테스는 (탈옥을 종용하는 크리톤에게) 자신이 아테네의 시민으로서 도시의 법률과 일종의 '계약contract', 즉 그 법률들이 무엇이든 그에 복종을 하겠다는 '계약'을 맺었기 때문에, 스스로 감옥에서 탈출하지 않겠다는 점을 분명히 한다. 표면상 이 두 입장 사이에 일종의 철학적 상충이 심각하게 내재해 있는 것으로 보인다. 그렇다면 이 두 입장은 어떤 식에서 일관성을 갖출 수 있는가? 이와 같은 상충은 단순히 조건부 석방 제안을 거부하는 것과 법에 복종하지 않겠다는 것 사이의 구분을 그려내는 수준에서, 혹은 국지화된 법정에서의 법적인 사정과 잘 제정된 보편적 법률 사이의 구분을 드러내는 일로 해소될 수 있는 종류의 문제가 아니다. 아울러 『소크라테스의 변론』에서 고려되고 있는 조건부 석방이 순전히 가설적인 것 또한 아니다.[37] 오히려『크리톤』에서의 입장을 통해서 예측되는 법률에 대한 은밀한 회피와『소크라테스의 변론』에서의 입장을 통해서 그려지는 법률에 대한 공개적이며 원리원칙적인 도전 (즉 일종의 '시민 불복종 civil disobedience') 사이의 구분이 더욱 중요하다고 할 수 있다.[38] 그러나 이 문제에 대한 가장 많은 시사점을 담은 접근은 리처드 크라우트의 해석이라고 할 수 있는데, 그에 따르면『크리톤』은 아테네의 법률들을 시민들로 하여금 법률들에 복종하라고, '혹은 정의의 본성에 따라 설득하라고 (πείθειν……ἢ τὸ δίκαιον πέφυκε)' 요구하는 것으로서 그리고 있다. 이런 맥락에서 크라우트는『소크라테스의 변론』에서 자신의 원리원칙적인 입장에 입각해 조건부 석방을 거부하는 소크라테스의 공언이 바로 '설득'의 이러한 유형으로 분류될 수 있다고 논한다. 이런 까닭에 기반하여 소크라테스가 설득을 시도했다는 점은, 비록 그가 설득에 실패하기는 했으나, 질문을 던지는 변증을 결코 멈추는 일 없이 계속하여 실천하겠다는 자신의 입장을 정당화하려고 했던 것으로 이해할 수 있다.[39]

물론『소크라테스의 변론』과『크리톤』에서 보이는 소크라테스의 입장을 일관성 있게 그려내려고 하는 크라우트의 제안이 실로 성공적인지는 따져보아야 할 필요가 있다. 무엇보다도, 비록 분명히 같은 시기에 (즉 초기에) 쓰였다고는 하나, 그럼에도 엄연히 다른 두 대화편에 등장하는 소크라테스의 입장들에서 일관성을 반드시 찾고자 시도해야만 하는지에 대해서도 따져보아야 할 여지가 있다.[40] 그럼에도 불구하고 이러한 문제를 논하는 일 자체는 플라톤의 초기 대화편들에서 묘사되고 있는 소크라테스의 사유가 가지는 두 가지 중요한 특징을 두드러지게 보여준다. 첫째는, 비록 자신이 속한 공동체 안에서 (즉 그 당시의 아테네에서) 수용되어 유지된 신념과 실천으로부터 전적으로 독립적인 윤리 및 정치적 입장을 세우고자 하는 시도를 함의하고 있기는 하지만, 그렇다고 해서 소크라테스의 입장이 일종의 '개인주의적' 이념을 확실하게 드러내고 있지는 않다는 것이다. 둘째는, 소크라테스의 입장이 그러한 신념과 실천을 직접적으로 채택하는 일이라기보다는, 그보다 훨씬 높은 수준의 것에 달려 있다는 점 또한 분명하다는 것이다. 자신의 '신적인' 임무를 유지하겠다는 주장과 감옥으로부터 탈출하려는 시도가 잘못되었다는 주장 모두 (이 주장들이 서로 일관적인지 혹은 그렇지 않은지에 대한 문제를 차치하더라도) 아테네의 공동체적 삶을 보전하는 윤리적이자 정치적인 신념에, 아울러 실천에 대한 이성적이며 반성적인 응답에 기초하고 있다.[41] (아킬레우스나 아이아스와 같은) 영웅들의 경우 공동체 안의 관계에 야기된 위기가 그들로 하여금 공동체의 윤리적 체계에 대한 토대를 상식적 선을 훨씬 뛰어넘는 수준에서 재고하도록 고무시켰다는 점을 앞에서 살펴보았다.[42] 그러나 소크라테스의 입장은 이러한 영웅들의 경우와는 두 측면에서 다르다. 첫째, (공동체의 구성원들 각각을 대상으로 하여 근본적인 윤리적 문제들에 대해서 탐구하는 변증을 실천하는) 소크라테스의 임무가 명백히 함의하는 바는, 특수한 상황에 놓인 특별한 인물들에 국한해서가 아니라, 실로 **모든** 이가 자신의 행동의 근거를 그와 같은 이성적 반성에 두어야 한다는 점이다. 둘째, 그 반성은 특정 공동체 안에서 특정 때에 적용되는 통례적인 규범들에 부합하든 혹은 그렇지 않든 간에, 보편적으로 타당한 윤리적 규범들을 규정하기 위해서 추구되어야 한다는 점이다.[43]

두 번째 측면은 플라톤의 초기 대화편들 안에서 그려지는 소크라테스 변증의 형식 및 목적에 대한 현대 논의로부터도 분명히 확인할 수 있다.

소크라테스의 논리적인 교차-검토법(엘렝코스^{elenchos})이 가진 핵심 역할을 강조하면서, 그레고리 블라스토스는 이와 같은 방법을 실천함으로써 야기되는 심오한 긴장 혹은 상충에 주목한다. 소크라테스가 대화 상대자들의 신념을 이용해서 얻어낸 동의에 입각하여 결론에 다다르는 식으로 그 방법을 사용하고 있음은 분명하다. 다른 한편, 소크라테스는 자신의 논의가 목표하는 것이 (부차적인 조건이 더 이상 요구되지 않는 보편적인) 진리에 대한 앎이라는 바를 분명히 하며, 때로는 자신과 대화 상대자들 사이의 논변이 참된 결론에 이르렀다는 점을 넌지시 보이기도 한다. 그렇다면 도대체 무엇이 이런 방법을 사용함으로써 진리에 다다를 수 있다는, 그리고 (종종) 진리에 다다랐다고 하는 소크라테스의 확신을 정당화해줄 수 있는가? 블라스토스가 지적하듯이, (소크라테스의 논변에서 반복적으로 드러나며 종종 그의 '역설^{paradox}'*이라고 불리기도 하는) 어떤 확실한 신념들이 있다는 것은 분명하며, 이것들은 되풀이되어 이루어지는 검토 안에서도 살아남았기 때문에 참 혹은 진리라고 파악될 수 있으며, 바로 이것들이 소크라테스의 확신을 정당화해주고 있다고 할 수 있다.[44] 찰스 칸은 이와 같은 생각을 플라톤의 『고르기아스』와 연결지어 발전시키면서, 소크라테스는 자신의 논변이 특정 인물들이** 제시하는 주장의 비-일관성을 드러내 보이고자 꾀하면서 동시에

---

* 여기서 저자가 의미하는 소크라테스의 '역설'이란 대화 상대자를 논박하여 '답 없음의 난관(아포리아^{aporia})'에 봉착하게 되는 상황을 말하는 것이 아니라, 스스로는 아무런 것도 알지 못한다는 점만 안다고 공언하면서도 동시에 특정의 몇몇 사항들에 대해서는 그 자신이 마치 잘 알고 있는 것처럼, 아니면 적어도 그것들에 대한 확고한 신념을 가지고 있는 것처럼 보이는 상황을 말한다. 소크라테스가 가진 확고한 신념에 대해서는 아래의 미주 45를 참조할 것.

** 즉, 소크라테스와 대화를 나누는 다양한 직종과 위치의 사람들을 말한다. 『소크라테스의 변론』 21c-22b에서 소크라테스는 자신이 정치가들뿐만 아니라 시인들 그리고 특정

객관적이라고 할 수 있는 진리를 산출하기도 한다고 여기고 있는데, 이처럼 여기는 것은 합리적이라고 설명한다. (소크라테스가 지닌 논박불가한 일련의 신념들과 일관성을 유지하는 신념들, 즉) **충분히** 참되다고 할 수 있는 신념들을, 잘못된 길에 들었으면서 동시에 비협조적이기도 한 대화상대자들로부터 이끌어냄으로써, 그리고 그들의 잘못된 신념들이 이러한 참된 신념들과 일관성을 지니지 못한다는 점을 보여줌으로써, 소크라테스의 변증은 그처럼 객관적이라 할 수 있는 진리를 산출하고 있는 것이다.[45]

소크라테스의 변증에 대한 블라스토스의 이해방식과 그가 제안하는 문제 해결 방안이 신뢰할 만한지 혹은 일관성을 유지하는지에 대해서는 따져볼 여지가 많다.[46] 그러나 그가 제안한 해석이 지닌 논쟁적인 부분들을 차치하더라도, 블라스토스의 설명은 앞에서 지적된 입장, 즉 소크라테스의 변증이 대화 상대자들 각각으로 하여금 자신의 행위를 인도하는 원칙들에 대해서 반성해볼 것을 요구한다는 점을 분명히 나타내고 있으며, 아울러 대화상대자들이 속한 공동체에서도 객관적으로 타당하다고 간주될 수 있는 원칙들 정립하고자 한다는 점을 제시한다. 소크라테스의 입장은 당시 잘 알려진 소피스트들 가운데 하나인 프로타고라스, 특히 플라톤의 『프로타고라스』에서 나타나는 그의 입장과 대비해봄으로써 보다 분명히 규정될 수 있다. 그 대화편에서 프로타고라스는 자신의 《위대한 연설》을 통해서 무엇보다도 '공리주의적' 맥락의 윤리를 제시한다.* (《위대한 연설》의 한 부분에 속하는 『프로타고라스』의

제품들을 제작하는 기술자들과 대화를 나누어왔다고 고백한다. 아울러 『고르기아스』에서의 대화 상대자들 역시 단지 정치가만이 아니라 수사술을 가르친다는 교사(고르기아스) 및 수사술을 배워 차후 정치 영역에서 영향력을 발휘하고자 하는 부유한 귀족출신의 자제들(폴로스, 칼리클레스)이다.

322b-c에서) 프로타고라스는 인류가 자신들보다 신체적으로 더욱 강한 짐승들로부터 스스로를 지켜 생존을 유지할 수 있기 위해서 공동체적 유대를 필요로 하며, 이러한 필요로 인해서 수치(아이도스^{aidōs})와 정의(디케^{dikē})가 요구된다고 주장한다. 아울러 윤리 교육과 관련하여 일종의 공동적^{communal} 혹은 공동사회적^{communitarian} 설명을 제시하면서, 프로타고라스는 아이들과 어른들이 공동체에서 현재 통용되고 있는 윤리적 신념들을 자신들에게 '내면화'하는 과정을 통해서 시민의 덕목을 획득한다고 강조한다.[47]

프로타고라스의 연설은 (민주적 공동체를 포함하여) 공동체의 각 유형이 수치와 정의를 그 공동체의 특징에 부합시키면서 개념적으로 발전시킨다고 하는 상대주의^{relativism} 성격 역시 그 안에 함의하고 있을 수 있다.[48] 이러한 프로타고라스의 주장에 맞선 소크라테스의 질의 방법과 논변 안에 함의된 입장은, 적어도 소크라테스에게 윤리적 발전이란 변증적 반성에 기초하여 이루어져야 하며, 이런 방식에서 정립된 윤리적 규준들은 보편적이고 객관적이어야 한다는 것이다. 이어지는 부분에서 보다 분명히 밝히겠지만, 소크라테스가 지지하는 입장과 프로타고라스를 통해서 볼 수 있는 공동사회적인 입장 사이의 상호작용은 최선의 공동체에 대한 그리스의 사유가 이후 어떤 주요 특징을 가지게 되는지를 분

---

* 아테네인들이 정치적인 사안들을 처리하기 위해서 모든 시민들의 참여를 장려한다는 점과 페리클레스처럼 소위 유능한 정치가로 인정받는 자들이 막상 자신들의 아이들에게 시민의 덕을 교육하는 데 실패한 것으로 보인다는 점을 들어, 시민의 덕은 교육이 가능하지 않은 것으로 보인다고 하는 소크라테스에게 대답하기 위해서 프로타고라스는 『프로타고라스』의 320c-328d에 걸쳐 "위대한 연설"을 펼친다. 이 연설에서 프로타고라스는 먼저 신화(뮈토스^{mythos}) 형식으로 인류와 사회의 기원을 설명한 뒤, 이어서 논변(로고스^{logos}) 형식으로 사회 안에서 필수적으로 요구되는 시민의 덕에 대한 교육 가능성을 논한다.

명히 드러내준다.

3. 덕스러운 공동체

지금까지 살펴본 입장들, 특히 플라톤의 소크라테스에 대한 논의는 플라톤으로부터 스토아 학파에 이르기까지 그리스의 정치적 이론 안에서 개인과 공동체가 어떤 구도를 갖추며 사유되고 있는지를 이해하는 데에 도움을 준다. 앞의 1절에서 설명했듯이, 그리스 사상을 '개인'과 '국가' 혹은 '개인'과 '사회' 사이의 대비구도에 입각하여, 혹은 이런 대비구도에 연계된 ('개인주의'나 '자율성', 혹은 '사회주의'나 '집단주의 collectivism'라는) 이념에 따라서 분석하려는 시도는 적합하지 않다. 그리스 사유 안에서 삶은 공동체라는 형태 안에서 그리고 그것을 통해서 살아가는 개념으로 표현되며, 폴리스는 공동적 삶을 구현하는 최선의 가능적 틀의 제공한다고 여겨진다. 따라서 다양한 유형의 정치체제(폴리테이아 politeia)가 가진 장점들이 무엇인지를, 즉 폴리스를 구성하는 다양한 방식들에 대해서 깊이 숙고하는 일이야말로, 그리스의 정치 이론이 가진 가장 주요하고 특징적인 면을 반영한다고 할 수 있다. 그러나 폴리스는 동시에 (가족, 우애집단, 지역구나 지방 자치단체 등을 포함한) 여러 공동 관계의 총체적인 집합체라는 측면에서 이해되기도 한다. 그러므로 그리스의 정치 이론이 (즉 넓은 의미에서 '정치적'이라고 부를 수 있는 바가) 지닌 가장 두드러진 특징은 인간 삶의 공유를 위한 최선의 가능적 형태에 대해서 논의를 이룬다는 것이며, 아울러 이러한 인간 삶의 공유가 이루어질 수 있는 공동적이고 교육적이며 기술적인 구도에 대하여 따져본다는 점이다. 그렇기 때문에 그리스적 '정치' 이론의 범위가 분명하게 규정되지 못한다는 점은 결코 우연한 일이 아니다. 플라톤에게, 그리고 스토아 학파나 에피쿠로스 학파에게도, 정치 이론과 윤리 논의가 필시 겹치기 때문이다. 그리고 이는 탐구에서 최초로 (그리고 아마도 유일하게) 정치의 영역과 윤리의 영역을 구분지어 규정하려고 했던 아리스토텔레스에게서조차 마찬가지이다.[49]

그들이 제시하는 이론들 모두 공동적 삶을 각각의 방식에서 인간의 선(善)과 행복(에 대한 확고한 개념들)을 실현하고자 하는 구도로 이해하고 있기는 하지만, 정치와 윤리를 명확하게 분리하여 논하지 않는다는 관점에서는 실상 차이를 보이지 않는다. 그 이론들 모두 인간의 선, 다시 말해 '덕(아레테)'에 대한 개념을 어떤 면에서는 모두 나누어 가지고 있기 때문이다.[50] 예컨대, 소크라테스의 변증적 견해와 프로타고라스의 공동적 견해 사이에서 윤리적 삶과 교육의 본성 및 토대가 어떠한지를 놓고 따지는 상호작용의 결과가 보여주고 있듯이 말이다.[51] 그리고 아리스토텔레스에게 좋은 폴리스란, 플라톤의 철학자-통치자처럼 인간의 행복을 실현시켜줄 수 있는 변증적 이해를 가진 자들의 계급이 한 공동체 안에 있든 혹은 없든, 삶을 꾸려나가면서 행복이 실현될 수 있도록 잘 조직되어 있는 공동체를 뜻한다. 플라톤은 『국가』에서, 그리고 『국가』에서 이루어지는 논의만큼 강조되지는 않으나 『법률』에서도, 이와 같은 변증적 이해를 옳게 갖춘 자들의 계급이 공동적 삶을 책임지고 구현하지 않는 한 이러한 인간 행복의 실현이라는 목표를 폴리스가 결코 달성할 수 없다고 강조한다. 그리고 스토아 학파 및 에피쿠로스 학파는, 적어도 이 주제에 대한 (그들의 다층적인) 사상 가운데 하나의 기준에 따를 경우, 전적으로 가치 있는 유일한 종류의 공동체를 이러한 변증적 이해를 공유하는 '현자the wise'들로 구성된 공동체라고 주장한다.[52] 이와 같은 세 형태*의 구분을 탐구하기 위해서, 우선 그것들 안에서의 차이들이 (법제화 조직에 대한 논의들처럼) 그들 이론들의 또다른 특징들에 대해서도 알려주는지, 아울러 그것들이 '개인'과 '사회' 사이의 대비구도 측면에서 인간 삶의 공유를 바라보는 현대적 관점과 어떻게 다르며, 이에 대해서 그들이 어떤 식으로 사유의 유형을 꾀했는지 살펴볼 필요가 있다.

이것들 가운데 후자는 즉, 그리스의 정치 이론이 '개인'과 '사회' 사이의 대비구도 측면에서 인간 삶의 공유를 바라보는 현대적 관점과 어떻게 다르며 이에 대해서 어떤 식의 사유 유형을 꾀했는지는, 공동적 삶의 최선 형태에 대한 최초이자 가장 포괄적인 동시에 가장 유명한 이론인 플라톤의『국가』를 살펴봄으로써 더욱 분명해진다. 제2차 세계대전 이후, 칼 포퍼는 플라톤의『국가』와『법률』에서 제시되는 정치관이, 아리스토텔레스의『정치학』과 함께, 국가 안에서 개인을 강조하는 주장을 굴종시키는 파시즘이나 공산주의 유형의 전체주의를 지향한다고 논했다. 포퍼 이후 학자들은 플라톤과 아리스토텔레스를 공격하거나 혹은 옹호하기 위해서 현대의 정치적 개념들과 이념들을 끌어들이며 논쟁을 펼쳐왔다.[53] 이 논쟁에서 사용된 고대 그리스의 자료들과 현대적 논의 개념들 사이에서의 간극이 두드러짐에도 불구하고, 플라톤의『국가』가 (윤리적이거나 정치적인) 개인의 자율성에 대한 실천을 어느 정도나 허

---

* 앞의 1절 미주 11과 관련된 본문에서 제기된 좋은 공동체와 이를 위한 최선의 원칙에 대한 세 형태를 가리킨다. 간단히 그것들은 각각 다음과 같다. (1) 공동체의 탁월함은 본래 단순히 그 공동체의 사회-정치적 기능 안에 내재한다(아리스토텔레스의『정치학』에서의 형태). (2) 공동체 안에는 이러한 최고 원칙들을 이해하는 자 혹은 집단이 있다(플라톤의『국가』,『정치가』, 그리고『법률』에서의 형태). (3) 공동체에 참여하는 모든 구성원들이 이러한 최고 원칙들을 이해하고 있다(스토아 학파 및 에피쿠로스 학파가 논하는 '현자'들의 공동체 형태).

용하는지에 대한 물음은 현재까지도 종종 중요하게 대두되고 있다.[54] 그러나 『국가』를 이런 맥락에서 분석하는 일은 바람직하지 않다고 할 수 있다. 심지어 이는 정치 이론에 대한 대부분의 다른 그리스 이론들을 이처럼 분석하려는 시도보다도 더욱 적절하지 않다고 할 수 있다. 『국가』는 정의가 영혼을 다루는 개인적인 (혹은 심리적인) 수준과 국가를 다루는 정치적인 수준 모두로 이어지는 행복을 조성한다고 주장하며, 이를 독특한 이중적인 방식에서 옹호한다.[55] 얼핏 이 이중적인 구조는 개인과 국가 사이의 현대적 구분에 상응한다고, 그리고 이것들 각각에 대한 논변의 토대를 제공한다고도 보일 수 있다. 하지만 올바른 영혼의 상태를 논하는 심리적 논변과 올바른 국가의 상태를 논하는 정치적 논변의 이와 같은 결합이 함의하는 바는 개별적인 인간의 삶이 공동체라는 형태 안에서 실현된다고 하는 그리스의 일반적인 견해를 오히려 강화하고 있다고 할 수 있다. 보다 구체적으로 말하자면, 『국가』는 이상적인, 혹은 '이성에-따라-다스려지는reason-ruled' 프쉬케(영혼)만이 '이성에-따라-다스려지는' 공동체를 완전한 의미에서 조직하여 발전시킬 수 있으며, '이성에-따라-다스려지는' 공동체란 전적으로 '이성에-따라-다스려지는' 프쉬케(영혼)를 소유한 자들의 계급에 달려 있다고 주장하는 것이다.[56]

정의에 대한 『국가』의 핵심 논의에서 철학자-통치자를 위한 두 단계의 교육 과정이 논의된다. 이 논의는 통치자 계급의 교육에 대한 논의이자 (실상 통치자와 피-통치자 사이의 관계 양상에 대한 논의이면서), '이성에-따라-다스려지는' 이상적인 인격에 대한 논의이기도 하다. 앞에서 간략하게 밝혔듯이, 교육 과정의 첫 단계는 옳은 공동의 신념과 규준을 '내면화'하는 것으로 이루어지며, 이는 젊은 수호자들이 자신들의 포부와 욕구를 공동체의 요구에 부합하도록 형성시킴으로써 달성된다. 두 번째 단계는 이러한 신념과 규준에 대한 분석적인 이해를 할 수 있도록 해주며, 아울러 그것들을 구체적으로 적용시키는 방식에 대한 토대를 제공하여 올바른 공동체의 삶을 형성하도록 한다.[57] 이러한 교육 과정을 제시하면서 플라톤은 두 단계 사이의 상호적 의존성을 무척이나 강조한다. 우선, 철학으로서의 변증에 대한 교육을 직접적으로 받기 이전인 선-변증적pre-dialectic 상태에서 객관적인 윤리적 진리에 대한 앎을 지향하도록 인도하는 성품과 신념들을 형성해야 하며, 이후에는 이에 기반하여 변증을 통해서 확고한 앎을 확보해야 한다.[58] 그래서 오직 변증에 기초하여 이러한 진리에 대한 앎을 갖춘 자들이 다스리는 공동체 안에서만 올바른 공동적 삶의 기반이 제공될 수 있다.[59] 따라서 개인들이란 이미 그 자체로 정의로운 공동체 안에서만, 다시 말해서 이러한 교육 과정을 제공하는 공동체 안에서만 전적으로 정의로울 수 있다.[60] 하지만 이는 플라톤이 스스로 회피하려고 하지 않았던 물음, 즉 이상적인 국가는 (전적으로 철학자-통치자가 될) 특정 사람들의 계급이 미리 존재해야 할 것을 요구하나, 동시에 그런 사람들은 이상적인 국가가 시행하는 교육 과정이 미리 갖추어 있지 않다면 가능하지 않기 때문에, 결국 그러한 이상적인 국가가 실질적으로 존재할 수 있는지에 대한 물음을 야기한다.[61] 이와 같은 물음이 『국가』 안에서 함의되고 있는 윤리적이며 정치적인 입장을 명확히 규정하는 데에 심각한 문제를 제기한다는 점은 의심할 수 없다. 그럼에도 불구하고, 플라톤의 주장이 '개인'과 '국가'가 (혹은, 플라톤의 논의에 더욱 잘 부합하는 표현을 따르자면, 인간의 '심리적' 삶과 '공동적'인 삶이) 서로 분리될 수 없도록 연결되어 있고, 그것들의 진보나 타락 역시 상호간에 밀접하게 관련되어 있다고 하는 사유

의 유형을 구체화하며 강조하고 있다는 점은 분명하다.[62]

이외에도『국가』는 두 가지의 특징을 더불어 논한다. 이 특징들은 정치적인 주제들을 다루는 플라톤의 다른 대화편들뿐만 아니라, 이 주제들에 대한 다른 그리스의 정치적 이론과도 일종의 병행을 이루는 것들로서, 각각 다음과 같다. 첫째,『국가』에서 더욱 순수하게 '정치적인' 측면이란 이상적인 국가 안에서 이루어진 정치체제에 대한 동의로서, 교육과 시가(詩歌), 극작(劇作)과 체육 및 가정, 그리고 성별에 따른 관계[63] 등 인간의 사회적 (그리고 심리적) 삶 전반에 관련된 탐구와 영합하여 논의되는 측면을 가리킨다. 이런 관점에서 볼 경우, 앞에서 주지했던 것과 마찬가지로, 소위 '정치적'이라는 용어를 통해서 이해되고 있던 바는, 이를 '정치학'에 대한 현대 문화의 전통적 개념들에 대조해봄으로써, 근대적 사유에서 무엇이 '정치적'이라고 간주되는지를 예견할 수 있도록 해준다.[64] 반면『법률』은 소위 '요람에서-무덤까지cradle-to-grave'라는 (혹은, '태아에서부터-무덤까지embryo-to-grave'라는) 공동적 삶 속의 인생 전반에 걸친 보다 큰 맥락에서 정치체제에 대한 동의를 정립하고자 나아간다. 잔치나 종교적 의식 활동, 가정적 삶을 위한 윤리적 자세를 형성하는 데에서 여성이 지닌 역할, 그리고 사적인 재산이나 공적인 협의를 관장하는 일 등 그리스의 일반적인 가정이나 사회에서 이루어지던 삶의 양태 전반은 실질적으로 덕스러운 공동체에 참여할 수 있는 형태로 이해된다.[65] 비록『법률』에서 제안된 정치체제가 가정적 삶을 쇄신하고자 하지 않는다는 측면에서, 아울러 그러한 가정적 삶에 동조하는 이득과 목표의 '사유화privatization'를 쇄신하고자 하지는 않는다는 측면에서,『국가』에 비해서 '차선second-best'에 해당하는 공동체를 구현한다고 여겨질 수 있겠으나, 그럼에도『법률』은 여전히 공동체의 삶이 그 전체로서 (인간

의 행복을 실현시켜줄 수 있는 수단인) 덕의 실현을 향하도록 맞추어져
야 한다는 이념에 초점을 견고히 맞추고 있다.[66]

『국가』의 두 번째 특징, 특히 플라톤의 다른 정치적 대화편들과 (아울
러 그 이후의 그리스 정치 이론들과도 어느 정도) 병행성을 보이는 특징
은, 당시 관습적으로 구성되어 시행된 그리스 정치체제에 초점을 맞추
고 있다. 헤로도토스의 『역사』 3권 80-82에서 벌어지는 정치체제에 대
한 논쟁이나 투퀴디데스의 『펠로폰네소스 전쟁사』 2권 37-41에 실린
페리클레스의 장례 연설 등을 살펴볼 경우, 비록 그들이 서로 견해를
달리하는 사상가들이어서 서로 다른 식으로 그려내고 있기는 하지만,
그럼에도 불구하고 그들 모두 (민주정이나 과두정 혹은 군주정과 같은)
그리스 정치체제의 기본 유형을 공동체적 삶의 최선의 가능적 형태를
실현시키는 효과적인 방안으로서 제시하고자 했다는 점은 분명하다.[67]
반면 『국가』는 이런 최선의 유형에 대한 정치적 이론화와는 구분되는
종류의 탐구를 제시한다. 『국가』는 이상적인 정치체제에 대한 세세한
청사진보다는, 심리적이고 정치적인 맥락에서 '정의'의 규정에 대한 일
반적인 개요를 제시하는 것으로 시작한다.[68] 비록 『국가』의 8-9권은 다
양한 정치체제들에 대한 윤리적 평가를 이루고 있으며 이를 인간의 심
리적 상태에 연결시키고 있기는 하나,* 이러한 윤리-정치적 유형들이

---

* 플라톤은 『국가』의 8-9권에서 철학자-통치자가 좋음의 이데아에 대한 앎에 기초하여
통치를 하는 이상적인 국가가 타락해가는 단계를 설명하고 있다. 그 설명에 따르면, 올
바른 가임기(可姙期)를 놓쳐 통치에 부합하지 않는 적성을 가진 자가 나타나서 통치
계열에 합류하게 됨으로써 좋음에 대한 이해가 훼손당하고, 그로 인해서 사유재산과
노예의 소유를 통해서 자신의 사회적 지위를 인정받으려는 자들, 즉 명예를 좇는 자들
이 등장하게 된다. 이들이 통치의 전반에 나서게 됨으로써 이상적인 국가는 명예정 국
가로 타락하게 된다. 다시 이로부터 부(富)를 기반으로 한 소수의 사람들이 권력을 행사
하는 금권정치 형태의 과두정 국가로 타락하게 된다. 부가 권력의 척도가 되는 상황에

일반적인 그리스 정치체제들과 관련하여 반드시 부합한다고 단정짓지는 않는다. 플라톤의 『정치가』는 유일하게 참된 '정치체제'란 객관적인 윤리 및 정치적 앎을 가진 자 혹은 자들이 통치하는 종류의 폴리스라는 것을 그 핵심적인 정치적 주장으로 내세운다. 공동체 안에서의 정치적이고 사회적이며 윤리적인 삶을 한데 '엮는' 정치가의 두드러진 기술은 정치체제의 다양한 형태들 안에서 실천될 수 있는 종류의 기술로서, 그게 효과를 발휘하기 위해서 반드시 특정 구도의 정치체제에 의존해야 할 필요는 없어 보인다. 오직 그와 같은 객관적인 정치적 기술이 부재하는 경우에만, 공동체들은 자신들이 유지해온 전통적인 정치체제 구도에 의존해야 하는 것이다. 아무래도 그러한 정치체제 구도가 법률이 제도적으로 완전히 무너진 상황이나 독단적인 권력이 자행되는 상황보다는 더 낫다고 할 수 있기 때문이다.[69] 『법률』은 '중장보병 민주정^{hoplite} ^{democracy}'*이라는 정치체제의 윤곽을 다소 자세히 그려내면서, 이것이 한

서 빈부의 격차는 더욱 심해지고 그 결과 빈곤한 대다수가 권력의 희생이 되니, 이로부터 시민혁명이 발생하여 사회의 권력을 모든 이들이 나누어 가지는 민주정 국가가 다시 등장하게 된다. 그러나 민주정 국가에서의 권력자, 즉 모든 사회의 구성원들은 선(善), 즉 참으로 좋은 바에 대해서 알지 못한 채, 자신들에게 좋다고 여겨지는 것들만을 좇다 보니, 사회에는 혼란이 가중된다. 이를 틈타 사람들을 선동하여 권력을 이양받은 후에 독재를 일삼는 참주의 지배를 받는 사회, 즉 참주정 국가가 마지막 타락 단계로 등장하게 된다.

* 기원전 7세기 무렵 그리스에서는 경제적 발전에 기인하여 자유민의 무기구입이 용이해졌으며, 귀족 출신들의 중장갑기병을 대신해서 중장보병(重裝步兵), 즉 타는 말은 없어도 투구와 갑옷, 경갑(脛甲)과 직도(直刀) 그리고 방패와 투창 등으로 무장하고 무기비용을 스스로 부담하는 중소토지 소유 농민이 국방의 주력이 되었다. 이는 자연스럽게 귀족의 정치적 권력 독점을 막아 민주적 상태로 이르는 데에 도움을 주었다. 특히 아테네에서는 솔론의 개혁으로 인해서 농민(호플리켄)이 관리직에, 그리고 클레이스테네스의 개혁 이후에는 최고 통치직인 아르콘^{archon}에도 진출할 수 있게 되었다. 이후 재산을 보유하지 못한 자유민들도 정치활동에 참여할 수 있도록 허용되어 완전한 직접민주주의 형태의 정치체제로 진행되었다. 반면 스파르타에서는 무산계층을 제외한 전형적인

정된 수의 사유재산을 가진 시민들, 민회, 심의회(불레[boulē]), 판관들, 그리고 관리감독 기능의 '야간위원회'*로 구성된다고 논한다.[70] 그렇다고 해서『법률』에서 제시되는 정치 이론의 핵심이 정치체제 구조의 세부적 특징을 밝히는 데에 있는 것은 아니다. 그 핵심은 오히려 윤리적으로 한데 결속시킬 수 있는 구체적인 조직을 구성하기 위한 전체로서의 공동체를 형성하는 일에 그리고 그것의 모든 기능들 안에 놓여 있다.[71]

(미주 11과 관련된 본문에서 살폈듯이) 정치적 이론의 세 형태에 따를 경우,『국가』는 공동 사회적 요소들과 변증적 요소들을 결합하는 중간 형태의 범주에 속한다.『국가』는 올바른 (즉 '이성에-따라-다스려지는') 신념들 그리고 그 신념들을 지지해 줄 수 있는 진리와 (규범적인) '합리성'을 변증에 기반하여 이해하는 통치자 집단 (즉 철학자-통치자들) 모두를 요청한다.[72]『정치가』역시, 비록 객관적인 정치적 앎이 변증적 탐구에 의존해야 한다고 명확히 규정하지는 않으나, 그러한 정치적 앎을 갖춘 자 혹은 그러한 자들로 이루어진 집단이 통치할 때에 최선의 공동체 유형이 형성된다고 (혹은, 그 구성원들 모두가 조화롭게 함께 '엮인다고') 규정한다.[73]『법률』은 그처럼 변증에 기초한 앎의 필요성을 분명히 밝히고 있으며, (특히 960a-968e 부분을 통해서) 정치체제의 일 전반을 전문적으로 맡아 관리 및 감독하는 '야간위원회'가 이 앎을 책임져야 한다고 강조한다. 그러나 몇몇 현대 학자들의 제안처럼,『법률』이

중장보병 민주정 형태에 머물렀다.

* 플라톤이『법률』에서 제시하는 '야간위원회'[nukterios sullogos]는 국가 안에서 이루어지는 행정 및 입법의 문제를 처리하는 회의기관을 가리킨다. 야간위원회는 국가의 원로들 및 엘리트들로 구성되며 여기에는 장차 나라를 이끌 자질을 갖춘 젊은이들도 함께하도록 권장된다. 특히『법률』의 말미(12권)에서 플라톤은 법률의 개정 문제가 야간위원회를 통해서 처리되어야 한다고 강조한다. 야간위원회는 종종 플라톤의『국가』에서 제시되는 철학자-통치자 집단과 대비되어 논해지기도 한다.

지향하는 정치적 이론에서 가장 주요한 혁신 사안은 다음과 같은 측면에 있다. 즉, 가장 중요하다고 할 수 있는 바는 바로 공동체가 참되고 (합리적인) 윤리적 신념을 시민 전체로 확산시키는 일에 최선을 다해야 하며, 특히나 법률의 내용과 지향점을 옳게 설명을 해줄 수 있는 일종의 '전주곡' 형식의 교육을 통해서, 가능한 한 모든 구성원들이 그러한 신념을 가질 수 있도록 해야 한다는 점이다.[74] 이러한 관점에서 볼 때,『법률』은 (앞의 장에서 해석되고 번역된 바와 같은) '수치-윤리'의 이론화된 형식을 담고 있으며, 그 안에서 공동체의 구성원들로 하여금, 전체로서 하나인 공동체가 그 구성원들로 하여금 법적인 속박이나 사회적 억압을 따르라고 하는 것이 아니라, 일련의 윤리적 신념들을 '내면화'하라고 장려하는 것이다.[75]

아리스토텔레스의『정치학』은 앞에서 그리스 정치적 사유의 특징이라고 했던 점, 즉 인간은 본성적으로 공동체에 참여함으로써 삶을 이루도록 되어 있으며, 공동체란 인간이 덕을 통해서 행복에 이를 수 있는 상황을 제공 및 보장하는 역할을 한다는 이념을 보다 분명히 드러낸다. 잘 알려져 있다시피 아리스토텔레스는 '인간이란 본성적으로 폴리스 안에서의 삶에 순응한다($φύσει\ πολιτικὸν\ ὁ\ ἄνθρωπος$)'*고 보며, 고로 폴리스를 인간의 삶을 완성시키기 위한 최선의 틀이자 구조라고 생각한다.[76] 폴리스란 그 안에서 (개인들이 서로 분리되어 파악되는) '사적인' 삶이 발생하는 하나의 제도적 틀일 뿐만 아니라, 동시에 덕을 갖추

---

* 아리스토텔레스『정치학』1권 1253a2-3에 등장하는 표현으로, 원문의 의미는 '인간은 정치적 동물로 타고난다'이다. '정치적'이라는 용어를 통해서 아리스토텔레스가 말하려는 바의 보다 구체적인 의미는 '한 공동체 안에서 상호간에 다양한 종류의 관계를 필연적으로 맺으며 사회 및 개체의 발전을 도모하는 시민으로서 사회적'이다. 여기서는 그리스어 원문에 대한 저자의 영어 번역 표현을 따라 옮겼다.

고 삶의 다양한 형태들에 참여함으로써 인간이 자신의 행복을 이상적으로 실현시킬 수 있는 맥락이기도 하다.[77] 이런 관점에서 볼 때, 아리스토텔레스를 '개인주의자'나 '집합주의자'가 아니라 (인간의 삶이란 본성적으로 삶의 다양한 형태들에 참여함으로써 발현된다고 하는) '참여[주의]자participant'로 이해하는 것이 가장 바람직하다.[78]

앞에서 제시된 정치적 이론의 세 형태에 따를 경우, 아리스토텔레스는, 플라톤처럼 변증에 기초한 앎을 가진 통치계급이 공동체의 한 부류가 되어야만 최선의 공동체가 이루어진다는 입장을 지지한다기보다는, 그것이 어떤 정치체제 구도를 가졌는지 그리고 그 안에서의 삶의 양식이 어떠한지에 따라 최선의 공동체를 규정한다.[79] 하지만 아리스토텔레스는 정치적 이론을 구성하는 변증적 탐구가 원칙적으로 정치적 구도들이 지향하는 궁극적인 목표에 대한 객관적 이해에 이르게 해줄 수 있다고 믿었으며, 아울러 정치적 이론이 단순히 설명적이거나 분석적일 것이 아니라 규범적이어야 한다고도* 생각했다.[80] 아리스토텔레스는 (『정치학』 3권 6-7장을 통해서) 삶에서 규준이 되는 정치체제 유형들을 논할 뿐만이 아니라, 통치자들이 자신들의 관심사에 따라 통치하는 경우나 그들이 전체로서의 공동체에 대한 관심사에 따라 통치하는 경우에 따라, 정치체제 유형들의 옳은 형태와 옳지 않은 형태를 구분한다. 또한 아리스토텔레스는, '정의'의 의미가 각각 다른 종류의 정치체제에서 다

---

* 정치 이론이 설명적이거나 분석적이지 않되 규범적이어야 한다는 아리스토텔레스의 주장은, 어떤 정치 이론이 현재 주어진 상황적 조건에서 벌어지고 있는 정치적이고 사회적인 사안들을 처리하는 데 단순히 그와 같은 조건과 사안이 어떠한 방식에서 이해되고 처리되어야 하는지를 설명하거나 살펴보는 수준에서 머무를 것이 아니라, 어떤 상황이나 조건에서든 특정 사안은 정확하고 올바르게 규정된 규범에 따라 실천되어야 한다는 점을 의미한다.

른 방식으로 이해되어왔다는 점을 지적하는 동시에 객관적으로 '정의로운' 형태의 통치기구를 규정할 수 있다고 믿으면서, 그러한 통치기구 안에서 통치에 참여하는 일이란 곧 그 일과 관련된 자의 덕에 부응하는 것이라고 강조한다.[81] 이런 까닭에 아리스토텔레스는 당시 그리스 세계에서 이미 실행되고 있던 정치체제들의 기본적인 유형들이 아니라, 그와 같은 종류의 객관적인 '정의'를 그 안에서 구현할 수 있는 조직만이 진정한 의미에서 유일한 '정치체제'라고 규정한다. 비록 어떤 종류의 정치체제 유형에서든 정의가 어느 정도 선에서 구현될 수는 있으나, (『정치학』 4권 6-7장에서) 아리스토텔레스는 이 정의가 '절제 있는' 혹은 상호간에 충돌 없이 모든 구성원들이 한데 잘 '섞여 있는' 정치체제 안에서, 다시 말해 '중장보병 민주정' 혹은 '온건 과두정moderate oligarchy' 안에서 가장 제대로 구현된다고 주장한다. 이와 같은 아리스토텔레스의 생각은 『법률』를 통해서 제안되는 플라톤의 생각과 닮아 있다.[82] 실제로 몇몇 방식에서 아리스토텔레스가 『정치학』을 통해서 플라톤의 『법률』에서 제시되는 유형의 유토피아 즉 이상적인 공동체를 다소 온화한 형식으로 제안하고 있다고 볼 수도 있다. 그럼에도 불구하고 두 사상가 모두로부터 유추할 수 있는 최선의 정치체제란 곧 가능한 한 최고의 수준에서 인간 행복에 대한 이해를 구현하여 이를 공동체 안에서의 삶을 통해서 그리고 통치기구의 형태를 통해서 최상으로 실현시키는 정치체제라는 점은 분명하다. 다만 아리스토텔레스는 덕스러운 공동체의 기능이 교육뿐만 아니라 예술까지 동반하는 삶을 통해서* 윤리적 신념들과 감정적

---

* 예술에 대한 플라톤의 부정적인 자세와는 달리, 아리스토텔레스는 『시학』을 통해서 예술, 특히 공포와 연민이라는 감정적 반응을 적극적이면서도 적절하게 자극함으로써 부정한 신념들을 정화하여 씻어내고 옳고 건전한 윤리적 신념들을 갖추도록 도움을 주는 비극이 지닌 교육적이며 사회적인 순기능을 강조한다.

반응들을 전체로 확장시킨다고 여긴다는 점에서 플라톤과 차이를 보일 뿐이다.[83]

공동체가 이런 식으로 덕의 개념을 확장시키는 것이 올바르다고 여기는 아리스토텔레스의 견해는 현대의 학자들에게 일종의 곤혹감이나 불쾌감을 불러일으키기도 한다. 왜냐하면 그들은 현대의 민주적 사회에서 중요한 이념, 즉 자유를 기본으로 하는 입장에서 공동체의 문제를 다루기 때문이다.[84] 이와 더불어, 관습과 전통 안에서 이해되고 있는 노예와 여성들의 특징을 비판적으로 지적하는 플라톤과는 달리, 아리스토텔레스는 ('본성'에 대한 자신의 생각을 드러내는 가운데) 공동체 문화권 안에서 노예와 여성들이 당연히 본성상 종속되어야 한다는 점을 이론적으로 정당화하는 데에 열의를 보이기 때문에, 아리스토텔레스의 정치 이론은 다시 비판을 받는다. 그러나 엄밀히 말해서 후자의 비판은 아리스토텔레스의 보다 일반적인 사상적 특징, 즉 그의 목적론적 혹은 '형이상학적 생물학metaphysical biology'의 견해를 반영하는 것이라고 할 수 있으며, 몇몇의 최근 연구들은 본성에 따른 통치를 강조하는 아리스토텔레스의 견해를 이와 같은 사상적 특징에 비추어볼 경우 다소 더욱 수용할 만한 견해라고 (혹은 보다 현명한 견해라고) 제안하기도 한다.[85]

오랜 시간에 걸쳐 이루어진 편집본 및 번역본 구성 작업들 덕분에 (특히 최근에 이루어진 유용한 부가적 해석들과 함께) 이제는 어렵지 않게 플라톤의 『정치가』와 『법률』 그리고 아리스토텔레스의 『정치학』에 접근할 수 있게 되었다.[86] 반면 스토아 학파나 에피쿠로스 학파에 대한 사료적 증거들은 (헬레니즘 철학의 다른 철학자들의 경우에서도 마찬가지로) 여전히 대체로 간접적이고 파편적이어서, 그들의 정치적 사유를 추적하여 해명하는 일은 용이하지 않은 실정이다. 그럼에도 불구하고, 헬

레니즘 철학에 대한 관심의 팽창은 이 주제와 관련한 그들의 입장에도 주의를 기울일 것을 촉구해왔다.[87]

'현자들의 [도시 혹은] 공동체'라는 이념에 중점을 두는 스토아 학파의 사상과 관련하여, 적어도 두 가지 주요 사상적 가닥을 발견할 수 있다. 다소 더욱 급진적이라고 할 수 있는 첫째 가닥은 기원전 4세기 말 스토아 학파의 창시자인 제논(이 썼다고 알려지고 있으나 현재는 소실되어 전해지지 않는 그)의『국가』를 통해서 유추할 수 있다. 제논의『국가』는, 마치 플라톤의『국가』와 같이 (특히 5권에서의 논의와 같이),* 부인들의 공동 소유 및 근친과 같은 일종의 '본성상' 확실히 비-규준적인 사회적 일들을 옹호하는 작품이다.[88] 이 작품의 정확한 목표가 한 국가로 하여금 이상적인 공동체가 되도록 하기 위한 일종의 유토피아 프로그램인지 아니면 일반적인 정치적 이상들을 극화된 방식에서 표현하려던 것이었는지 확실하지는 않다. 그럼에도 이 작품의 핵심 주장은 덕을 갖추거나 현명한 자들 사이에서만 존재할 수 있는 종류의 공동체만이 유일하게 참된 공동체이며, 따라서 (지혜를 갖추지 못하여 현명하지 못한 채 단순히 사회적이고 정치적이기만 한 집단인) 관습적이고 전통

---

* 플라톤은 변증적 앎에 기초하여 절대적이자 참된 선(善: 좋음)을 깨달은 철학자(통치자) 계급과 두려워해야 할 것들과 두려워하지 말아야 할 것들에 대한 옳은 소신을 가지고 보전하여 국방에 투신하는 군인 계급이, 개인적인 사리사욕에 물들지 않도록 하기 위해서 사유재산이나 가정을 가져서는 안 되며, 따라서 그들은 계급 간의 재생산활동을 통해서 후대를 낳아야 하며, 태어난 아이들은 모두 국가가 회수하여 양육해야 한다고 논한다. 가정이 허락되지는 않되 재생산활동을 계급 안에서 이루어야 한다는 이 논의는 역설적으로 배우자를 공유하고 아울러 근친까지 허용한다고 이해되기도 한다. 그러나 플라톤이 중점을 두는 바는 통치 및 방호, 즉 수호를 위한 본성을 최대한 그 자체로 유지하고자 노력해야 한다는 뜻이기 때문에, (쾌락으로의 지향이나 종교적 신념 혹은 무분별한 사적 소유의 개념에서 이해되는) 현대적 의미에서의 부인의 공동 소유나 근친 개념과는 완전히 다르다. 더불어 플라톤에게는 부인의 공동 소유라는 것이 곧 (여성 철학자–통치자들의 입장에서 볼 경우) 남편의 공동 소유와 같다.

적인 공동체는 참된 의미의 공동체가 되지 못한다는 것으로 보인다.[89] (비록 전적으로 명백하지는 않으나, 완전한 지혜 혹은 덕을 성취하기 위해서 필요한 전제조건이란 다름 아닌 윤리에 대한 철학적 이해이자 스토아 학파가 '본성적' 혹은 '자연적'이라는 말로 뜻하려는 바라고 할 수 있다.)[90]

다소 보다 관습적이며 전통적이라고 할 수 있는 둘째 가닥은, 예컨대 키케로의 작품을 통해서, 특히 그가 (자신의 『의무론』에서 그러는 것처럼) 파나이티오스의 작품을 차용할 때, 두드러지게 나타난다. 첫 번째 가닥과는 대조적으로, 여기서는 관습적이고 전통적인 국가의 사회적이고 정치적 구조가 사람들로 하여금 완전한 덕이나 지혜를 향해 나아갈 수 있도록 해주는 수단인 '적합한 행위(카테콘타kathēkonta)'를 실천할 수 있는 틀을 형성한다고 가정한다.[91] 파나이티오스가 보여주는 사유의 특징은 인간의 개인적 특성이나 성품에 따라 파악되는 네 가지 페르소나persona(역할, 성격)에 대한 이론으로, 여기에는 특정 인물들이 자신들의 재능이나 관심에 적합한 것들에 비추어 스스로의 삶을 형성해야 한다는 생각이 담겨 있다. 그렇다고 해서, 설령 이를 공동적인 (그리고 관습적인) 틀이라는 맥락에 맞추어 고려하더라도, 마치 니체나 사르트르와 같은 현대 사상가들의 주장처럼, 그러한 생각이 더욱 급진적인 윤리적 개인주의로 반드시 귀결되어야 하는 것은 아니다.[92] 스토아 학파의 사유가 제시하는 (그리고 헬레니즘과 로마의 작품들에서도 발견할 수 있는) 이와 같은 가닥에서는, '현자들의 공동체'나 '신들과 인간들의 도시'와 같은 이념들이 ('신적인' 이념, 혹은 '합리적' 이념 및 '법률'과 함께) 규범적 이념들로 상징된다. 그리고 그와 같은 이념들은, 제논의 주장처럼 관습적인 삶을 마땅히 거부해야 할 사상적 토대로 역할을 한다기보다는,

오히려 관습적이고 전통적인 국가 안에서 윤리적 삶이 성립할 수 있도록 해주는 (객관적이면서 궁극적인) 체제를 제공한다고 할 수 있다.[93] 결국 스토아 학파의 다소 급진적이라고 할 수 있는 가닥과 다소 관습적이라고 할 수 있는 가닥 모두로부터, 타인을 이롭게 하는 일의 동기가 가족, 동료, 도시를 넘어 모든 인간에게로 펼쳐 나아가야 한다는 이념을 유추할 수 있다. 이 이념은 더욱 급진적인 가닥에서 관습적인 사회 정치적 구조에 대한 부정을 형성하는 반면, 더욱 관습적인 가닥의 측면에서 타인을-이롭게-하는 (혹은 상호적으로 이로움을 도모하는) 행위를 고려하는 규준으로서의 규범적 이념 또는 그러한 규범의 범위를 나타내고 있는 것이다.[94]

분명히 에피쿠로스 학파는 공동적 삶에 그와 같은 중요성을 부과하지 않고 있으며, 그래서 종종 급진적인 개인주의자이자 이기주의자로 여겨져왔다. 그러나 (세들리와 함께) 롱은 에피쿠로스 학파의 사회철학 혹은 정치철학을 가늠할 수 있는 두 가지의 주요 이해방식을 강조한다. 그 가운데 하나는, 에피쿠로스 학파가 (비-에피쿠로스적인) 관습적 사회에서 통용되는 정의의 본성을 사람들로 하여금 질서 잡힌 공동체 안에서 살아갈 수 있도록 해주는 일종의 '사회 계약social contract' 또는 '공리에 대한 보증guarantee of utility'으로 여긴다는 점이다.[95] (인류 문명 발전의 세 단계에 대한 루크레티우스의 논의가 바로 이러한 점을 반영하고 있다.[96]) 이해방식의 또다른 하나는, (에피쿠로스 자신의 정원 안에 구성된 것과도 같은 그러한) 공동체 안에서는, 즉 모든 구성원들이 에피쿠로스의 윤리 규준에 입각하여 살아가는 공동체 안에서는, 그른 행실을 예방하기 위한 법률이 전혀 요구되지 않는다는 점이다. 왜냐하면 그러한 공동체는 '모든 것이 정의와 상호적 우애로 가득 차 있을 것이고, 도시의 방벽이나 법률은 필요하지 않을 것'[97]이기 때문이다. 이는 곧 쾌락의 본성에 대한 적절한 이해가 쾌락을 야기할 것이며, 그래서 신체적 요구를 충족시키는 일보다는 스스로에 대한 절제(소프로쉬네[sōphrosunē])의 덕을 실현시키는 데에 더욱 매진할 수 있게 될 것이라는 주장이다.[98] 앞에서 언급했던 바와 같이, 우애에 대한 (그리고 덕에 대한) 에피쿠로스 학파의 논의가 가진 중요성은 그들이 이에 대한 (철학적으로 확립된) 에피쿠로스적 규준을 가졌다는 점이며, 이를 그들의 정의에 대한 이론에도 유사하게 적용시킬 수 있다는 점이다.[99] 이런 측면에서, 마치 스토아 학파가 유지했던 두 가닥 가운데 더욱 급진적인 가닥과 유사하게, 에피쿠로스 학파에게서도 역시 최고로 좋은 종류의 공동체란 (혹은 유일하게 참된 종류의 공동체란) 철학적으로 확립된 이해와 인식에 달려 있다고 할 수 있다.[100] 이와 같은 견해의 선상에서 볼 경우 에피쿠로스 학파가, 다른 그리스 사상가들의 입장과 많은 차이를 보인다고 해석되어왔던 실정과는 달리, (관습적인 사회 안에서의 공동적 삶에 대한 토대에 대해서뿐만 아니라) 이상적인 공동체의 토대에 대한 자신들의 긍정적인 이론들을 제공하고 있다는 것을 볼 수 있다. 그리고 바로 이러한 측면에서 에피쿠로스 학파는 실상 다른 사상가들과 크게 다르지 않다고 할 수 있다.

— 주 —

1) 예를 들면, 아리스토텔레스의 『정치학』은 그의 윤리학에 대한 저술들에 비해서 최근까지도 상대적으로 덜 논의되어왔다. 그의 윤리학적 저술들에 대해서는 제 III장의 미주 45-51 그리고 72-81과 관련된 본문을, 그리고 『정치학』에 대한 최근의 연구와 관련해서는 이하 미주 76-85에서 언급되는 연구 결과들을 참조. 다만 예외적으로 인정할 수 있는 경우는 (아래의 미주 53에서 다루듯이) 포퍼의 저술로 인해서 야기된 전후 논쟁이다. 그리스의 정치철학 일반에 대한 유용한 입문서로는

C. J. Rowe & M. Schofield (edd.), *Cambridge History of Greek and Roman Political Thought* (Cambridge, 2000)가 있다.

2) 이에 대해서는 S. Lukes, *Individualism* (Oxford, 1973); A. MacIntyre, *After Virtue* (London, 1985², 『덕의 상실』) 1-9장; C. Taylor, *Sources of the Self: The Making of the Modern Identity* (Cambridge, 1989) 등 참조. 이와 부분적으로 유사한, 즉 단일론적 자아-인식으로서의 '나', 다시 말해서 데카르트식의 자아[ego]가 심리론에서 근본이 된다고 하면서 '자아'에 대한 일련의 사유를 형성키는 데에 도움을 준다고 하는 입장과 관련해서는 이 책 제 II장의 미주 7 및 10과 관련된 본문 참조.

3) 예를 들면, 플라톤의 『국가』가 정치적 이론을 담은 작업으로 간주되어야 하는지를 따져보는 논쟁과 관련하여 아래의 미주 53-54와 관련된 본문 참조.

4) 이러한 입장의 발전된 논의로는 M. Carrithers, S. Collins & S. Lukes (edd.), *The Category of the Person* (Cambridge, 1985) 217-213쪽에 실린 M. Hollis, "Of Mask and Men" 참조.

5) 이는 단지 플라톤의 『국가』나 『법률』에서만 (특히 『법률』의 2권에서만) 드러나는 것이 아니라, 아리스토텔레스의 『정치학』(1권 7-8장)에서도 특징적으로 볼 수 있다. 특히 아리스토텔레스의 『니코마코스 윤리학』 8권 9-11장과 『에우데모스 윤리학』 7권 9-10장에서 논의되는 '정치적' 요소들은 '우애(필리아[philia])'라는 주제 아래에서 다루어진다. 이에 대해서는 G. Patzig (ed.), *Aristoteles: Politik, Akten des XI Symposium Aristotelicum* (Göttingen, 1990) 221-242쪽에 실린 J. Cooper, "Political Animals and Civic Friendship"과 이에 대한 안나스의 주해 참조.

6) C. Gill, N. Postletwaite & R. Seaford (edd.), *Reciprocity in Ancient Greece* (Oxford, 1998) 199-226쪽, 227-254쪽에 실린 G. Herman, "Reciprocity, Altruism, and Exploitation: the Special Case of Classical Athens", P. Millett, "The Rhetoric of Reciprocity" 참조. G. Hermann, *Ritualised Friendship and the Greek City* (Cambridge, 1987) 역시 고대 그리스의 여러 도시국가들의 구성원들이 상호간 사회적이고 경제적 유대로 맺어져 있다는 점을 논한다.

7) 이에 관련된 정치적 요인들은 구(舊) 소련 공산주의의 붕괴뿐만 아니라, 1980년대 미국과 영국의 보수정권에서의 '소비자로서의' 개인주의[consumer individualism]에 맞선 반발까지 함의한다. '공동사회주의[communitarianism]'에 대해서는 A. Etzioni, *The Spirit of Community: Rights, Responsibilities and the Communitarian Agenda* (New York, 1994); *A Responsive Agenda* (New York, 1991) 참조. 자신의 『덕의 상실(*After Virtue*)』과 그 외의 저작들에서 매킨타이어 역시 이러한 사유 방식의 중요한 영향력을 논한다.

8) 아리스토텔레스에 대한 현대적 응답의 유사한 제안으로는 옥스퍼드 대학교 세계 고전 총서 시리즈 가운데 하나로 출판된 어니스트 바커의 『정치학』 번역에 실린

리처드 스탈리의 서문 및 서론을 참조.

9) 정치학이 (예컨대) 한 개인의 성적(性的) '정체성'에 기초해야 한다는 생각에 초점을 맞추는 현대의 '정체성-정치학[identity-politics]'은 아마도 그리스 사상의 이러한 특징에 유사하다고 할 수 있겠다. 그럼에도 불구하고 그리스의 사상은 이러한 특징을 (보통 폴리스로 규정되는) 공동체 전체의 의미와 결합하고 있으며, 그로 말미암아 다양한 종류의 관계들이 발생할 수 있는 장을 마련해주었다. 이에 대해서는 이후의 미주 64를 참조.

10) 아래의 미주 43-45와 관련된 본문 참조.

11) 이 세 형태들은 이 책 제 III장의 미주 38과 관련된 본문에서 강조되었던 윤리적 사유에 대한 두 형식의 구분과 부분적으로 맞닿아 있다. 아래의 미주 51-52와 관련된 본문 역시 참조.

12) A. Parry, "The Language of Achilles", *TAPA* 87 (1956), 1-7쪽. 핵심적으로 관련이 되는 아킬레우스의 연설 부분은 『일리아스』 9권의 337행부터 387행까지이다.

13) 패리의 제안에 반대하는 입장과 관련해서, M. D. Reeve, "The Language of Achilles", *CQ* NS 23 (1973), 193-195쪽. D. B. Claus, "*Aidos* in the Language of Achilles", *TAPA* 105 (1975), 12-28쪽 등 참조. J. M. Redfield, *Nature and Culture in the* Iliad: *The Tragedy of Hector* (Chicago, 1975) 103-108쪽 또한 참조. 특히 레드필드는 105쪽에서 그 연설이 아킬레우스의 전사의 역할로부터의 소외감을 나타내기는 하나, 이는 소외감의 본성이나 전사 역할에 대한 다른 종류의 (널리 체계화된) 이해에 기인하고 있다고 논한다.

14) R. Martin, *The Language of Heroes: Speech and Performance in the* Iliad (Ithaca, 1989), 160쪽 이하. 마틴은 그 연설의 대부분이 아킬레우스가 자신이 '설득되지 않았음'을 분명히 드러내는 까닭들을 중심으로 이루어졌다고 논한다. 이와 관련해서는 『일리아스』 9권의 315, 345, 376, 386행과 마틴의 책 202-203쪽 참조.

15) 호메로스 시대의 윤리관에 기인한 '일반화된' 상보성과 그 외 다른 형태의 상보성에 대해서는 이 책 제 III장 미주 14와 관련된 본문 참조.

16) 『일리아스』 9권의 316-320, 337-339, 그리고 401-409행을 특히 참조.

17) R. A. S. Seaford, *Reciprocity and Ritual: Homer and Tragedy in the Developing City-State* (Oxford, 1994) 65-73쪽, 특히 69-70쪽 참조. 거기서 그는 친족을 살해하는 에피소드가 상보성에 위기를 초래하나 의식을 함께 치르면서 해소된다고 해석한다.

18) 이와 같은 해석은 『일리아스』 9권 378-387행 그리고 388-397행에서 보이는 아킬레우스의 아가멤논 선물에 대한 거부와 315-343행 특히 334-341행에서 보이는 아킬레우스의 불평을 연결해서 이해하고자 하는 전제에 따른다고 할 수 있다. 아울러 315, 345, 375-376, 그리고 386행에서 반복적으로 제시되듯이 '설득되지

않았음'을 강조하는 일은 (위의 미주 14에서 논했듯이) 아킬레우스 입장을 드러내는 논변이 가진 체계를 뒷받침하고 있다.

19) 『일리아스』 9권의 378-400행, 특히 391-392행을 참조. 또한 아가멤논은 사과하려고 자신이 직접 아킬레우스를 찾은 것도 아닐뿐더러 (게다가 그 사과라는 것이 9권 115-120행을 보면 알 수 있듯이, 오뒷세우스에게 떠넘긴 것이기 때문에, 실상 아가멤논 자신의 사과도 아니며), (아킬레우스가 바랐을) 간청을 하지도 않는다. (『일리아스』 9권 641-642행에서 그려지고 있듯이) 그 대신에 아가멤논은 단지 자신의 대리인으로 아킬레우스의 친구들(필로이^{philoi})을 그에게 보낼 뿐이다. 이와 같은 아가메논의 자세와 관련하여, W. Donlan, "Duelling with Gifts in the *Iliad*: As the Audience Saw It", *Colby Quarterly* 29 (1993), 155-172쪽 참조. 아울러, 아가멤논이 간청을 하지 않는다는 점에 대해서는 M. Edwards, *Homer: Poet of the* Iliad (Baltimore, 1987) 233-234쪽; A. Thornton, *Homer's* Iliad: *Its Composition and the Motif of Supplication* (Göttingen, 1984) 126-127쪽; O. Tsagarakis, "The Achaean Embassy and the Wrath of Achilles", *Hermes* 99, 1971, 257-77쪽, 특히 259-263쪽 참조.

20) 데이비드 클라우스가 "*Aidos* in the Language of Achilles"에서 지적하듯이, '바람^{wishing}'의 뜻과 강제를 하지 않음의 뜻을 강조하는 것에 주목할 것.

21) 『일리아스』 9권의 370-372행과 417-420행은 아가멤논이 상보성 절차를 수행하는 데에 실패했기 때문에 그가 단지 아킬레우스뿐만이 아니라 실로 다른 그 누구와도 상호적 동료애를 나눌 올바른 대상이 되지 못한다는 점을 함의하고 있다.

22) 포이닉스의 연설(9권 618-619행)에 대한, 그리고 아이아스의 연설(『일리아스』 9권 650-655행)에 대한, 아울러 파트로클로스의 연설(16권 64-100행)에 대한 일종의 대답으로, 9권 357-363행에서 아킬레우스가 자신의 결정을 번복하고 있다는 점이 바로 이에 대한 분명한 표식이라고 할 수 있다. 즉 아킬레우스는 자신이 아가멤논과는 더 이상 동료애적 상보성의 형식을 유지할 수 없으나, 다른 자들과는 그것을 유지하는 것이 가능하다는 바를 말하고 있다.

23) 메데이아가 저지른 유아 살해 역시 결국에는 이와 같은 윤리관을 강조하는 본보기 자세로 이해해야 한다는 점과 관련해서, 이 책 제 II장 미주 25와 관련된 본문 참조. 이와 함께 C. Gill, *Personality in Greek Epic, Tragedy, and Philosophy* 2.4-8, 특히 2.8 참조.

24) M. W. Blundell, *Helping Friends and Harming Enemies: A Study in Sophocles and Greek Ethics* (Cambridge, 1989) 84쪽; R. P. Winnington-Ingram, *Sophocles: An Interpretation* (Cambridge, 1980) 47쪽의 각주 109 및 41쪽 참조. 이와 함께 B. M. W. Knox, *Word and Action* (Baltimore, 1979) 12-14쪽과 20-23쪽을, 그리고 위와 같은 영웅주의의 모습에 대해서는 B. M. W. Knox, *The Heroic Temper*:

Studies in Sophoclean Tragedy (Berkeley, 1965) 1장, 특히 18-24쪽 참조.

25) (니체나 사르트르가 제시하는 바와 같은) 급진적 개인주의에 대해서는 위의 미주 2에서 언급되는 연구서들, 특히 매킨타이어와 테일러의 연구들을 참조.

26) 위의 미주 24에서 언급된 연구들을 참조. 녹스(와 다소간 수정된 방식에서 블런델) 또한 아이아스의 자세를 (수치와 명예를 중시하는 윤리관인) 고대적 윤리 형태의 한 표현이자, 121-126행과 1332-1334행에 등장하는 오뒷세우스의 더욱 협력적인 그리고 (어떤 면에서는) 보다 '발전된' 윤리적 자세로 인해서 그 의미와 범위가 명확히 강조되는 한정된 표현으로 보고 있다.

27) 소포클레스의 『아이아스』 442-449행. 아킬레우스의 무구를 물려받은 오뒷세우스조차 이를 인정하면서, (1340-1341행에서) 아이아스를 '아킬레우스 이후……아르카이아인들 가운데 최고'라고 묘사한다. 아이아스의 용맹함에 대한 테우세르의 설명(1266-1287행) 역시 참고할 것. 특히 그는 (1267행에서) 아이아스가 특별한 호의(카리스^{charis})를 받아 마땅하다고 주장한다.

28) 아킬레우스처럼 아이아스도 그리스의 지도자들에 대한 아트레우스 아들들의 처신이 동료애적 행실에 대한 일종의 모욕이라는 점을 강조하고 있는 것이라고 이해될 수 있다. 위의 미주 21-23과 관련된 본문 및 미주 21 참조.

29) 소포클레스의 『아이아스』 457-480행 참조. 아이아스는 자신의 고귀함을 그의 아버지인 탈레몬에게 증명해야 하는데, 이는 탈레몬이 아이아스의 일종의 '내면화된 타자$^{internalized\ other}$'로서의 역할하고 있음을 보여준다. 이에 대해서는 『아이아스』 462-465행, B. Williams, *Shame and Necessity* (Berkley, 1993) 73-75, 84-85쪽, 그리고 이 책 제 III장 미주 24에 관련된 본문 참조. 아이아스 본인이 자신의 정당한 분노의 대상이라고 간주하는 아트레우스의 아들들과 오뒷세우스에게도 그러한 자세가 취해져야 함은 물론이다.

30) 『아이아스』 485-524행, 특히 522-524행을 참조. 그곳에서 테크멧사는 호의가 상보적인 호의를 받을 가치가 있다고 호소한다.

31) 이와 관련해서는 B. M. W. Knox, *Word and Action* 135-144쪽; R. P. Winnington-Ingram, *Sophocles* 54-55쪽; M. W. Blundell, *Helping Friends and Harming Enemies* 84-85쪽 참조. 그 연설이 지닌 수수께끼와도 같은 성격을 신비적 종교와 연관 지으면서 이와는 다른 방식에서 설명하고자 하는 시도로 R. Seaford, "Sophocles and the Mysteries", *Hermes* 122 (1994), 275-288쪽, 특히 282-284쪽 참조.

32) 『아이아스』 1067-1069, 1087-1088행, 그리고 1250-1254행에서 볼 수 있듯이, 아이아스에 대한 (오뒷세우스가 아니라) 아트레우스 아들들의 자세는 아이아스가 스스로 목숨을 끊는 것 대신에 살기로 마음을 바꾸었을 경우 무엇이 그의 삶을 따라다니게 될지에 대한 이해를 여실히 보여준다. 일반적인 표현방식을 따를 경우,

따라야 할 대상은 지도자이고 숭배해야 할 대상은 신들이다. 그렇기 때문에, 이처럼 일반적인 표현방식에 완전히 반하는 식으로 표현된 666-668행의 구절('신들을 따르되 아트레우스의 아들들을 숭배하다')은 분명히 의도적으로 구성된 것이라고 할 수 있다. 소포클레스의 『아이아스』에서 소프로네인sōphronein(스스로 절제하는 일)이 가진 중요성에 대해서는, S. Goldhill, *Reading Greek Tragedy* (Cambridge, 1986) 193-197쪽 및 위의 미주 27-29와 관련된 본문 참조.

33) 이와 관련하여 C. Gill, *Personality* 3.4 참조.

34) 특히 그레고리 블라스토스는 *Socrates: Ironist and Moral Philosopher* (Cambridge, 1991) 2-3장에서 플라톤의 초기 대화편들이 역사적 소크라테스의 모습을 그리고 있다고 강하게 주장한다. 특히 플라톤의 『소크라테스의 변론』에 주목하며, 브릭하우스와 스미스는 *Socrates on Trial* (Princeton, 1989)에서, 리브는 *Socrates in the Apology* (Indianapolis, 1989)에서 유사한 주장을 한다. 이들과 더불어, R. Kraut (ed.), *The Cambridge Companion in Plato* (Cambridge, 1992) 121-169쪽에 실린 T. Penner, "Socrates and the Early Dialogues" 역시 참조.

35) 아리스토파네스의 『구름』에서 역사적 소크라테스의 모습을 찾으려는 시도는, 비록 드물지만, E. A. Havelock, "The Socratic Self as it is Parodied in Aristophanes Clouds", *Yale Classical Studies* 22 (1972), 1-18쪽에서 발견할 수 있다. 소크라테스와 관련된 문제들의 역사성과 이를 규정하는 일의 근본적인 어려움들에 대해서는 W. K. C. Guthrie, *A History of Greek Philosophy* (Cambridge, 1971) (이하 편의상 *HGP*로 약칭) 3권 12장이 여전히 유용한 정보로 사용될 수 있다.

36) 고대의 소크라테스 수용사와 관련하여 A. A. Long, "Socrates in Hellenistic Philosophy", *CQ* NS 38 (1988), 150-171쪽 참조.

37) 이러한 이해로 인해서 브릭하우스와 스미스는 *Socrates on Trial*의 3.3 특히 143-149쪽에서 상충적인 모습이란 실상 보이는 것보다 훨씬 덜 중요하다고 간주한다.

38) 이와 관련하여 G. Vlastos (ed.), *The Philosophy of Socrates* (Garden City, 1971) 299-318쪽에 실린 A. D. Woozely, "Socrates on Disobeying the Law"와 그의 독립 연구서인 *Law and Obedience: The Argument of Plato's Crito* (Chapel Hill, 1979) 참조. '시민 불복종'이 그리스의 문화에서 개념적으로 성립 가능한지에 대한 질문이 바로 이와 같은 논쟁의 한 부분을 형성한다고 할 수 있다. '시민 불복종'에 대한 또다른 사례로 소포클레스의 『안티고네』 450-470행에 등장하는 안티고네의 모습을 들 수 있다. 그녀는 참주 크레온의 법과도 같은 명령에 맞서서 자신의 오빠인 폴리네이케스를 그녀 손으로 직접 묻는다. 이를 '본보기 자세'의 맥락에서 이해하기 위해서, 위의 미주 29와 관련된 본문 참조.

39) 플라톤의 『크리톤』 51b9-c1을, 그리고 51b3-4, 51e6-52a2에서의 '설득 혹은

복종' 부분 참조. 크라우트의 제안과 관련해서는 R. Kraut, *Socrates and the State* (Princeton, 1984) 3장 참조.

40) 플라톤의 대화-형식이 지닌 기능 및 이것이 어떤 확고한 입론을 전하는지 아니면 제안하고 있는지, 그도 아니라면 함축적으로 장려하고 있는지, 더 나아가 변증적 논변이 계속하여 진행 중에 있는지에 대한 논의의 문제가 이와 관련하여 제기될 수 있다. 이에 대해서는 C. L. Griswold (ed.), *Platonic Writings, Platonic Readings* (London, 1988) 143-167쪽에 실린 그리스볼트 자신의 "Plato's Meta-philosophy: Why Plato Wrote Dialogues"; J. C. Klagge & N. D. Smith (edd.), *Methods of Interpreting Plato and his Dialogues*, *OSAP* supp. Vol. (Oxford, 1992), 201-219쪽에 실린 M. Frede, "Plato's Arguments and the Dialogue Form"; C. Gill & M. M. McCabe (edd.), *Form and Argument in Late Plato* (Oxford, 1996)에 실린 C. Gill, "Afterword: Dialectic and the Dialogue Form in Late Plato" 참조. 플라톤 저작의 시기와 연대기에 대해서는 이후 제 V장의 미주 44 참조.

41) 예를 들면, 블라스토스는 *Socrates* 6장에서 『소크라테스의 변론』 21b와 28e를 가리키며 소크라테스의 '신성한' 임무의 범위가 신탁에 대한 반성적인 응답에 달려 있다고 강조한다.

42) 플라톤의 묘사 안에서 소크라테스는 종종 주요한 시 작품들에서 그러하듯이 강렬한 영웅의 모습을 영속적으로 유지하는 식으로 그려진다. 예컨대 『소크라테스의 변론』 28c-d에서의 소크라테스는 파트로클로스의 죽음에 복수를 하기 위해서 자신의 죽음도 기꺼워하는 아킬레우스의 모습(『일리아스』 18권 98-126행)을 암시하기도 한다.

43) 이와 같은 요구는 아테네의 법률이 시민으로 하여금 '정의의 본성에 따라' 설득할 수 있다는 점을 용인한다는 데에 함의되고 있다. 『크리톤』의 51b-c와 위의 미주 39에 관련된 본문 참조할 것. 스넬 역시 개인적으로 추론할 줄 아는 능력과 보편적 원칙들에 대한 호소가 결합되어야 한다고 강조한다. 이에 대해서는 B. Snell, *Discovery of the Mind* (New York, 1960, 『정신의 발견』) 182-190쪽 참조. 아울러 이 책 제 III장 미주 5-6에 관련된 본문 역시 참조.

44) 소크라테스의 '역설'이란 원칙적으로 덕은 하나라는 것, 덕은 앎이라는 것, 그리고 누구도 기꺼이 잘못을 지향하거나 행하지 않는다는 것을 가리킨다. 이에 대한 구체적인 논의로, G. X. Santas, *Socrates* (London, 1979)를 참조. 아울러 G. Vlastos, *Socrates* 3-5쪽 역시 참조. 참된 결론에 다다랐다는 소크라테스 주장의 사례들은 『고르기아스』 473b와 479e 등에서 발견할 수 있다. 이 문제에 대한 블라스토스의 최종 입장에 대해서는 M. Burnyeat (ed.), *Socratic Studies* (Cambridge, 1994)의 1-2장에 실린 논의를 참조.

45) C. Kahn, "Drama and Dialectic in Plato's *Gorgias*", *OSAP* 1 (1983), 75-122쪽

참조. 블라스토스의 해석 입장에 따르면서 플라톤의 대화 형식에 대한 전면적인 연구로는 W. T. Schmid, *On Manly Courage: A Study of Plato's* Laches (Carbondale, Illinois, 1992)를 들 수 있다.

46) R. Kraut, "Comments on Vlastos' 'The Socratic Elenchus'", *OSAP* 1 (1983), 59-70 쪽; J. Lesher, "Socrates' Disavowal of Knowledge", *Journal of the History of Philosophy* 15 (1987), 275-288쪽, 그리고 소크라테스에 대한 블라스토스의 연구와 관련한 크라우트의 연구서평(*Philosophical Review*, 1992) 353-358쪽과 리브의 연구서평(*Polis* 11, 1992) 72-82쪽 참조.

47) 프로타고라스의 이와 같은 주장에 대해서는 『프로타고라스』의 322d-326e를 참조. '내면화'라는 용어를 프로타고라스가 직접 사용한 것은 아니나, 325c-326e에 걸쳐 제시되는 프로타고라스의 입장에는 잘 부합한다. ('내면화'와 관련해서는 이 책 제 III장 미주 24와 관련한 본문 참조.)

48) T. Irwin, *Classical Thought* (Oxford, 1989) 61쪽 참조. 그곳에서 그는 『프로타고라스』의 325c-326e 부분을 『테아이테토스』의 167c와 172a-b 부분과 연결하여 논하고 있다. G. B. Kerferd, *Sophistic Movement* (Cambridge, 1981, 『소피스트 운동』) 또한 참조. 그 책 130쪽에서 커퍼드는 프로타고라스의 주장이 이와 같은 맥락에서의 상대주의적 입장을 담지한다는 데에 회의를 표한다. 프로타고라스의 상대주의에 대한 일반적인 논의들로는 W. K. C. Guthrie, *HGP* 3권 170-175쪽; G. B. Kerferd, *Sophistic Movement*(『소피스트 운동』) 85-93쪽 등을 참조. 플라톤이 『테아이테토스』에서 이 논의와 연계하여 제안한 상대주의 해석으로부터 프로타고라스의 상대주의 입장을 풀어내는 데에서의 어려움과 관련해서는 M. J. Levett (tr.) & M. Burnyeat (introd.), *The* Theaetetus *of Plato* (Indianapolis, 1990) 7-19쪽 참조.

49) 아리스토텔레스에 대해서는 아래의 미주 76-85와 관련된 본문 참조. 그리고 그리스의 정치적 이론 일반에 대한 연구로는, E. Barker, *The Political Thought of Plato and Aristotle* (London, 1906: 재인쇄, 1959); T. A. Sinclair, *A History of Greek Political Thought* (London, 1951, 1967²); C. J. Rowe & M. Schofield (edd.), *Cambridge History of Greek and Roman Political Thought* (Cambridge, 2000) 참조.

50) 특히 이 점은 플라톤의 『국가』, 아리스토텔레스 그리고 스토아 학파에게 그렇다. 이에 대해서는 J. Annas, *The Morality of Happiness* (Oxford, 1993) 15장, 18-21장과 (이들과는 다소 다른 입장을 보이는 에피쿠로스 학파에 대한 논의를 포함한) 16장을 참조. 이와 함께 이 책 제 III장 미주 35, 45-58과 관련한 본문 역시 참조.

51) 위의 미주 46-48에 관련된 본문 참조.

52) 위의 미주 11에 관련된 본문 참조.

53) K. Popper, *The Open Society and Its Enemies* (전체 2권, London, 1945, 1966⁵);
R. B. Levinson, *In Defense of Plato* (Cambridge, Mass., 1953); R. H. S. Crossman,
Plato Today (London, 1963); J. R. Bambrough (ed.), *Plato, Popper and Politics*
(Cambridge, 1967) 참조.

54) N. H. Dent, "Moral Autonomy in the Republic", *Polis* 9 (1990), 52-77쪽 참조.
『국가』의 윤리적이고 정치적 범주들에 대한 설명을 시도하는 해석으로는, H.
North (ed.), *Interpretation of Plato*, Mnemnysne supp. 50권 (Leiden, 1977) 1-40쪽에
실린 G. Vlastos, "The Theory of Social Justice in the Polis in Plato's Republic";
A. Loizou & H. Lesser (edd.), *Polis and Politicus: Essays in Greek Moral and
Political Philosophy* (Aldershot, 1990) 111-127쪽에 실린 N. H. Dent, "Plato and
Social Justice" 참조.

55) 『국가』의 이와 같은 특징적인 논변방식에 대해서는, J. Annas, *Introduction to
Plato's* Republic (Oxford, 1981), 특히 3-6장; C. D. C. Reeve, *Philosopher-King:
The Argument of Plato's* Republic (Princeton, 1988), 특히 1, 3, 4장; R. Kraut (ed.),
Cambridge Companion to Plato 311-337쪽에 실린 크라우트 자신의 "The Defense
of Justice in Plato's *Republic*" 참조.

56) '이성에-따라-다스려지는' 프쉬케(영혼)와 폴리스(나라)에 대한 플라톤의 입장에
대해서는 『국가』 427d-434d, 441c-444e, 그리고 589c-592b 참조. 여기서 '이성'이
의미하는 바를 이해하는 두 방식과 관련해서는, T. Irwin, *Plato's Ethics* (Oxford,
1995) 13, 15, 17장과 C. Gill, *Personality* 4장 참조. 그리고 그리스 사유에서 (복합
적인) '이성'의 의미와 관련해서는 이 책 제 II장 미주 29-31에 관련된 본문 참조.

57) 이 책 제 III장 미주 67-71과 관련된 본문 참조.

58) 이와 같은 상호적인 의존성이 결여된 까닭으로 '철학적 본성'을 갖춘 자들이
그른 종류의 공동체적 맥락에서 타락하는 계기에 대해서는 『국가』의 490e-498c
를, 그리고 올바른 종류의 공동체에서 양육되고 발전되는 건전한 특성의 기반을
미리 갖추지 못한 상태에서 변증이 교육되고 사용될 경우 발생할 수 있는 위험성에
대해서는 537d-539d를 참조. 이와 함께 『국가』의 413c-414b, 503a-e; 그리고 C.
Gill, "Plato and Education Character", *AGP* 67 (1985), 1-26쪽 역시 참조.

59) 『국가』 400d-402c와 498e-502e, 특히 498e, 500d-501b 참조.

60) 따라서 (이와 같은 교육과정을 받아본 적이 없기 때문에) 소크라테스는, 『국가』
506c-e에서 그리고 519b-521b에서, 이 교육의 궁극적 목표라고 할 수 있는 좋음의
이데아와 관련하여 자신이 '앎이 아니라 신념'에 대해서 논한다고 분명히 한다.
이에 대해서, C. Gill & T. P. Wiseman (edd.), *Lies and Fiction in the Ancient
World* (Exeter, 1993) 38-87쪽에 실린 C. Gill, "Plato on Falsehood—not Fiction",
특히 61쪽 참조. 이와 더불어 T. Irwin, *Plato's Ethics*, 273쪽 역시 참조. 『국가』

496b-497a는 이러한 일반적인 원칙에 대한 예측 가능한 논변을 제공하기도 한다.

61) 『국가』의 498e-499d, 540d-541a, 592a-b에서, 그리고 이와 더불어 위의 미주 58-60에서 언급되는 『국가』 출처 부분들에서 이러한 문제가 함의되어 있다고 볼 수 있다.

62) J. Lear, "In and Out of the *Republic*", *Phronesis* 38 (1992), 184-215쪽; C. D. C. Reeve, *Philosopher-Kings*, 특히 2장과 5장은 이 문제를 지적하나 다른 방식에서 다루기도 한다.

63) (『국가』 5권을 통해서 유추할 수 있는) 이상적인 국가에서의 여성의 역할에 대한 플라톤의 입장에 대해서, J. Annas, *Introduction to Plato's Republic*, 181-185쪽 및 188-189쪽에 거론된 연구자료들, 그리고 S. M. Okin, *Women in Western Political Thought* (Princeton, 1979) 참조. 고대 사회에서 여성들이 가진 일반적인 역할에 대한 최근의 연구와 관련해서는 E. Fantham, H. P. Foley, N. B. Kampen, S. B. Pomeroy & H. A. Shapiro (edd.), *Women in the Classical World* (Oxford, 1995) 참조.

64) '공동체'에 대한 그리스의 사유와 현대적 사유 사이의 연관성에 대해서는 위의 미주 7을 참조. 물론 (예컨대) 성(性)^{gender}에 대한 그리스의 사유는 현대의 '성-정치학 $^{gender-politics}$'이나 '정체성-정치학 $^{identity-politics}$'과는 구분된다. 오히려 그리스의 사상가들은 그러한 것들을 공동체 안에서의 좋은 삶이라고 하는 보다 광범위한 맥락 안에서 인간 삶에 마땅히 자리해야 하는 것들로 보았을 뿐, 공동체 안에서 하나의 특정 집단이나 시각만을 위한 논의를 하지는 않았다.

65) (배아와 관련해서는) 『법률』의 775, 788-790, (잔치와 관련해서는) 637-650, (종교적인 의식활동에 대해서는) 772, 그리고 (윤리적 자세를 형성하는 데에 여성이 도움을 준다는 점과 관련해서는) 781, 784a-c, 808a 참조. 『법률』에 대한 일반적인 해석으로는 펭귄 고전 총서 시리즈에서 출판한 T. J. Saunders, *Plato: The Laws* (Harmondsworth, 1970) 및 T. J. Saunders, *Plato's Penal Code: Tradition, Controversy, and Reform in Greek Penology* (Oxford, 1991) 2부; R. F. Stalley, *Introduction to Plato's Laws* (Oxford, 1983); G. Morrow, *Plato's Cretan City: A Historical Interpretation of the Laws* (Princeton, 1960) 참조. 이와 더불어 아래의 미주 74와 관련된 본문 역시 참조.

66) 『법률』의 739와 『국가』의 462-466을 대조해서 볼 것. 덕을 실현시키는 방향으로 공동체를 이끌어 나가야 한다는 논의와 관련해서는 『법률』의 643a-644b, 716-717, 732e-734e, 964c-965a를 참조. 『국가』와 『법률』 사이의 관계에 대해서는 아래의 미주 74를 참조.

67) (후기 입장에 대해서도 마찬가지이나, 무엇보다도) 초기 그리스의 정치 이론에 대한 이해를 위해서는, D. Kagan, *The Great Dialogue: History of Greek Political*

Thought from Homer to Polybius (New York, 1965) 참조.

68) 위의 미주 54-56에 관련된 본문 참조. 그렇기 때문에 『국가』의 이상적인 사회에서 세 번째 계급이 지녀야 할 윤리적이고 정치적인 상태에 대한 정확한 견해를 밝히는 일은 어려운 일이다. 이와 관련해서는 E. N. Lee, A. P. D. Mourelatos & R. M. Rorty (edd.), *Exegesis and Argument* (Assen, 1973) 196-206쪽에 실린 B. Williams, "The Analogy of City and Soul in Plato's *Republic*", 특히 『국가』의 정치 이론에 대한 그의 (비판적인) 논조 참조.

69) 『정치가』 291d-311c, 특히 293c-e, 297b-c, 300a-d, 309a-d 그리고 310e-311c 참조. 이와 더불어 C. J. Rowe (ed.), *Reading the* Statesman: *Proceedings of the III Symposium Platonicum* (St. Augustin, 1995) 276-291쪽에 실린 M. Lane, "A New Angle on Utopia: The Political Theory of the *Statesman*", 292-305쪽에 실린 C. Gill, "Rethinking Constitutionalism in *Statesman* 291-303"; C. Gill & M. M. McCabe (edd.), *Form and Argument in Late Plato*(Oxford, 1996) 153-178쪽에 실린 C. J. Rowe, "*Politicus*: Structure and Form" 참조. 『정치가』가 이보다 훨씬 더욱 강한 의미에서 '입헌주의적constitutionalist' 노선을 띤다는 해석에 대해서는 G. Klosko, *The Development of Plato's Political Theory* (New York, 1986) 194쪽 참조.

70) 『법률』의 735-768과 960-968 참조. 『티마이오스』 21-26과 『크라틸로스』 109-112의 아틀란티스 신화에서 묘사되는 이상적인 아테네의 정치체제와 마찬가지로, 여기서 제안되는 '중무장 보병으로 구성된 민주사회'라는 정치체제는 페르시아와의 전쟁 이전에 있었던 솔론 방식의 '온건한moderate' 민주주의의 한 이상적인 형태로 이해할 수 있다. 아틀란티스 신화에서 유추할 수 있는 정치적 함의들에 대해서는 C. Gill, "The Genre of the Atlantis Story", *Classical Philology* 72 (1977), 287-304쪽, 특히 294-298쪽과 P. Vidal-Naquet, "Athènes et Atlantis", *Revue des Étues Greques* 77 (1964), 420-444쪽 참조.

71) 위의 미주 65-66과 아래의 미주 74-75 및 이에 관련된 본문 참조.

72) 위의 미주 57-62와 관련된 본문 참조. '이성'에 대한 규범적 의미와 관련해서는 이 책 제 II장의 미주 29-31과 관련된 본문 참조.

73) 위의 미주 69에서 언급한 텍스트 출처 및 관련 연구자료들을 참조. 이와 함께 J. P. Anton & A. Preus (edd.), *Essays in Ancient Greek Philosophy* 3권 (Albany, NY, 1989) 141-167쪽에 실린 G. L. Griswold, "*Politikē Epistēmē* in Plato's *Statesman*" 역시 참조.

74) 『법률』의 718-723, 809-812, 890, 899d-900b, 964b-965a 등의 부분들을 참조할 것. 이와 더불어 A. Laks, "Legislation and Demiurgy: on the Relationship between Plato's *Republic* and *Laws*", *Classical Antiquity* 9 (1990), 209-229쪽; C. Bobonich, "Persuasion, Compulsion and Freedom in Plato's *Laws*," *CQ* NS 41 (1991), 365-388

쪽과 C. Gill & M. M. McCabe (edd.), *Form and Argument in Late Plato* (Oxford, 1996) 249-282쪽의 "Reading the *Laws*" 참조. 플라톤의 정치적 사유에서『법률』의 위치에 대한 논의로는 R. Kraut (ed.), *Cambridge Companion to Plato* 464-492쪽에 실린 T. J. Saunders, "Plato's Later Political Thought" 참조.

75) 이 책 제 III장의 미주 22-25와 관련된 본문 참조.

76)『니코마코스 윤리학』1권 7장, 특히 1097b11과『정치학』1권 2장, 특히 1252b29-1253a5 참조. 이와 더불어 D. Keyt & F. Miller (edd.), *A Companion to Aristotle's Politics* (Oxford, 1991) 94-117쪽에 실린 W. Kullmann, "Man as Political Animal in Aristotle" 참조.

77) 그렇기 때문에 아리스토텔레스는『정치학』3권 9장, 특히 1280b8-12에서 뤼코프론이 제안하는 (단순히 '정당한 요구를 담보하는' 수준의) '최소 국가[minimalist state]'를 거부한다. 아울러 아리스토텔레스는 ('원하는 대로 산다'라는 의미에서의) 자유를 최고의 좋음으로서 그려내는 정치체제인 민주주의에도 다소 유보적인 모습을 보인다. 이와 관련해서는『정치학』5권 9장, 특히 1310a28-38, 그리고 6권 2장, 특히 1317b11 참조. 이와 더불어 인간의 행복과 공동체 사이의 연결에 대해서는『정치학』3권 4장과 7권 1-3장을 볼 것.

78)『정치학』1권 2장 1253a18-23과 같은 부분들로 인해서, 아리스토텔레스는 종종 단순히 개인을 '유기적인[organic]' 사회의 한 부분으로만 본다고, (즉, 포퍼가『열린 사회와 그 적들』2권 초반부에서 지적하고 있다시피, 국가와 개인 사이의 관계에 대해서 '전체주의적[totalitarian]' 관점을 고수한다고) 간주된다. 그러나 아리스토텔레스의 정치적 노선을 이처럼 해석하는 일은 분명히 그리스의 사유방식에 맞지 않는 일이다. 이 점에 대해서는 위의 1절 참조.

79) (이 책 제 III장의 미주 72-81과 관련된 본문에서 다루었듯이) 실천적인 지혜나 이론적인 지혜가 인간의 행복을 형성하는 데에 최상의 가능성을 구성하는지를 다루는『니코마코스 윤리학』10권 7-8장의 핵심 논의는 다시 그의『정치학』7권 2장, 특히 1324a23-1324b2에서 언급된다. 이와 관련하여 D. Keyt & F. Miller (edd.), *A Companion to Aristotle's Politics* 346-380쪽에 실린 D. J. Depew, "Politics, Music and Contemplation in Aristotle's Ideal State" 참조. 그러나 여전히 아리스토텔레스는 통치의 능력이 변증에 기초한 앎에 달려 있다고 규정하지 않고 있다.

80) D. Keyt & F. Miller (edd.), *A Companion to Aristotle's Politics* 57-74쪽에 실린 C. J. Rowe, "Aims and Methods in Aristotle's Politics"; T. Irwin, *Aristotle's First Principles* (Oxford, 1990) 352-355쪽 및 466-448쪽 참조. 아리스토텔레스 정치 이론에 대한 보다 일반적인 논의로는 R. G. Mulgan, *Aristotle's Political Theory* (Oxford, 1977) 참조.

81)『정치학』3권 9-13장을 참조. 이와 함께 M. von Leyden, *Aristotle on Equality and Justice: His Political Argument* (London, 1985); D. Keyt & F. Miller (edd.), *A Companion to Aristotle's Politics* 279-306쪽에 실린 F. Miller, "Aristotle on Natural Law and Justice"; G. Patzig (ed.), *Aristotle Politik* 153-176쪽에 실린 M. C. Nussbaum, "Nature, Function and Capability: Aristotle on Political Distribution" 참조.

82) 위의 미주 70과 관련된 본문 참조. 『정치학』과 『법률』 모두에서 선호되고 있는 '섞여 있는(혼합된)' 정치체제(혼합정)에 대해서는, K. von Fritz, *The Theory of the Mixed Constitution in Antiquity* (New York, 1954) 참조.

83) 『정치학』 7-8권, 특히 7권의 1-3장 및 17장과 8권의 1장 및 5장을 볼 것. 아리스토텔레스는 2권 6장에서 플라톤의 『정치학』을 논하기도 한다.

84) 가령 테런스 어윈은 *Aristotle's First Principles* 416-423쪽에서 아리스토텔레스와 현대 학자들 사이의 이러한 괴리를 지적한다.

85) 『정치학』 1권 4-6장과 12-13장 참조. 플라톤의 『국가』에서 다루어지는 본성에 따른 통치에 대해서는, 위의 미주 63에 관련된 본문 참조. 이와 함께, J. Barnes, M. Schofield & R. Sorabji (edd.), *Articles on Aristotle*, vol. 2: *Ethics and Politics* (London, 1977) 135-139쪽에 실린 W. W. Fortenbaugh, "Aristotle on Slaves and Women"; F. D. Miller, *Nature, Justice, and Rights in Aristotle's Politics* (Oxford, 1995) 역시 참조. 아리스토텔레스의 목적론적 입장에 대해서는, 이 책 제 V장의 미주 8-11 그리고 60-72와 관련된 본문을 볼 것.

86) 간략한 소개 및 주해를 포함한 아리스토텔레스의 『정치학』에 대한 기본적인 세 최근 번역본들로는 케임브리지의 정치 사유사 고전 총서의 일환으로 이루어진 S. 에버슨의 번역(Cambridge, 1988), 펭귄 출판사의 고전 총서 시리즈에서 나온 T. J. 손더스의 번역(Harmondsworth, 1981), 그리고 옥스퍼드의 세계 고전 총서 시리즈에서 나온 R. F. 스탈리의 번역(Oxford, 1995)이 있다. 플라톤의 『법률』 및 『정치가』에 대한 번역본들로는 T. J. Saunders, *Plato's Laws* (Harmondsworth, 1970), C. J. Rowe, *Plato: Statesman* (Warminster, 1995), J. Annas & R. Waterfield, *Plato: Statesman* (Cambridge, 1995) 등 참조.

87) 앤서니 롱과 데이비드 세들리가 번역하고 주해 및 주석 그리고 서지 목록을 포함하여 2권으로 출간한 *The Hellenistic Philosophers* (Cambridge, 1987 = LS)는 헬레니즘 철학을 이해하는 데에 근본적인 도움을 준다. 에피쿠로스 학파와 스토아 학파의 사회 및 정치적 사상에 대해서는, 그 책의 22절과 67절을 참조. 이와 함께, A. Laks & M. Schofield (edd.), *Justice and Generosity: Studies in Hellenistic Social and Political Philosophy* (Cambridge, 1995) 역시 참조.

88) LS 67A-E를 (그리고 크뤼십포스에 대한 F-G 역시) 참조. 플라톤과 관련해서는 위의 미주 63 참조. 이는 다소 스토아주의의 견유학파적 측면을 보여주기도 한다.

견유학파주의와 스토아주의에 대해서는 J. Rist, *Stoic Philosophy* (Cambridge, 1969) 4장을, 그리고 견유학파주의 일반에 대해서는 D. R. Dudley, *A History of Cynicism* (London, 1937); A. J. Malherbe (ed.), *The Cynic Epistles: A study Edition* (Missoula, Montana, 1977) 참조.

89) LS 67A(1)과 B(4)를 특히 참조. 이와 더불어, M. Schofield, *The Stoic Idea of the City* (Cambridge, 1991) 1-2장과 이에 대한 안나스의 서평(*Polis* 11, 1992) 95-101쪽. 그리고 A. Erskine, *The Hellenistic Stoa: Political Thought and Action* (London, 1990) 참조.

90) 스토아 학파에서 '자연' 혹은 '본성'이 뜻하는 바에 대해서는 이후 제 V장의 미주 74-85와 관련된 본문 참조.

91) 스토아 윤리학의 '적합한 행위' 혹은 '적절한 기능proper function'에 대해서는 LS 59; A. A. Long (ed.), *Problems in Stoicism* (London, 1971) 150-172쪽에 실린 I. G. Kidd, "Stoic Intermediates and the End for Man" 참조.

92) 키케로의 『의무론』 1-2, 특히 1. 107-121 참조. 이에 대한 권장할 만한 번역으로는 케임브리지의 정치 사유사 연구의 일환으로 출간된 M. T. 그리핀과 E. M. 앳킨스의 번역본(Cambridge, 1991)을 들 수 있다. 관련 논의로는 P. H. De Lacy, "The four Stoic *Personae*", *Illinois Classical Studies* 2 (1977), 163-172쪽; A. A. Long, "Greek Ethics After MacIntyre and the Stoic Community of Reason", *Ancient Philosophy* 3 (1983), 174-199쪽; C. Gill, "Personhood and Personality: the Four-*Personae* Theory in Cicero, *De Officiis* 1", *OSAP* 7 (1988), 169-199쪽 참조. 헬레니즘 및 로마 작품들 전반에 걸쳐 유사한 논의를 제안하는 연구로는 W. Haase & H. Temporini (edd.), *Aufstieg und Niedergang der römischen Welt* II.36.7 (Berlin, 1994) 4599-4640쪽에 실린 C. Gill, "Peace of Mind and Being Yourself: Panaetius to Plutarch" 참조. 현대적 개인주의의 급진적 유형들에 대해서는 위의 미주 2 참조.

93) LS K-L, R-S; M. Schofield, *Stoic Idea of the City* 3-4장; G. Striker, "The Origins of Natural Law", *Proceedings of the Boston Area Colloquium in Ancient Philosophy* 2 (1986), 79-94쪽 참조.

94) LS 67 A(1), B(3), (그리고 키케로의 『최고선에 관하여』 3.6-68에 해당하는) 57 F와 57 G 참조. 이 이념을 관계에 대한 더욱 관습적인 유형과 결합시키려는 키케로의 논의와 관련해서는 『의무론』 1.50-60 참조. 관련 논의로는 J. Annas, *Morality of Happiness* (Oxford, 1995) 262-276쪽 참조. 스토아 학파가 주장하는 '타인을 이롭게 하는 행위를 위해 개념적으로 정당화된 동기'가 (앞의 제 III장에서 논했던 바와 같은) 단순한 이타주의가 아니라, 당시 그리스에서 전형적으로 이루어져오던 '상호적 이득 행위에 대한 정당성'으로부터 얼마큼이나 새로운 변화인지에 대한 논의로는, C. Gill, N. Postletwaite & R. Seaford (edd.), *Reciprocity in Ancient Greece*

(Oxford, 1998) 303-328쪽에 실린 C. Gill, "Altruism or Reciprocity in Greek Ethical Philosophy?" 참조.

95) LS 22 A-B, M을 참조. 이에 대한 까닭으로 에피쿠로스는 이러한 유형의 정의가 각각 다른 사회에서 각 사회에 요구되는 필요에 따라 다른 형태를 취하며, 따라서 관습적이고 전통적인 사회에서는 사람들이 법을 따르도록 유도하기 위해서 처벌에 대한 두려움이 필요하다고 강조한다. 앤서니 롱과 데이비드 세들리는 LS 1권 134-137쪽에서 이런 입장의 정의를 일종의 '사회 계약'으로 이해하는 기원전 5-4세기의 견해와 연결시키고 있다. 이와 더불어, H. Flashar & O. Gigon (edd.), *Aspect de la philosophie hellénistique, Fondation Hardt, Entretiens sur l'antiquité classique*, vol. 32 (Vandoeuvres-Geneva, 1986) 283-324쪽에 실린 A. A. Long, "Pleasure and Social Utility—the Virtues of Being Epicurean"; J. Annas, *Morality of Happiness* (Oxford, 1995) 293-302쪽 참조.

96) 인류 문명의 단계란, (1) 언어와 사회 이전의 단계, (2) 언어 이전의 가족 및 이웃 간 동맹체, 그리고 (3) 가치 있는 것들에 대한 옳지 못한 신념이나 믿음으로 인해서 촉발되는 상호적 폭력을 예방하려고 형성된 사회 및 정치적 체제를 가리킨다. 이에 대해서는 루크레티우스의 『사물의 본성에 대하여』 5장, 특히 925-938과 953-961, 그리고 1011-1027, 1105-1157 (= LS 22 J-L) 부분 참조. 이와 함께 J. Nichols, *Epicurean Political Philosophy: The* De Rerum Natura *of Lucretius* (Ithaca, 1976) 4장; C. P. Segal, *Lucretius on Death and Anxiety: Poetry and Philosophy in* De Rerum Natura (Princeton, 1990) 5장; M. Nussbaum, *The Therapy of Desire* (Princeton, 1994) 7장 참조.

97) LS 22 S, M(3-4), 그리고 1권의 136쪽 참조.

98) 키케로의 『최고선에 관하여』 1. 47과 LS 21 A-B, 특히 B(6) 그리고 H-I 참조. 이와 함께 P. Mitsis, *Epicurus' Ethical Theory* (Ithaca, 1988) 2장, 특히 74-76쪽 참조.

99) 앞의 제 III장 미주 56-58과 관련된 본문 참조.

100) 어쩌면 이는 스토아 학파보다는 오히려 에피쿠로스 학파와 관련하여 더욱 분명하다고 볼 수도 있다(스토아 학파와 관련해서는 위의 미주 88-90과 관련된 본문 참조). 학파 자체가 그 창시자인 에피쿠로스를 일종의 신과 유사하게 이해하여 '숭배하고' 에피쿠로스 사상의 '전도'를 적극적으로 시행했다는 점이 이러한 입장과 잘 연결될 수 있기 때문이다. 이에 대해서는 B. Frischer, *The Sculpted Word: Epicureanism and Philosophical recruitment in Ancient Greece* (Berkeley, 1982); M. Nussbaum, *Therapy of Desire* (Princeton, 1994) 4장 참조.

V

자연 혹은 본성의 규범[1]

1. 논점 : 자연 혹은 본성*과 윤리

이 장에서는 앞선 논의들에서 다룬 주제들로부터 이어져 나오는 물음 하나를 주제로 삼아 다루고자 한다. 시가(詩歌)의 형태로든 철학의 형태로든, 심리와 윤리 그리고 정치와 관련해서 객관적인 규범들을 논했던 그리스 사유의 다양한 방식들을 지금까지 살펴보았다.[2] 이는 다음과 같은 물음을 야기한다. 도대체 이러한 규범들을 위한 궁극적인 기반이란 무엇인가? 여기서는 이 물음에 대한 그리스 사상의 대답에, 그리고 이 대답과 관련한 그리스인들의 담론에 주목하고자 한다. 우선 간단히 말하면, 이 대답이란 심리적이자 윤리적이며 정치적인 삶을 위한 규범적인 기반이 어느 정도 '자연' 혹은 '본성' 안에 놓여 있다는 것이다. 플라톤과 아리스토텔레스 그리고 스토아 학파와 에피쿠로스 학파의 논의 안에서 이 대답의 다양한 유형들이 발견될 수 있다. 그들의 대답은 소크라테스 이전 철학자들의 주요 사상적 특징을 발전시켰을 뿐만 아니라, 자연 혹은 본성과 윤리 사이의 관계에 대한 기원전 5세기의 논쟁을 불러

* '자연' 혹은 '본성'이라는 표현과 관련하여 앞의 제 I장 서론 부분 17쪽의 각주 참조.

일으켰다고도 할 수 있다.

이 주제는 (앞에서 논의한 주제들과 관련된) 그리스의 윤리적 사유에서 '자연' 혹은 '본성'의 역할에 대한 논의뿐만 아니라, 이에 대한 관점에서 그리스적 사유와 현대의 사유가 어떤 관계를 맺고 있는지에 대한 논의도 더욱 촉발시켰다. 그렇기 때문에 이 주제와 관련된 이와 같은 논의는 서구 사상사의 보다 넓은 맥락에서 다루어질 필요가 있다. 중세에, 그리고 중세보다는 그 정도가 다소 덜 하기는 하나 르네상스와 그 이후 시대에도, 도덕은 세계에 (혹은 우주에) 대한 특정의 이해 개념을 강조하는 기독교적 정신에 기초하여 그 토대가 형성되었다. 르네상스 이후로 과학의 발전이 대두하자 이러한 개념은 종교적이고 도덕적인 이상들과 함께 위협을 받았다.[3] 계몽주의 시대에 이르러서는 도덕의 '자연성 naturalness'을 위한 주장들이 종교적 견해 및 용어들로부터 벗어나서 논해지기 시작했다. 예를 들면 칸트는 인간의 도덕적 응답을 위한 능력을 (자신을 위해서 제정된 보편적 법칙에 따라 실천되는 인간의 '자율성' 능력으로서) 이해하는 만큼, 이를 일종의 근본적 인간 능력으로 여긴다.[4] 20세기 초, 조지 에드워드 무어는 1903년에 출판한 자신의 저서 『윤리학 원리』 전반에 걸쳐 자연 혹은 본성에 대한 물음과 도덕에 관련된 물음은 기본적으로 서로 다른 범주의 탐구 영역에 속해야 한다고 강조한다. 그러면서 무어는, 이 물음들이 구분되지 않은 채 탐구가 이루어질 경우, 탐구의 형태가 어떻게 되든 여기에서는 '윤리적 자연주의ethical naturalism'가 잘못 이해되어, '—이다is'라는 개념을 '—해야 한다ought'라는 개념으로 오용하는 '자연주의적 오류naturalistic fallacy'가 발생하게 된다고 지적한다. 그러나 그 이후의 철학자들 모두가 이와 같은 견해에 동의했던 것은 아니다. (자신의 도덕적 성향이나 신념이 어떻든 상관없이) 도덕적으로 좋은 것이 합리적이라는 바를 누구에게나 증명하고자 하는 이론들이 많은 현대의 학자들에 의해서 시도되었다. 그러한 시도는 (정의가 최선의 방침이라는 바를 주장하는) '죄수의 딜레마prisoner's dilemma'나 '무지의 베일the veil of ignorance' 같은 가정의 방식에,* 혹은 인간 합리성에 대한 또는 인격적 정체성에 대한 참된 이해는 모든 이가 도덕적으로 선해야 할 이유를 가진다는 결론에 이르게 된다는 주장에 초점을 맞추었다.[5] 어쩌면 이러한 이론들은 도덕적 규범들이 인간에게 '자연적인' 즉 '본성적인' 바에 달려 있다고 하는 주장의 현대적 유형일지도 모른다.

비록 서로 부분적으로 다른 이유에 기인하기는 하나, 알래스데어 매킨타이어와 버나드 윌리엄스는 도덕이 자연적이라는 근대와 현대의 주장들에, 예컨대 칸트의 입장이나 존 롤즈 및 다른 근래의 입장들에 무척이나 회의적인 자세를 취한다.[6] 더군다나 윌리엄스는 정의가 행복을 구

---

* '죄수의 딜레마'는 경제학자인 메릴 플로드와 멜빈 드레셔의 연구에서 유래된 게임 이론에 대한 사고 실험의 모형으로서, 수학자인 앨버트 터커에 의해서 죄수의 딜레마라는 명칭을 얻게 되었다. 그 내용은, 상호간의 선의를 믿지 못하는 상태에서 자신에게 가장 유리한 조건을 선택하는 바람에 불리한 결과를 맞게 된다는 것이다. 예를 들면, 두 범죄자가 체포되어 각기 독방에서 수사를 받는 경우, 경찰이 그들에게 동일한 제안(둘 모두 묵비권을 행사하면 양쪽 모두 6개월 복역, 둘 모두 자백하면 양쪽 모두 2년 징역형, 한 쪽은 자백하고 다른 한 쪽은 묵비권을 행사하는 경우 자백한 자는 무죄처방을 받으나 묵비권을 행사한 자는 5년 징역형)을 했을 때, 두 범죄자 모두 묵비권을 행사하는 것이 가장 좋으나 서로를 신뢰하지 못해 둘 모두 자백을 하게 되는 결과가 이에 해당된다. 이러한 딜레마는 개인이 최대 이익을 추구할 때 사회 전체 역시도 최선의 결과를 얻는다는 스미스의 고전경제학에 대한 반증으로 사용되기도 한다. 수학자인 존 내시는 죄수의 딜레마와 같은 사태를 면하기 위해서 상호적 협력을 증대시키되 경쟁을 줄여야 한다고 하는 '내시 균형론Nash Equilibrium'을 제안하기도 했다. '무지의 베일'은 롤즈가 자신의 『정의론』을 통해서 제시한 개념으로서, 계약의 상황에서 합의 당사자들이 서로간의 능력, 재능, 심리상태, 가치관, 인종, 사회 및 경제적 지위, 계약의 결과 등 기본적으로 알고 있어야 할 바들에 대해서 무지한 상태에서 계약을 체결토록 했을 경우 가장 올바른 평등이 이루어진다는 원리이다. '죄수의 딜레마' 및 '무지의 베일'에 대한 논의와 관련해서는 아래의 미주 5를 참조할 것.

성한다는 바를 **누구에게나** (심지어 비–도덕주의자^{immoralist}인 트라쉬마코스에게까지) 증명하려던 플라톤의 시도에 대해서도 회의적이다.[7] 그러나 그들 모두 아리스토텔레스의 제안이 (특히 덕스러운 삶을 '인간의 기능$^{human\ function}$'으로 논하는 『니코마코스 윤리학』 1권 7장에서의 주장이) 도덕과 관련하여 자연 및 본성에 호소하는 것을 보다 신뢰할 만하게 그려낸다고 본다. 매킨타이어는 이러한 호소가 신뢰할 만하기에, 아리스토텔레스가 이해하고 있는 인간의 본성이 그가 제시하는 공동체 개념 안에 이미 담지되어 있다는 점을 파악해야 한다고 강조한다.[8] 그리고 윌리엄스는 인간의 본성에 기초한 도덕적 행위들의 종류가 이미 윤리적 주체 및 신념들에 부합해야 한다고 주장한다.[9] 그러나 매킨타이어와 윌리엄스는, 비록 아리스토텔레스의 이와 같은 생각을 그 당시의 맥락에서는 철학적으로 신뢰할 만하다고 간주하나, 다음의 두 가지 근본적인 이유로 인해서 현대를 살아가는 우리들에게 더 이상 가능하지 않다고 논한다. (1) 매킨타이어와 윌리엄스는 아리스토텔레스의 주장이 현대를 살아가는 우리들에겐 더 이상 가능하지 않아 보이는 과학적 관점과 도덕적 관점 사이의 일관성을 전제한다고 생각한다. 그들이 해석하고 있는 바처럼, 아리스토텔레스는 (서로 분리되는) 이러한 두 관점들 사이에 완전한 일관성이 있거나, 아니면 이런 관점들이 함께 하나의 단일한 세계관을 형성한다고 보았다.[10] (2) 그들은 그처럼 형성된 세계관이 이제는 우리가 수용할 수 없는 방식으로 통일되었다고 혹은 '조화롭다^{harmonious}'고 이해한다. 이러한 견해는 윌리엄스와 매킨타이어가 각각 남긴 다음과 같은 구절들 안에 잘 반영되어 있다.[11]

아리스토텔레스는 윤리적이며 문화적이고 실로 정치적인 삶의 특정한 종류를 인간 가능성이 구현할 수 있는 최고 수준의 조화로 보았으며, 자연에 대한 완전한 이해로부터 이를 되찾을 수 있다고 여겼다. 허나 우리는 그런 것을 믿을 아무런 이유가 없다.

이미 그 자체로 과학적 개념이지도 않고 형이상학적 개념이지도 않은 인간 삶에 대한 도덕적 개념이란 아리스토텔레스에게는 있지 않으며, 아울러 이미 그 자체로 도덕적 개념이지 않은 과학적 혹은 형이상학적 개념 역시 그에겐 있지 않다.

현대의 몇몇 논의들은 『니코마코스 윤리학』 1권 7장에서 인간의 본성에 대한 이념을 사용하는 아리스토텔레스의 입장과 관련된 윌리엄스와 매킨타이어의 해석이 특정 방식에서 수정될 필요가 있다고 논하며, 아울러 이는 이 주제에 대한 그리스적 사유와 현대적 사유 사이의 관계를 묻는 질문과 관련되어 있다고 주장한다. 이 주장에는 다음과 같은 두 입장이 놓여 있다. 첫째, 윤리 이론 안에서 '자연' 혹은 '본성'의 이념을 일종의 규범으로 보려는 그리스 사유 방식이 제안되고 있는데, 아리스토텔레스 그리고 적어도 스토아 학파가 이러한 제안의 움직임을 보이기 시작한다는 것이다. 이는 (윤리로부터 분리되어 이해되는) 과학적 설명에 호소함으로써 '바깥으로부터from outside' 윤리학을 지지하려는 시도가 아니다. 윌리엄스와 매킨타이어는 적어도 아리스토텔레스가 자신의 윤리적 이념들이 '과학적으로scientifically' 지지될 수 있다고 한 점을 누구에게나 증명하고자 하지 않았다는 점을 인정한다. 그러나 몇몇 학자들은 일부 그리스 사상가들에게는 자연이 지닌 윤리적 중요성을 적합하게 파악하는 일이 윤리적 성격의 발전과 자연적 세계에 대한 이해의 결합에 달려 있다고 보기 때문에 윤리와 과학의 결합이라는 이와 같은 점을 더욱 강조하고자 한다.[12] 둘째, 그리스 사상가들은 자신들의 윤리적-이자-과학적인ethical-*cum*-scientific 세계관이 필연적으로 윌리엄스가 제시하는 방식으로 단일화된다고 혹은 조화를 구현한다고 여기지 않는다는 점이다. 그러나 이로부터 귀결되는 요지는 (예컨대, 실천적 지혜에 대한 주장과 이론적 지혜에 대한 주장 사이의) 특정 종류의 내재적 상충의 문제를 포함하게 될 수도 있으며, 더 나아가 그리스의 관습적인 윤리적 행위들과도 상충하게 될지도 모른다.[13] 보다 일반적으로 말해서, 줄리아 안나스는 자신의 *Morality of Happiness*에서 이러한 형태의 그리스 사상이 현대 철학에서 소위 '윤리적 자연주의ethical naturalism'라고 이해되는 바와 무척이나 다르며, 따라서 그 의미는 (상대적으로 보다 복잡하기는 하겠으나) 아리스토텔레스와 헬레니즘 철학에서 이루어지는 자연 및 본성에 대한 이해의 맥락에서 파악되어야 한다고 주장한다.[14]

이 장에서는, 현대의 지성사적 그리고 학문적 논의의 배경으로부터 거리를 둔 채, 그리스 사상에서 도덕적 규범으로 자연 혹은 본성이 어떻게 논해지고 있는지를 다룬다. 특히 이 주제를 아리스토텔레스 및 헬레니즘 철학과 관련하여 고려하는 것뿐만이 아니라, 이에 선행하는 그리스 철학사와 관련지어서도 살피고자 한다. 그렇다면, 안나스가 아리스토텔레스와 스토아 학파로 귀속시킨 이 주제를 그들에 앞선 철학자들의 논의 안에서 얼마만큼이나 연관성 있게 발견할 수 있겠는가? 아리스토텔레스에 앞선 그리스 철학자들에게는 (윤리학이나 자연학 혹은 논리학과 같이) 확실히 구분되는 철학의 세부 분류들이 명시적이지 않다는 까닭에, 이를 발견하는 데에 분명한 어려움이 있다. 특히 소크라테스 이전 철학자들은 자연 및 본성에 대한 규범적 이념들과 혁신적 이념들 사이의 밀접한 관계를 서로 포함하는 방식에서 자신들의 이론을 구성하고 있다. 그렇기 때문에 본성과 자연에 대한 생각이 윤리 이론 안에서 규범으로 작용한다고 말하는 것은 적절하지 않다. 그럼에도 불구하고 자연과 본성에 대한 적합한 이해가 인간의 윤리적 혹은 심리적 발전에 얼마만큼이나 달려 있다고 그들이 생각하고 있는지, 아니면 어느 정도나 그것들이 서로 협조하는 관계에 놓여 있다고 생각하는지를 물을 수는 있다. 사실이는 소크라테스 이전 철학으로부터 헬레니즘 철학에 이르기까지 그리스 사상사에서 가장 관심을 받아온 주요 특징들 가운데 하나라고 할 수 있다. 그리고 바로 이런 점에서 모든 시대에 걸쳐 그리스의 사상가들은 윌리엄스와 매킨타이어가 비판하려고 하는 점, 즉 개인의 윤리적 성격을 고려하지 않은 채 도덕적으로 좋은 것이 이성적이라는 바를 누구에게나 입증하려고 했다는 점으로부터 자유로워질 수 있다.[15] 비록 이 주제에 대한 그리스의 사상과 현대적 사상 사이의 관계를 고찰하는 보다 넓은 맥락의 논의는 이 책이 초점을 맞추려는 범위를 넘어서겠으나, 그럼에도 불구하고 적어도 이에 대한 그리스 사상이 기대했던 것보다 더욱 신뢰할 만한 것으로서 우리에게 드러날 수 있기를 기대한다.

아울러 이 주제는 그리스의 종교 및 윤리와 관련해서도 고려될 필요가 있다. 현대 서구의 학자들이 이러한 문제를 기독교주의와 병행하여 논하는 실수를 저지르는 것을 종종 볼 수 있다. 앞에서 지적했듯이, 고대 이후 서구의 문화에서 도덕은 기독교적 세계관에 입각하여 이해되어 왔으며, 과학은 종종 이런 세계관을 그리고 이에 결합된 도덕을 위협한다고 간주되었다. 반면 그리스 문화에서 종교와 윤리 그리고 과학 사이의 관계는 이와 다른 양상을 띠며, 게다가 어떤 측면에서는 보다 더욱 복잡하다고 할 수 있다. 아울러 호메로스의 『일리아스』 이래로 그리스

극작품들, 특히 앗티카 비극작품들은 논란과 문제가 있어 보이는 그리스 신들의 윤리적 양상들을 줄곧 강조했다.[16] 따라서 그리스 사상에서 빈번하게 등장하는 문제들 가운데 하나는 (윤리적으로 문제가 있는) 시가(詩歌) 전통의 종교를 거부해야 하는지, 아니면 '신' 또는 '신성'을 윤리적으로 보다 수용할 만한 형태에서 재고해야 하는지에 관련되어 있다.[17] 세계에 대한 정통의 종교적 개념이 부재했기 때문에 그리스 사상가들은 자연적인 세계에 대한 자신들의 고유한 설명을 제시하는 데에 상대적으로 보다 자유로웠으며, 역할의 다양한 정도와 종류를 '신성'에 부과했다.[18] 자연적 세계에 대한 설명이 윤리적 중요성을 포함하는 한, 이와 같은 중요성은 신성의 역할과 (혹은 신성을 향한 인간의 소망과) 관련될 수도 혹은 관련되지 않을 수도 있다. 다시 말해서, '신', '자연' 혹은 '본성', 그리고 (그것들이 어떤 식으로 규정되든지 간에) 윤리적 규범들 사이의 관계에 대한 논의는 그 자체로 담론의 핵심 부분을 형성하는 논의였지, 종교적이고 도덕적인 세계관을 수용하느냐에 대한 (혹은 이에 의문을 제기하느냐에 대한) 문제가 아니었다.[19]

2. 소크라테스 이전 철학자들 그리고 기원전 5세기의 담론

소크라테스 이전의 철학자들이 관련 주제를 좇았다는 바를 분명히 밝히는 데에 어려움이 많다는 증거는 여럿이며, 그 가운데 (사유의 명확한 세부 분류들이 부재한다는) 하나의 증거는 이미 수차례 주목을 받아왔다.[20] 그럼에도 불구하고, 헤라클레이토스, 엠페도클레스 그리고 퓌타고라스에 대한 최근의 연구 결과들이 보여주듯이,[21] 이 주제에 대한 그들 사유의 특정 노선을 주어진 사료 안에서 확인하는 것이 전적으로 불가능하다고 할 필요는 없다. 이 철학자들은 ('이성'이나 '우애' 또는 '조화'와 같은) 규범적 이념들을 (그들이 이해하는 바에 따라) 우주 혹은 자연 및 인간의 심리적이고 사회적 행위에 동등하게 적용시켜야 한다고 보았다. 이와 더불어 그들은 자연에 대한 자신들의 설명이 곧 진리이며, 이를 이해함으로써 (그래서 이상의 규범적인 내용들을 인지함으로써) 인간의 심리적이거나 윤리적인 발전이 이루어진다고, 혹은 그와 같은 발전이 이에 달려 있다고 하는 점을 각기 다른 방식에서 제안하기도 했다. 예를 들면 헤라클레이토스는 로고스[logos](이성)를 여러 층위에서 작용하는 개념으로, 우주적 질서의 원리이자 상충하고 변화하는 모습으로 드러나는 세계의 기저에 놓인 합리성으로 여겨, 이를 그 자신이 전하려고 했던 철학적 메시지(이성적 논의)의 정수로 놓고 있다. 동시에 그의 로고스는 ('제우스'가 뜻하려는 바를 옳게 해석하여 드러낸다는 의미에서) '기꺼이 제우스의 이름으로 불리는 하나의 진정한 현자'를 의미하기도 한다. 그렇기 때문에 헤라클레이토스의 로고스를 적절하게 이해하기 위해서는 지성적으로 집중해야 할 뿐만 아니라, 그 기저에 놓인 코스모스[kosmos](우주, 세계, 질서)의 체계를 자신 안에서 되살리는 종류의 삶과 성격을 형성하는 일 역시 요구된다.[22] 이에 대해서 로즈메리 라이트는 다음과 같이 논한다.[23]

　　'가장 현명하며 최선인' '건조한' 영혼의 소유는 지속적으로 충동에 맞서 싸워 이김으로써 달성된 상태이며, 지성적 헌신에 의해서 강화된 상태이다. 이와 같은 '초-자각[super-awakeness]' 상태에서는 세계의 작용을 관장하는 숨겨진 하르모니아[harmonia](조화)에 대해서 인식하는 일이 가능해진다. 영혼의 자기-증대적[self-increasing] 로고스는 만물을 인도하는 '하나의 진정한 현자'와 교제를 이루며, 그 다음으로 지혜를 향한 영혼의 잠재성을 확대시킨다.

도발적이면서도 수수께끼 같은 헤라클레이토스의 표현은, 우주 및 자연에 대한 그 자신의 설명을 적절하게 이해하기 위해서는, 그리고 (그 로고스가) 구체화하는 규범들을 이해하기 위해서는, 숨겨진 진리를 찾고자 자연의 원리를 탐구해야 할 뿐만이 아니라 '자신 스스로를 탐구하는 일'이 요구된다는 바를 함축적으로 전하고 있다.[24]

대체적으로 이와 유사한 생각이 (≪자연에 대하여≫와 ≪정화≫라는) 두 시를 쓴 엠페도클레스에게서도 발견되며, 몇몇 학자들은 그 시들이 서로 밀접하게 연결되어 있다고 본다.[25] ≪자연에 대하여≫에서 엠페도클레스는 자연을 근본적인 두 원리인 사랑과 불화가 (흙, 공기, 불, 그리고 물이라는) 네 가지의 근본 요소들을 놓고 경쟁을 벌이는 상황으로 이해한다. 아울러 그는 사유가 이러한 요소들로 이루어진 가능한 한 최고의 종합적인 상태라고 표현하며, 가장 최고의 수준에서 사유는 신 또는 '성스러운 정신holy mind'으로 드러나고 완벽한 구면의 형태를 띤다고 논한다.[26] ≪정화≫에서도 유사한 생각들이 종교적이고 도덕적인 용어들을 통해서 표현된다. 엠페도클레스는 스스로를 (각 요소들이 서로 분리되는 과정과 연계된) 불화의 단계를 거쳐 이제는 '정화purification'에 이른 자로 그리고 있으며, 이 정화란 사랑의 작용을 통해서 네 요소들의 '신적인' 종합을 야기한 상태라고 논한다.[27] 아울러 그는 자신의 동료 시민들이 상호적 협력을 통해서 이와 유사한 상태에 이를 것을 ≪정화≫에서 촉구한다. 또 ≪자연에 대하여≫에서는 그 시를 듣는 대상인 파우사니아스로 하여금 '순수한 수련 안에서의 선한 의지'와 지적인 노고를 결합함으로써 그와 같이 정화의 상태에 이르도록 하라고 권고한다.[28] 헤라클레이토스에서와 마찬가지로, 엠페도클레스에게서도 세계의 본성에 대한 이해와 이의 윤리적 중요성에 대한 이해는 특정의 윤리적이자 인지적인 과정에 달려 있으며, 그 과정의 최종 결과는 자연적 질서에 대해서 인간이 취할 수 있는 최고로 가능한 ('신적인') 단계에 상응한다.

이들과 대부분의 다른 소크라테스 이전 철학자들에게, 보다 큰 공동체를 위한 그들 탐구의 주요 결과는 자신들 이념의 핵심을 전하고자 하는 시도였으며, 더불어 다른 이들 역시 (비록 전형적으로 불분명하고 형식에 얽매이지 않은 형태의 사유로 표현되기는 하나) 그들이 발견한 진리를 이해하라고 촉구하는 시도였다.[29] 반면 퓌타고라스는 기원전 6세기 후반경, 크로톤*에서 자신의 가르침에 기반한 공동체를 구성했고, 그 안에서 정치적 영향력을 펼쳤던 것으로 보인다. 퓌타고라스의 사유에서 '조화'의 이념은 (그의 복잡한 수-이론에 따라 해석될 수도 있는) 우주 원리의 중심이자 식습관과 일과생활 및 사회적 관계의 양식을 구축하는 윤리적 규범으로 역할을 한다. 비록 그러한 내용을 전하는 사료들이 정말로 신뢰할 만한지에 대해서 물음을 제기할 수 있기는 하나,[30] 그럼에도 불구하고 자연의 참된 '조화'에 대한 적절한 이해는 그것이 한 개인의 삶과 성격 안에서 실현되어야 한다는 입장과 연결되어 있다는 주장과, 바로 그러한 방식을 통해서 가능한 한 최선의 자연적 상태를 구성하는 '신성'을 획득할 수 있다고 하는 주장만큼은 그 사료들로부터 발견할 수 있다.[31]

---

* 크로톤은 이탈리아 남부 칼라브리아 지역에 속한 도시로, 기원전 710년 아르카이아의 식민지로 건설되었다. 약 기원전 570년경에 태어난 것으로 알려진 퓌타고라스는 원래 그리스의 사모스 출신이나, 이를 떠나 이집트와 그리스 일대를 (그리고 아마도 인도나 혹은 인도 문화의 영향을 받은 지역을) 방문한 뒤 기원전 520년경에 다시 사모스로 돌아왔다가, 약 기원전 530년경 크로톤으로 옮겨가 학파를 세웠다고 전해진다.

소크라테스 이전 철학자들이 윤리적 규범들에 대한 철학적 함의들과 자연에 대한 탐구를 체계적인 방식에서 논했다는 것을 직접적으로 드러내줄 문헌적 지표를 그들과 관련한 사료들 안에서 발견할 수는 없다.[32] 그럼에도 불구하고 소크라테스와 소피스트들 그리고 기원전 5세기 후반과 4세기 초반의 아테네 사상가들의 담론 안에서 퓌시스^{phusis}(자연, 본성)와 노모스^{nomos}(법률, 관습, 혹은 (습성으로서의) 윤리) 사이의 관계에 대한 물음들이 특정 부분을 차지하고 있었다는 것은 분명하다.[33] 반면 아낙사고라스와 같은 자연철학자들과 관련하여, 비록 그들이 그 당시 활발하게 활동했고 이 주제에 대한 논의에 무척이나 고무되어 있기는 했으나, 그들이 전개하는 논의의 과정이 여기서 (즉 미주 21-31과 관련된 본문에서) 논의되는 사유의 노선을 명백하게 따지고 있었다는 것을 분명히 해줄 지표는 없는 실정이다.

연구자들이 통상적으로 규정하고 있는 바와 같이, 그들의 논의가 취한 기본적인 입장은 다음과 같다.[34] (안티폰이나 플라톤의 『고르기아스』에 등장하는 칼리클레스와 같은) 일부 사상가들은 자연적이자 본성적인 인간의 욕구와 공동체적 삶을 살아가는 데에 요구되는 법제적 혹은 도덕적 속박 사이에 근본적인 간극이 있기 마련이라고 주장한다.[35] 그리고 이 입장은 설령 국가들 사이의 관계를 지배하는 행위의 일반적인 규칙들에 반하더라도, 일종의 '자연의 법$^{law\ of\ nature}$'이 국가가 이득이 되는 바를 무조건 추구하는 것을 합법화해준다는 주장으로 변형될 수 있다.[36] 그리고 다시 이로부터 인간은 본성상 법제적 규칙들을 형성하고 윤리적 자세들을 발전시킴으로써만 살아남을 수 있고 건전한 삶을 구현할 수 있다고 하는 견해가 갈라져 나올 수도 있다. 이와 같은 (넓은 의미에서의) '공리주의적' 입장은, 앞에서 보았듯이,[37] 플라톤의 『프로타고라스』

에 등장하는 프로타고라스에 의해서 적극적으로 수용되었으며, 이는 인간의 본성에 따라 벌어지는 상호적 폭력행위를 방지하고자 하는 목적으로 윤리와 법률이 일종의 '사회 계약'을 구성한다는 견해와 연결된다.[38] 이처럼 소크라테스 이전 철학자들의 견해는, 덕스러운 삶을 살아가는 것뿐만 아니라 그런 삶을 구현해주는 공동체를 형성하는 일이 인간의 자연적인 본성에 부응한다고 주장하는 플라톤이나 아리스토텔레스 그리고 스토아 학파 등을 포함한 후대 그리스 사상가들의 주장에 비해서는 보다 약하다고 할 수 있다.[39]

법과 자연에 대한 소크라테스 이전 철학자들의 논의는 (윤리적 규범들에 대한 상대적 관점을 촉진시킨) 그리스 문화권과 비-그리스 문화권 사이의 교류 확대나 펠로폰네소스 전쟁으로 인해서 그리스 전역에 걸쳐 야기된 정치적이자 공동적인 구조에 대한 압박 등 다양한 요소들에 의해서 고무되었던 것으로 보인다.[40] 소크라테스 이전의 자연철학, 특히 (아낙사고라스와 아폴로니아의 디오게네스*가 활동했던)[41] 그 당시에 이루어진 자연철학은, 이와 같은 자연과 법 혹은 윤리적 규범에 대한 논의가 그것을 이해하는 데에 사용될 수 있는 적합한 해석적 틀인지 아닌지 따지지도 않은 채, 무차별적으로 그러한 논의에 비추어 해석된 경향이 있다. 아울러, 아리스토파네스의 『구름』과 플라톤의 『소크라테스의 변론』 및 (후기의) 『법률』 등을 예시로 살펴볼 경우, 당시의 '자연주의' 사고가 자연과 신성의 역할에 대한 재고라기보다는 오히려 (당시의 신들에 대한 개념을 포함하여) 전통적 세계관에 대한 완연한 거부로 이

---

* 약 기원전 425년에 활동한 그리스 철학자로, 기원전 6세기의 아낙시메네스처럼, 공기를 모든 것들의 근원이자 지적 활동의 근본적 힘으로 믿었다. 그와 관련된 대부분의 자료는 소실되었으나 그 일부가 디오게네스 라에르티오스와 심플리키오스 등을 통해서 전해지고 있다.

해될 수 있다는 점이 분명하다.[42] 그리고 자연에 대한 이런 종류의 사고가 (즉, 앞에서 언급한 안티폰이나 칼리클레스의 입장을 통해서 볼 수 있듯이) 관습적인 윤리에 대한 거부를 함의할 수 있다는 점 역시 분명하다. 그러나 플라톤의 초기 대화편에서 묘사되는 소크라테스는 이런 종류의 자연주의적 이론화를 분명히 단념했다.[43] 게다가 그는 플라톤의 초기 대화편들 안에서 (아낙사고라스와 같은) 자연철학자들을 상대로 하여 윤리와 자연 사이의 관계에 대한 이념들을 놓고 따지는 모습으로 그려지고 있지도 않다. 그렇기 때문에, 앞서 (미주 21-31과 관련된 본문에서) 간략하게 논의된 소크라테스 이전 철학자들의 사유 유형에 동의하는 식으로 논의가 이어지는지, 아니면 이를 검토해보려는 식으로 논의가 진행되는지에 대한 구체적인 내용을 기원전 5세기 후반과 4세기 초반의 사료들 안에서 발견하기란 어렵다고 할 수 있다.

3. 플라톤과 아리스토텔레스

반면 플라톤의 중기 및 그 이후의 작품들을 통해서,[44] 특히 플라톤 자신과 스토아 학파의 철학 안에서, 소크라테스 이전 철학자들의 사유와 관련된 연속성과 검토를 발견할 수는 있다. 예를 들면 플라톤의 『파이돈』과 『티마이오스』에서, 서로 부분적으로 대조적이기는 하나, 이와 관련된 두 종류의 응답을 찾을 수 있다. 두 대화편 모두에서 자연에 대한 '섭리적providential' 관점이 제시되며, 그 관점에 따를 경우 자연은 '최선을 위해서' 형성된 질서 잡힌 체계를 구성한다. 『파이돈』에서 이 관점은 소크라테스로 하여금 자연적 세계에 대한 아낙사고라스의 설명을 포기하도록 이끄는데, 아낙사고라스의 설명이 (누스nous, 즉 '정신'에 핵심 역할을 부여하는 듯 보이나) 진정으로 섭리적 성격을 가지지는 않기 때문이다.[45] 반면 『티마이오스』에서 플라톤을 대변하고 있는 티마이오스는 질서 잡혀 있으며 섭리적으로 이해되는 전체로서의 자연적 세계에 대한 보다 확장된 설명을 제시한다. 여기서 플라톤은 많은 초기 이론들을 끌어들이고 있는데, 그 가운데 자연적 세계를 수적(數的) 분석에 따른 '조화'로 보는 퓌타고라스의 생각이 가장 중요한 배경으로 시사된다.[46]

아울러 진리에 대한 인식의 발전이 덕스러운 자세 및 감정과 욕구의 형식을 발전시키는 데에 기여한다고, 혹은 그것들이 거기에 달려 있다고 하는 주장 역시 두 대화편 모두에서 발견할 수 있다. 『파이돈』에서 플라톤은 (형상에 대한 인식으로 간주할 수 있는) 진리에 대한 앎이 육체에 천착한 욕구와 감정들로부터 이성을 정화시켜주며, 이로부터 (용기나 절제와 같은) 진정한 덕목 역시 가능하다고 주장한다.[47] 한편 『티마이오스』에서는 섭리적으로 질서를 갖춘 자연에 대한 관점과 더불어 인간이 (본질적으로) 정신적이자 동시에 물질적인 복잡한 전체로서의 집합체로 이해되고 있다. 그렇기 때문에 인간이 바르지 못한 생리적 체질을 갖추게 될 경우 덕목들을 획득하는 데에 실패할 수 있으며, 적합한 교육과 삶의 양식이 신체적 기능과 심리적 기능의 상호적 조화에 도움을 준다는 점이 강조된다.[48] 여기서 앎이 자신의 심리-윤리적psycho-ethical 상태를 질서 있도록 만드는 데에 기여한다는 견해, 즉 코스모스(우주, 세계, 질서)를 옳게 이해함으로써 스스로가 더욱 코스미오스kosmios하게 (즉 '질서 있게') 되며 '부조화'를 바로잡는 데에 도움을 준다는 생각 역시 엿볼 수 있다. 그리고 바로 그처럼 되는 것이 인간에게 적합한 목표라는 점뿐만이 아니라, 덕스럽게 '조화를 갖춘' 성격과 철학적 이해가 보다 발전된 상태로 결합되어 있는 자 안에서 오직 앎만이 이처럼 '질서

잡는' 결과를 낳는다는 주장 또한 강조되고 있는 것이다.[49]

앞에서 이미 살펴본 바와 같이, 플라톤의 『국가』는 완전한 윤리 교육과 관련하여 두 단계를 설명하고 있는데,[50] 첫째는 윤리적 성격의 선-변증적pre-dialectic 발전의 단계이며, 그 다음은 그 성격을 더욱 완전한 형태로 형성하는 후-변증적post-dialectic 인식의 단계이다.* 두 번째의 보다 지적인 교육 단계에 대한 설명은 자연세계나 인간의 본성에 대한 탐구를 명시적으로 포함하여 논하고 있지 않다. 오히려 이 단계는 정밀한 수학적인 맥락에서의 천문학을 포함하여, 수학적 탐구와 변증적 탐구의 결합에 의해서 구성된다.[51] 이를 보다 현대적인 이해의 관점에 비추어볼 경우, 윤리적 동기를 양산하기 위해서 이와 같은 두 단계의 과정을 플라톤이 계획했다고 해석할 수도 있다. 예를 들면 테런스 어윈은 자신의 두 주요 연구에서 이러한 플라톤의 설명을 합리적 주체로서 자신을 적합하게 이해하는 일이 타인을 이롭게 하는 행위의 동기 역시 산출한다는 주장으로 해석한다.[52] 그러나 그 교육 과정을 소크라테스 이전 철학자들의 사유 및 『티마이오스』와 관련하여 해석할 수도 있다. 첫 번째의 교육 단계에서 이루어지는 프쉬케(영혼)를 '조화시키는 일harmonization'은 (교육의 두 번째 단계를 위한 선행조건으로서) 수학적이거나 수학에 준하는 것들 안에서의 합리적 분석작업에 잘 부응하도록 구성된 것이라고 볼 수 있다. 두 단계의 교육과정을 모두 마친 철학자들은 이러한 분석작업을 수행할 수 있기 때문에, 그 결과 그들은 자신들의 성품 안에서 '질서'를 통합시킬 수 있을 뿐만이 아니라 다른 이들의 성품 안에 반성적인

---

* 변증 교육을 통해서 참된 진리에 대한 인식을 획득하기에 앞서 윤리적 소양을 갖출 수 있도록 도움을 주는 선행 교육이 첫째 단계이며, 이 선행 교육을 마친 후 신체적으로나 정신적으로 성장하여 전체적인 조화를 갖춘 상태에서 변증을 통해서 참된 진리를 깨치는 교육이 둘째 단계이다.

'조화'를 낳는 공동체의 양식을 기획할 수도 있다.[53]

　이러한 해석 노선을 좇는 학자들 대부분은, 대표적으로 한스 요아힘 크레머가 그러하듯이, 플라톤 철학의 핵심이 (소위 '써지지 않은 교리들 unwritten doctrines'이라고 불리는) 체계적이나 무척이나 추상적인 유형의 이론이라고 여기며, 이 이론에 대한 적잖은 증거를 아리스토텔레스나 후대 사상가들로부터 찾을 수 있다고 제안한다.[54] 플라톤을 이처럼 해석하려는 시도는 독일과 이탈리아에서 유행하고 있으나, 영국과 미국을 중심으로 한 학계는 이의 타당성을 다소 회의적인 시각으로 보고 있다.[55] 하지만 영국의 학계를 주도하는 학자인 마일스 버니옛은 '써지지 않은 교리들'이 아마도 플라톤의 『국가』를 집필하고 있었을 당시 자신의 학교인 아카데미아에서 가르쳤던 내용을 반영하고 있을 수도 있다고 생각한다.[56] '써지지 않은 교리들'을 참고하든 그렇지 않든, 앞 절에서 그 개요를 밝힌 사유의 노선은 적어도 『티마이오스』에서 발견되는 자연의 '질서'에 대한 (그리고 프쉬케(영혼)에 대한) 퓌타고라스적 분석과 충분히 양립 가능하다.[57] 그리고 그처럼 해석될 수 있는 플라톤 사유의 특징은 다음과 같다. 플라톤은 자연적 질서에 대한 이해가 그 자체로 **누구에게든** 그가 덕스러워져야 한다는 바를 설득할 수 있을 것이라고 생각하지 않는다. 오직 선-반성적 교육의 단계에서 덕스러운 성향을 이미 갖춘 자들만이 철학적 사고의 대상인 자연적 질서가 가진 중요성을 적절하게 이해할 수 있을 뿐이다. 이는 다름 아니라 (프쉬케 안에서의 '조화' 와 같은) 선-반성적 덕이 자연적 질서의 중요성을 파악할 수 있게 해주며 자신의 고유한 성품 안에서 '질서 있도록' 해주는 자연에 대한 후-반성적 이해와 **결합된** 결과인 것이다.[58] 이후의 논의에서 다시 살피겠으나, 이와 유사한 주장들이 이후의 몇몇 사상가들 안에서도 발견될 수 있다.

그리고 앞에서 논의되었던 소크라테스 이전 철학자들은 후-반성적인 이해가 윤리적 성향의 발전과 맞물려간다는 (혹은 이를 야기한다는) 점을 강조했던 것이다.[59]

아리스토텔레스의 논의를 살핌으로써, 이 장을 시작하면서 던졌던 질문, 즉 '자연'이라는 (특히 '인간의 본성'이라는) 이념이 윤리에서 어떤 사정에 놓여 있는지를 묻는 문제로 되돌아갈 수 있다. 윤리학을 철학의 한 갈래로 보아 자연학이나 형이상학 그리고 심리학 등으로부터 분리한 첫 철학자로서 아리스토텔레스는 이러한 문제를 보다 분명하게 규정된 방식에서 다룬다.[60] 이와 같은 그의 방식은 윤리의 이념들이 철학 탐구의 다른 분야들과 얼마만큼이나 밀접하게 통합될 수 있는지에 대한 물음을 불러일으키는데, 학자들은 이에 대해서 서로 다른 입장을 표방한다. 예를 들면, 마사 누스바움은 아리스토텔레스가 행복의 본성에 대한 실천적이며 '인간적인' 관점을 두드러지게 차용함으로써 윤리를 특징 짓고 있으며, 이는 『국가』나 다른 곳에서 볼 수 있듯이 윤리의 구성을 위해서 '신적인' 관점 혹은 우주적 관점을 지향하는 플라톤과 대조를 보인다고 논한다.[61] 반면 조너선 리어는 윤리 철학적 관점에서의 인간 행복 추구에 대한 아리스토텔레스의 논의가 (그 자신의 형이상학적이자 심리학적인 입장을 반영하여) 종(種)으로서의 인간이라면, 즉 본성상 인간이라고 규정될 수 있는 존재라면 누구든, 본질적으로 '신처럼god-like' 자연의 진리를 이해할 수 있다는 바를 함의하고 있다고 생각한다.[62]

이를 이해하는 데에 핵심이 되는 사안들은 아리스토텔레스가 『니코마코스 윤리학』 1권 7장에서 행복의 특징을 '인간의 기능human function'으로 밝히고 있다는 점과, 『니코마코스 윤리학』 10권 7-8장에서 덕의 '인간적인' 형태와 '신적인' 형태를 대비시키고 있다는 점이다.[63] 이러한 사안들은 서로 겹치는 두 가지의 문제들, 즉 아리스토텔레스가 과학적 혹은 형이상학적이되 비-윤리적으로 규정되는 '자연' 혹은 '본성'의 정의적 개념을 윤리와 관련된 논의에서 어느 정도나 차용하고 있는가라는 문제와, 위에서 언급된 핵심 사안들이 얼마만큼이나 일관성을 지니는가라는 문제를 제기한다. 매킨타이어나 윌리엄스 같은 학자들은 아리스토텔레스가 『니코마코스 윤리학』 1권 7장의 논의를 구성하기 위해서 (매킨타이어가 '형이상학적 생물학'이라고 부르는) 윤리학의 영역을 넘어서는 보다 넓은 범위의 탐구에 기초하여 규정된 인간의 본성 개념을 피력하고 있다고 본다.[64] 반면 안나스 등을 포함한 다른 학자들은 아리스토텔레스가 윤리적 탐구 영역 **안에서** '인간의 기능'을 규범적으로 이해한다고 논한다. 후자의 해석에 따를 경우, 행복을 '인간의 기능'과 관련하여 규정하면서 아리스토텔레스가 인간이 본질적으로 무엇인지를 밝히기 위해서 **능동적 윤리 주체**의 이해에 호소하고 있다는 것이다. 달리 말해서, 이는 (『니코마코스 윤리학』 1098a16-17에서 확인할 수 있듯이) 아리스토텔레스가 인간의 삶을 '덕에 따른 프쉬케(영혼)의 활동'에다 집중시키고 있다는 것을 뜻한다.[65] 이처럼 구분되는 해석들에도 불구하고, 매킨타이어나 윌리엄스 혹은 다른 학자들 가운데 그 누구도, 아리스토텔레스가 인간의 본성에 대한 진상이 곧 인간이 윤리적으로 좋아야 할 이유 혹은 원인을 의미한다는 바를 **누구에게든** 설득시키기 위해서 '인간의 기능'이라는 이념을 일종의 '아르키메데스의 점Archimedean point'*'으로

---

* '아르키메데스의 점'이란 고대 그리스의 과학철학자 아르키메데스가 충분히 긴 지렛대와 그것이 놓일 장소만 주어진다면 지구라도 들어올릴 수 있다고 한 주장으로부터 유래한 표현으로, 논의나 논변 혹은 탐구에서 흔들리지 않는 가장 견고하고 신뢰할 수 있는 출발점을 가리킨다. 예를 들면 데카르트에게 아르키메데스의 점은 회의하고 있다는 자아, 즉 생각하는 나이다.

사용한다고 생각하지는 않는다.[66] 일반적으로 아리스토텔레스는 윤리적 삶과 관련된 '사태 혹은 사안들'을 파악하는 일이, 윤리적 삶을 위한 '원인' 혹은 '이유'를 살피기에 앞서, (습성이나 자세에 스며 있는 선-반성적 덕목으로서) 미리 이루어져 있어야 한다는 바를 가치 있는 윤리적 탐구를 위한 일종의 전제조건으로서 제시한다.[67] 그러니 바로 이러한 점에서 아리스토텔레스 스스로가 그러한 윤리적 삶과 관련된 사태 혹은 사안들에 대한 파악을 전제하고 있다고 할 수 있다. 그렇기 때문에 인간의 본성에 대한 이와 같은 설명이 탐구의 다른 영역들에 의해서 제시되고 있는 두드러진 인간적 능력들에 대한 그의 그림과 일관성을 실로 유지하고 있다는 점을 부인하지 않으면서 아리스토텔레스를 그처럼 해석할 수도 있다. 그러나 그처럼 해석한다고 하더라도, 『니코마코스 윤리학』 1권 7장에서 이루어지고 있는 아리스토텔레스의 논변이 비-윤리적 탐구에 의존하고 있지 않다는 점은 분명히 할 필요가 있다.[68]

『니코마코스 윤리학』 10권 7-8장의 논의가 『니코마코스 윤리학』 1권 7장에서의 논의[69] 및 그 저술 전반에 걸쳐 긍정적으로 제시되는 윤리적 덕목에 대한 평가와 조화를 이룰 수 있다는 견해를 이미 밝힌바 있다. 어쩌면 아리스토텔레스는 『니코마코스 윤리학』 10권 7-8장의 논의에서 윤리적 덕목과 '인간의' 특징적 기능으로서의 실천적 지혜가 이미 결합되어 있는 상태라는 것을 독자들이 알고 있으리라고 가정하고 있을지도 모른다. 그러나 이 논의에서 그는 철학에 기초한 앎을 획득할 수 있는 인간의 능력이 곧 인간의 '신적인' 능력이라는 점과, 삶의 바른 인도는 이와 같은 (복잡한) 진리에 비추어 이루어져야 한다는 점을 독자들에게 설득할 방안을 찾고 있는 것이기도 하다.[70] 그렇기 때문에 조너선 리어가 논하듯이, 이런 견해를 내세우면서 아마도 아리스토텔레스는 『형이

174

상학』에서 제시하는 '신'의 개념뿐만 아니라 『니코마코스 윤리학』 6권에서 제시하는 실천적인 지혜(프로네시스$^{phron\bar{e}sis}$)와 관조적이자 철학적인 지혜(소피아^{sophia}) 사이의 구분 역시 이미 여기서 전제하고 있는 것일 수도 있다.[71] 그럼에도 불구하고, 『니코마코스 윤리학』 10권 7-8장에서의 논의가 비-윤리적 작업에 기대어 제기된 특정의 전문적 주장에 의존하고 있지 않다고 볼 여지는 다분하다. 다시 말해서, 아리스토텔레스는 『니코마코스 윤리학』의 독자가 (1) '인간적인' 기능이 윤리적 덕목들의 실천을 통해서 성취된다는 점을 인지하고 있고, (2) 그래서 철학의 실천에 의한 철학적 앎의 달성이 인간의 '신적인' 기능을 이룬다는 점을 수용하도록 인도될 수 있다는 바를 전제하고 있는 것이다.[72] 『니코마코스 윤리학』 1권 7장에서와 마찬가지로, 아리스토텔레스는 이러한 주장이 철학의 다른 분야들에 의해서 지지되는 인간의 본성에 대한 설명과 양립한다고 생각하나, 그렇다고 해서 이 논의가 그러한 철학의 다른 분야들에 반드시 의존하고 있는 것은 아니다.

이와 같은 해석의 선상에서 볼 때, 아리스토텔레스가 앞에서 간략히 언급되었던 플라톤과 소크라테스 이전 철학자들의 설명방식보다 더욱 세련된 방식으로 (윤리적 규범으로서 인간적인 본성과 기능 및 신적인 본성과 기능에 대한 이념들에) 접근하고자 한다는 것을 알 수 있다. 비록 그들 모두가 '자연적' 혹은 '본성적'이라고 여기는 것들에 대해서 서로 달리 주장을 하나, 그럼에도 불구하고 그들은 자신들의 주장이 그것을 이해할 수 있도록 성품 및 인식의 단계에서 적합하게 준비된 자들에게만 전적으로 이해 가능하다고 본 점에서 서로 의견을 같이하고 있다. 그렇기 때문에 '자연' 혹은 '본성'에 대한 그들의 호소는 누구나 받아들일 수 있어야만 하는 성격의 독립적이면서 순전히 '과학적인' 입장에 대

한 호소가 아닌 것이다.[73]

4. 스토아 학파와 에피쿠로스 학파

'자연' 혹은 '본성'이 (마치 '이성'처럼) 규범적인 역할을 지닌다는 생각은 스토아 학파의 이론에서 두드러진다. 그러나 도대체 정확하게 그 역할이 무슨 일을 하는지를 이해하는 일과 관련하여 많은 논쟁이 제기되어왔다. 심지어 그것이 스토아 학파 내의 사상가들 사이에서도 논쟁의 주제였다는 증거 역시 발견된다.[74] 얼핏 스토아 학파는 전체로서 우주의 (혹은 세계의) 본성을 탐구하는 일이 도덕적 삶을 인도하는 수단이 될 것이라고 주장하는 것으로 보인다. 그러나 다른 그리스 이론들에서와 마찬가지로, 이는 실상 말 그대로 보이는 것보다 덜 단순하게 (그래서 더욱 중요하게) 간주되어야 한다. 실로 트로엘스 엥베르-페데르센은 스토아 학파의 주장의 본질이 인간은 윤리적 이해에서 특정한 종류의 발전을 본성적으로 꾀할 수 있으며, 그 발전이란 곧 윤리적 주관성에서 윤리적 객관성으로의 전향이라고 논한다. 다시 말해, 스토아 학파의 주장은 본질적으로 자연적 코스모스의 성격에 대한 것이 아니거니와, 윤리적 발전 안에서 코스모스에 대한 이해가 무슨 역할을 하는가에 대해서도 아니라는 것이다.[75] 그러나 엥베르-페데르센의 견해는 스토아 학파가 주장하는 '자연'의 중요성을 지나치게 깎아내리고 있는 것으로 보이기도 한다. 그러나 다른 그리스 사상가들이 그러는 것처럼, 스토아 학파 역시 '자연'의 규범적 중요성을 이해하는 일이 인간 정신의 성품과 상태의 발전에 달려 있으며, 아울러 정신이란 그 자체로 '자연적'이라고 강조한다.

자크 브런슈웍의 해석을 좇아, 줄리아 안나스는 스토아 학파의 교육 과정에 따를 경우 인식 분야들의 탐구에서 전형적인 질서(의 한 형태)를 따르는 것이 중요하다고 강조한다. 먼저 논리나 변증이, 그러고 나서 윤리학이, 그 다음으로 (신학을 포함하여 자연에 대한 탐구를 뜻하는) 자연학이 순서대로 교육되어야 한다.[76] 이와 더불어 안나스는, 비록 스토아 학파가 삶의 전반적 목표를 '자연 혹은 본성에 따른 삶life according to nature' 과 (혹은 '덕 내지 이성에 따른 삶life according to virtue/reason'과) 일치시키고는 있으나, 그들의 특정 윤리 원칙들이 자연 세계에 대한 주장에 명시적으로 기대고 있지 않다고 강조한다. (소위 '좋다고' 혹은 '공정함의 사안들'이라고 불리는 다른 것들과 비교하여) 오직 덕만이 유일한 선(善)이라고 주장하는 스토아 윤리학의 핵심은, 아리스토텔레스의 논의 방식과 유사하게, 행복의 본성에 대한 독립된 주장의 형태로 제시된다.[77] 안나스는 스토아 학파가 덕이 유일한 선이라는 이념에 기초한 삶이 곧 인간의 '자연적인' 혹은 '본성적인' 삶이라는 바를 (자연에서 벌어지는 사태나 사안들을 언급해가며) 과학적으로 **증명하고자** 하지 않았으며, 그래서 사람들이 덕스러워져야 한다는 점을 설득하고자 하지도 않았다고 본다. 오히려 스토아 학파는 인간이 (양육 과정 중 마주치게 되는 그릇된 신념에 의해서 타락하지 않는 경우)[78] 유일한 선으로서의 덕을 깨닫는 데로 나아가는 발전에 본성적으로 순응한다고 믿는다. 스토아 학파는 또한 인간이 타인을-이롭게-하는 행위를 (혹은 상호적 이득 행위를) 위한 동기의 발전에도 본성적으로 부응한다고 믿는다. 자식에 대한 어버이의 사랑을 이에 대한 전형적인 사례로 들 수 있다. 그리고 발전이 완전히 이루어진 상태라면, 인간은 자신과 직접적인 관련이 있든 혹은 없든 아무런 상관없이 다른 이들에게도 이득을 주고자 하는 욕구로 이끌리게 될 것이다. 이것들이야말로 오이케이오시스^{oikeiōsis}('가족화^{familiarization}' 혹은 '고유화^{appropriation}'*)라고 불리는 스토아 학파 이론이 지닌 두 가지의 특징적인 핵심이다.[79] 논리와 변증에 대한 교육을 마친 후 이루어지는 윤리에 대한 철학적 탐구는 사람들로 하여금 이 과정 안에 포함된 원칙들을 이해할 수 있도록 해주어 이와 같은 발전의 과정을 구축(하고 진척)시킨다. 그러나 스토아 학파에서 이루어지는 윤리철학은, 안나스가 논하듯이, 이 과정을 코스모스에 대한 분석 작업에 기대어 그것이 인간에게 본성적이라는 점을 증명함으로써 전수하고자 하지 않는다.[80] 최근의 연구 경향은 스토아 학파가 '자연' 및 '본성'에 대한 이념이 덕을 지향토록 하는 동기를 부여하는 일에 그리고 (규범적으로) 합리적인 삶을 향해 인간을 이끌어가는 합리성의 유형들을 제공하는 일에 중요한 역할을 한다고 피력하면서, 이 과정을 안나스보다도 더욱 강조한다.[81] 그렇다고 해서 '자연' 및 '본성'에 대한 이념이 '자연적인' 것에 대한 능동적 윤리 주체의 이해에 반드시 부응해야 한다고 하는 안나스의 주장을 이러한 최근의 연구 경향이 거부하고 있는 것으로 보이지는 않는다. 그와 같은 '자연적인' 것에 대한 능동적 윤리 주체의 이해란 우선 주체 자신의 윤리적 발전에 의존하며, 그리고 나서 윤리 철학의 핵심 원칙들을 파악할 줄 아는 주체의 능력에 의존하기 때문이다.

『티마이오스』에서 제시되는 플라톤의 논의처럼, 섭리에 따른 합리성과 질서에 대한 증거를 발견하면서 우주의 본성을 분석하는 일은 스토아 학파 철학의 세 번째 단계에서 (즉 '자연학'에서) 진행된다. 스토아

---

* 어떤 대상 혹은 사태를 마치 자신의 고유한 가족인 것처럼 자신에게 친숙하고 익숙하게 할 뿐만 아니라, 더 나아가 그 자신이 그 대상 혹은 사태와 구분이 되지 않는다는 것(자기화)을 가리킨다.

학파에게 '신'이란 (분리되어 있거나 '초월하여' 존재한다기보다는) 자연 안에 펼쳐져 내재하고 있는 힘이며, 섭리에 따른 합리성 및 질서와 동일시된다.[82] 동물들 가운데 인간만이 우주 안의 이와 같은 신적인 합리성을 인지하고자 구조적으로 자신의 합리성을 사용할 수 있다.[83] 그리고 이로부터 인간이 자연적인 코스모스에 대한 설명을 윤리 철학의 핵심 원리들 및 자신의 윤리적 실천과 발전에 연결시킬 수 있다는 점을 이상적으로 유추할 수 있다. 바로 여기서 '덕에 따른 삶'이 곧 가장 완전한 의미에서 '자연 혹은 본성에 따른 삶'을 뜻한다는 스토아 학파의 주장을 이해할 수 있다. 그리고 이는 윤리의 핵심 원칙들에 대한 파악을 완성시킬 뿐만 아니라 더욱 고양시키기도 할 것이다. 그렇다고 해서 스토아 학파가 어떤 실질적으로 새로운 윤리의 원칙들을 도입하고자 하는 것으로 보이지는 않는다.[84] 그럼에도 스토아 학파와 몇몇 초기 그리스 사상가들 사이의 부분적인 차이점을 볼 수는 있다. 앞의 제 III장에서 보았듯이, 플라톤과 아리스토텔레스는 후-반성적 이해가 가능한 한 최고 수준의 인간 행복을 파악할 수 있도록 인도해 준다고 여겼으며, 이를 실천적이거나 타인을 이롭게 하는 행위로 간주하기보다는 궁극적인 철학적 앎으로 보고자 했다. 반면 스토아 학파에게 그러한 행위는, 만약 최상의 방식에서 행해지기만 한다면, 곧 그 자체로 합리성이자 '지혜'의 실천이며, 철학적 앎만큼이나 정의로운 것이다.[85]

이 문제 대한 에피쿠로스 학파의 사유는 이전의 철학자들과 다소 구분되는 측면을 가진다고 할 수 있다. 에피쿠로스는 자연이 관습적 사회에서 적용되는 윤리적 원리들을 급진적으로 개정하는 일의 기반을 제공하며, 이러한 개정이 없다면 인간의 행복은 결코 달성될 수 없다고 주장한다. 이 주장의 근본적인 입장은 모든 인간의 (그리고 동물의) 욕구가 쾌락이며, 이 쾌락이란 아포니아[aponia], 즉 육체적 고통으로부터의 자유이자 아타락시아[ataraxia], 즉 정신적이고 감정적인 혼란으로부터의 자유로 정의 된다는 점이다.[86] 아울러 에피쿠로스는 욕구를 그것이 본성적인지 아니 면 필요에 의해서인지, 아니면 둘 모두에 의해서인지, 그도 아니면 둘 중 어떤 것에 의해서도 아닌지에 따라 다시 세분하며, 특히 본성적이지 도 않거니와 필요에 의해서 요청되지도 않는 종류의 욕구는 '공허한 신 념(κενοδοξία)'에 기반한 것이라고 묘사한다.[87] 이러한 입장에 기초하 여 에피쿠로스는 (부의 획득이나 사회 및 정치적 위치를 향한 욕구와 같은) 관습적인 목표를 근본적으로 비판하며, "앙갚음은 좋은 것이다"와 같은 거짓된 신념에 기반하여 발생한 감정들, 특히 분노에 대해서도 비 판을 가한다.[88] 아울러 스토아 학파가 인간의 (그리고 동물의) 기본적인 본능으로서 자식에 대한 어버이의 사랑을 제시하는 데에 반해서,[89] 에피 쿠로스는 상호적이고 공동체적인 관계의 모든 형태가 쾌락을 추구하는 삶의 전체적 목표에 따라 결정되어야 한다고 생각한다. 그래서 에피쿠로 스 학파가 지향하는 목표를 추구하며 살아가는 자들 사이의 우애란 관계 의 가장 중요한 형태로 드러나게 되며, 그 안에서 쾌락은 가장 신뢰할 만한 수준에서 달성된다.[90]

스토아 학파에게 세계의 본성에 대한 탐구가 윤리 철학을 (그리고 실 천적 수준에서의 윤리적 발전을) 구성하는 것처럼, 자연 혹은 본성에 대 한 탐구 역시 에피쿠로스 학파의 철학적 활동 전반에 걸쳐 결코 빠뜨릴 수 없는 필수적인 부분이다.[91] 그런데 마사 누스바움은 여기서 일종의 역설이 발생한다고 지적한다. 에피쿠로스는 (자신이 분석하는 방식에서 의) '자연' 혹은 '본성'이 윤리적 삶으로 인도하는 기반을 구성한다고 강 조한다. 그러나 다른 한편으로 그는 과학적 활동의 궁극적 목표가 마음의 평화를 보장하는 것이라고 강조하기도 한다. 아울러 에피쿠로스는 (어떤 신적인 개입에 호소하지 않은 채, 순전히 자연주의적인 구도로 조직되는) 마음의 평화를 위해서 특정 기반이 필요하며, 이 기반은 자연 세계에 대한 설명을 통해서 주어진다고 본다. 동시에 에피쿠로스는 그 외의 다른 대안적인 과학적 설명들 역시 자연 세계에 대한 설명과 양립 가능하다고 여기기에, 그것들 역시 수용할 만하다고 주장한다.[92] 이와 같은 역설을 지적하는 것과 더불어 누스바움은 에피쿠로스 및 그를 따르는 자들이 자신들의 주장을 전달하기 위해서, 다른 그리스의 철학 학파들이 그랬던 것처럼 어떠한 편견 없이 비판적인 논쟁을 장려하기보다는, 오히려 (반복적인 주입 과정을 통해서) 교리적이며 감정적이기도 한 일종의 교화(敎化)indoctrination를 자행했다는 증거를 제시하며, 이를 위와 같은 역설적 문제와 연결시킨다. 누스바움은 이런 상황에 대해서 에피쿠로스 학파가 철학을 감정과 욕구를 위한 '치유'의 한 형태로 보던 당시의 주도적 이념을 문자 그대로 받아들였다고 해석한다. 그러다 보니 치유의 '치료적' 목적이 막상 그 치유가 기대고 있는 자연의 진리를 비판적으로 검토하는 일보다 더욱 중요하게 간주되었다는 것이다.[93]

그러나 이 증거를 다소 다른 식으로 이해하는 것이 가능하다. 에피쿠로스가 주장하려는 바는 어쩌면 자연 즉 본성에 대한 그의 설명이 쾌락을 정확하게 성취하고자 하는 전체적 목적을 위해서 역할을 가진다는 것일 수도 있다. 그 설명은 곧 진리이(며, 진리가 아니라면 그와 같은 역할을 할 수 없)기 때문이다. 그리고 자연적 현상들에 대한 대안적인 과학적 설명들은, 그 자체가 무조건적으로 수용되는 것이 아니라, 오직 그것들이 그 자체로 알맞게 기반을 갖춘 설명적 체제와 양립 가능한 그 경우에만 수용될 수 있는 것이다. 아울러 사람들 및 에피쿠로스를 따르는 자들로 하여금 에피쿠로스의 가르침을 반복하여 '복창'하도록 한 일이나 그의 윤리적 함의들에 몰두하도록 한 (혹은 이를 '내면화'시킨)[94] 일을 반드시 길들임이나 '세뇌'의 일종이라고 할 필요 없이, 다른 그리스 이론들에서도 발견할 수 있는 경우에 상응하는 과정이라고 볼 수 있다. 다시 말해, 누군가 자연에 대한 설명이 지니는 윤리적 함의들을 완전하게 이해하기 위해서는 그 설명과 그의 마음 및 성격의 상태 사이에 결합이 필요하다는 뜻으로 이를 이해하는 것이다.[95]

공교롭게도 이는 신들의 본성과 관련된 에피쿠로스 학파의 논쟁적인 입장으로 연결된다. 사람들이 관례적으로 믿어왔던 것처럼 신들이 존재한다는 입장을 유지하되, 에피쿠로스는 자연 세계가 전적으로 자연적 법칙에 따라 지성적이기는 하나 그렇다고 해서 신들이 자연 세계를 창조하거나 혹은 인도하는 역할을 하는 것은 전혀 아니라고 주장한다. 신들의 (물질적 혹은 물질에 상응하는) 존재와 위치의 정확한 본성은 비-에피쿠로스 학파에 의해서 제기된 비판의 초점일 뿐만 아니라, 에피쿠로스 학파 내에서도 논쟁의 주제가 되어온 것으로 보인다.[96] 앤서니 롱과 데이비드 세들리는 이 문제에 대한 에피쿠로스의 사유를 이해하기 위해서 새로운 급진적인 이론을 제시한다. 그들은 에피쿠로스가 신들이 있다는 것을 인정하기는 하나, 실상 신들을 인간 사유의 산물에 지나지 않는 것으로 보고 있다고 해석한다. (에피쿠로스 자신이 철두철미하게 물질론자materialist이며, 그러한 입장에서 신들 역시 물질적 존재의 일종이라는 것을 부인할 필요가 없기 때문이다.) 아울러 그들은 에피쿠로스가 신들에 관련된 참된 신념들뿐만 아니라 거짓된 신념들도 있다는 점을 인정했으며, 그 가운데 참된 신념들이란 세계의 본성 및 (신들이 좋은 본보기가 되는) 이상적인 삶에 대한 참된 설명, 즉 고통과 심적 동요로부터의 자유에 일치하는 신념들이라고 설명한다.[97] 그들의 해석이 옳은지 그른지는 차치하더라도, 이런 해석으로부터 이 장에서 다루려고 하는 주제와 밀접하게 관련된 에피쿠로스 학파 사유의 특징을 발견할 수 있다. 에피쿠로스가 볼 때, 오직 정신과 성품이 바른 상태에 머물고 있는 사람들만이 신들의 참된 본성을 지성적으로 적합하게 파악할 수 있으며, 그와 같은 바른 상태란 신들의 평화와 같은 마음의 상태에 부합하는 것으로서 거짓된 신념들과 욕구로부터 자유롭게 된 상태를 가리킨다. 그렇기 때문에 신들에 대한 '숭배'는 (그것이 에피쿠로스 학파에게 어떤 의미가 되든) 이러한 정신을 갖추고서 신들에게 다가서는 자들에게 윤리적 이념들을 옳게 이해하는 데에 그리고 자연적 질서에 대한 참된 개념을 형성하는 데에 도움을 줄 수 있다. (에피쿠로스의 주장을 반영하는 표현방식에 따라) 루크레티우스가 기술하고 있듯이, '경건^piety'이란 일상적인 종교적 의식 안에 있는 것이 아니라, '평화로운 마음가짐과 함께 모든 것의 본성을 깊이 숙고하는 일' 안에 있는 것이다.[98]

이제 이 장을 시작하면서 제기했던 문제, 즉 규범으로서 '자연' 혹은 '본성'을 파악하는 이념에 대하여 그리스 사상과 현대의 사유가 서로 어떤 차이를 보이는지에 대한 문제로 돌아가 논의를 마치고자 한다. 매킨타이어와 윌리엄스는 아리스토텔레스가 이를 합당하게 이론화했다고 여겼으나, 각각 서로 다른 이유로 그의 사상을 현대 사유의 상황에 접목시키길 유보한다는 것 역시 확인했다.[99] 어쨌든 그들은 아리스토텔레스가 자연의 있는 그대로의 사실에 대한 탐구가, 갖춘 성품이 어떠하든 상관없이 누구에게나 자신이 윤리적으로 좋게 될 이성을 갖추고 있다는 점을 설득하기에 충분하다고 (무턱대고) 주장하고 있지는 않다는 것을 파악하고 있다.[100] 이 장에서는 바로 이러한 특징을 아리스토텔레스와 관련하여 강조했으며, 아울러 이를 다른 시기의 그리스 사상가들에게도 확장시켰다. 그리스 사상가들은 자연 혹은 본성 안에 담긴 윤리적 함의들에 대한 완전한 이해가 바로 그 윤리적 함의들에 부응하는 종류의 성품을 발전시키고자 하는 개인에게 달려있다고 하는 바를 각기 서로 다른 방식으로 탐색하고 있다. 각각의 그리스 사상가들은 (실천적 삶 및 상호적이고 공동체적인 관계와는 구분되는) 철학이 이런 종류의 성품을 발전시키는 데 어떤 역할을 하는지에 대해서 각각의 무게를 둔다. 그럼에도 그들 모두 이 과정에서 철학이 지닌 중요한 역할을 지지하고 있음은 분명하다.[101] 비록 다른 주제들에 대해서와 마찬가지로 이점에 대해서도 그리스의 여러 이론들은 서로 다른 식으로 논하나, 그럼에도 이 주제에 대한 그리스 사상이 단순히 보이는 바에 비해서, 아울러 종종 해석되어온 바에 비해서도 보다 더욱 섬세하며 신뢰할 만하다는 점은 분명하다. 아울러 앞에서 인용한 현대의 몇몇 연구들은 이와 같은 점을 분명히 드러내는 데에 도움을 줄 수 있다고 할 수 있다.

그리스의 사유가 현대를 살아가는 우리들에게도 개념적으로 가능한지에 대한 질문은 이 책에서 다루는 논의의 범위를 벗어난다. 그러나 몇몇 중점을 일반적으로 제시할 수는 있다. 서구 사상사에서는 전통적으로 기독교적 세계관이 특정의 도덕적 틀을 형성해 왔으며, 이에 기반한 사상적 기조는 이미 관습적인 윤리적 사유 안에 널리 보급되어 왔다. 그리고 앞서 살펴보았듯이, 현대의 사상가들은 이러한 서구 사상사에 친숙한 이성적 구도를 제공하는 일에 유혹을 느낀다. 반면 그리스 사상가들은, 앞서 (위의 미주 16-19와 관련된 본문을 통해서) 주목했듯이, 종교적이고 지성적인 다양한 배경으로부터 거리를 두며 논의를 개진시킨다. 그리스 사유에서의 사정과 현대 사유에서의 사정 사이의 보다 두

드러진 차이는, 그리스 사유에서, 적어도 플라톤과 아리스토텔레스에게, 윤리적이자 지성적인 완전한 발전이 인간 본성에 대한 전적으로 '조화로운' 그림을 산출한다기 보다는, 특히 아리스토텔레스와 관련하여 윌리엄스가 제안하듯이, 실천적인 지혜와 관조적인 지혜에 대한 서로 경쟁하는 주장을 수용하는 종류의 그림을 산출한다는 점이다.[102] 아울러 여기서 논의된 모든 그리스 사상가들 사이에서, ('자연' 혹은 '본성'이 지닌 윤리적 중요성에 대한 사유를 포함하여) 반성적인 사유의 결과가 관습적인 윤리적 사유와 몇몇 화합될 수 없는 갈등을 낳았다는 점 역시 확인했다. 이러한 점들은 윤리와 자연에 대한 그리스 사상과 현대적 사유의 전통적 배경 사이의 차이를 일부 드러내주며, 동시에 그리스 사유가 가진 복잡성과 정교함 역시 분명히 밝혀주고 있다. 이러한 점들을 고려하여 보다 주의 깊게 접근을 한다면, 그리스 사상가들이 추구했던 사유의 노선은, 보편적으로 수용되는 종교-윤리적religio-ethical 세계관이 부재한 근대 이후의 서구 지성사를 살아가는 현대 독자들의 마음에, 그들이 기대했던 것보다 더욱 신뢰할 만하게, 와닿을 수도 있다.

—주—

1) 주제를 고려하여 이 장은 M. Schofield & G. Striker (edd.), *The Norms of Nature: Studies in Hellenistic Ethics* (Cambridge, 1986)로부터 그 제목을 차용했다.
2) 앞에서 살펴본 객관적 규범들이란 규범적 합리성(제 II장), 윤리적 규범(제 III장), 그리고 덕스러운 공동체(제 IV장)를 가리킨다.
3) 갈릴레오와 다윈의 지동설과 진화론에 대한 주장들이 불러일으킨 논쟁들이 그 사례라고 할 수 있다. 이와는 대조적으로, 최근에는 기독교적 세계관이 현대의 과학적 사유와 충분히 양립 가능하다는 주장들이 대두되기도 한다. 이와 관련하여 J. Polkinghorne, *Science and Christian Belief* (London, 1994) 등을 참조.

4) 그러나 동시에 칸트는 이를 완전히 이성적인 ('본체적인^{noumenal}') 실체로서의 인간 존재의 기능으로 보면서, 자연세계의 구성원으로서의 존재와는 구분되나 자연적 법률의 조건이 되는 기능으로 이해하고 있다. H. J. Paton, *The Moral Law* (London, 1986) 107-120쪽에 실린 칸트 항목을 참조. 이에 대한 분석으로는, A. W. Wood (ed.), *Self and Nature in Kant's Philosophy* (Ithaca, 1984) 31-56쪽에 실린 T. Irwin, "Morality and Personality: Kant and Green" 참조.

5) '죄수의 딜레마'에 대해서는 R. D. Luce & H. Raiffa, *Games and Decisions* (New York, 1957) 및 R. Axelrod, *The Evolution of Cooperation* (Harmondsworth, 1984) 참조. '무지의 베일'에 대해서는 J. Rawls, *A Theory of Justice* (Cambridge, Mass., 1971, 『정의론』) 참조. 합리성과 개인의 정체성에 대한 적합한 이해가 (예컨대, 타인을 이롭게 해야 한다는 입장처럼) 인간은 도덕적으로 선하다는 귀결로 인도한다는 주장에 대해서는 A. Gewirth, *Reason and Morality* (Chicago, 1977) 및 D. Parfit, *Reasons and Persons* (Oxford, 1984), 특히 3부 참조.

6) A. MacIntyre, *After Virtue* (London, 1985^2, 『덕의 상실』) 4-7장; B. Williams, *Ethics and the Limits of Philosophy* (London, 1985) 54-70, 77-81쪽을 볼 것. 데릭 파핏의 연구에 대해서는 B. Williams, *Moral Luck* (Cambridge, 1981) 1장 참조.

7) B. Williams, *Ethics and the Limits of Philosophy* 30-34쪽 참조. 그러나 덕의 완전한 발전은 이성에 따르는 폴리스 안에서 두 단계의 복잡한 과정을 요구한다는 주장을 포함하여, 플라톤의 『국가』에서 발견되는 다양한 특색은 논변들이 누구든 정의로워야 한다고 설득할 수 있다는 생각과 양립 가능한 것이 아니라는 점이다. 이에 대해서는 앞의 제 IV장에서 미주 57-62와 관련된 본문 및 C. Gill, *Personality in Greek Epic, Tragedy, and Philosophy* (Oxford, 1996) 6.6 참조. 정의에 대한 『국가』의 핵심 논변들에 대한 논의들로는 앞의 제 IV장 미주 55 참조.

8) A. MacIntyre, *After Virtue*(『덕의 상실』) 12장과 14-15장 참조. A. MacIntyre, *Whose Justice? Which Rationality?* (London, 1988) 6-7장 역시 참조.

9) B. Williams, *Ethics and the Limits of Philosophy* 3장, 특히 43-47, 51-53쪽 참조.

10) B. Williams, *Ethics and the Limits of Philosophy* 51-53쪽(과 43-44쪽); A. MacIntyre, *After Virtue*(『덕의 상실』) 148쪽과 158쪽 참조. 이와 관련된 논의로 C. Gill (ed.), *The Persons and the Human Mind: Issues in Ancient and Modern Philosophy* (Oxford, 1990) 137-161쪽에 실린 C. Gill, "The Human Being as an Ethical Norm", 특히 138-143쪽과 152-155쪽 참조. 이와 더불어 C. Gill (ed.), *Person and Human Mind*에 대한 매킨타이어의 서평(*Arion* 1 (1991), 188-194쪽) 특히 아래 미주 11과 관련된 본문에 인용된 그의 구절을 발췌한 191-192쪽 및 *Whose Justice? Which Rationality?* 7-8장 참조.

11) B. Williams, *Ethics and the Limits of Philosophy* 52쪽; C. Gill (ed.), *Person and*

*Human Mind*에 대한 매킨타이어의 서평 192쪽으로부터 발췌. 매킨타이어는 *Whose Justice? Which Rationality?*의 141-145쪽을 통해서『니코마코스 윤리학』10권 7-8 장에서 이루어지는 덕과 행복에 대한 아리스토텔레스의 논의 안에 상충성(이 책 제 III장, 미주 72-81과 관련된 본문 참조)이 있다는 점을 인정하나, 이런 상충성이 아리스토텔레스의 세계관이 지닌 근본적인 결속성을 (혹은 조화를) 훼손시키지는 않는다고 논한다.

12) 윌리엄스의 *Ethics and the Limits of Philosophy*에 대한 연구서평인 J. McDowell (*Mind* 95, 1986) 377-386쪽; A. O. Rorty (ed.), *Essays on Aristotle's Ethics* (Berkley, 1980) 359-376쪽에 실린 A. O. Rorty, "The Role of *Eudamaimonia* in Aristotle's Ethics", 특히 366-373쪽 참조. 이와 더불어, J. Annas, "Naturalism in Greek Ethics Aristotle and After", *Proceedings of the Boston Area Colloquium* 4 (1988), 149-171 쪽; C. Gill, "The Human Being as an Ethical Norm", 137-161쪽 특히 138-143, 152-155쪽 및 *Personality* 6장 4-5절; J. E. G. Altham & R. Harrison (edd.), *World, Mind and Ethics: Essays on the Philosophy of Bernard Williams* (Cambridge, 1995) 86-131쪽에 실린 M. C. Nussbaum, "Aristotle on Human Nature and the Foundation of Ethics" 참조.

13) C. Gill, *Personality* 6장 5절 및, 각주 130-132에 관련된 본문, 그리고 4장 6-7절과 5장 6-7절 참조. 아리스토텔레스의 윤리관 안에서 발견되는 또다른 종류의 '불안 정[instability]'에 대해서는 J. Annas, *Morality of Happiness* (Oxford, 1993) 18장 참조.

14) J. Annas, *Morality of Happiness* 2부, 특히 3장과 9장.

15) 이러한 점을 누구에게나 입증하려는 현대 철학을 겨냥한 윌리엄스와 매킨타이어 의 비판에 대해서는 위의 미주 6과 관련된 본문 참조. 이를 반영하는 그리스 사상가 들과 그 중요한 변화에 대해서는 아래의 미주 59, 101을 볼 것.

16) 예컨대 플라톤이『국가』2권 379d에서 중요하게 인용하고 있는 (제우스 궁전의 문지방에 놓인 행운과 불행으로 가득 찬 운명의 두 항아리들에 대한)『일리아스』 24권 527-533행을 볼 것. 아울러 아래의 미주 19 참조. 그리스 신들이 보여주는 윤리적 문제의 양상들을 논하는 부분들로는 소포클레스의『트라키스의 여인들』 1264-1278행, 에우리피데스의『히폴뤼토스』120행과『헤라클레스』1313-1346 행 참조.

17) 시적 전통에 따른 신학의 맥락을 비판하는 주요 사례는 크세노파네스나 (『국가』 의 377d-383b에서 볼 수 있듯이) 플라톤에게서 찾을 수 있다. 정령에 대한 재정의 에 대해서는 D. E. Rice, J. E. Stambough, *Sources for the Study of Greek Religion* (Missoula, Montana, 1979) 44-50쪽; J. Bremmer, *Greek Religion* (Oxford, 1994) 12쪽과 89-90쪽 참조.

18) 그렇다고 해서 그러한 사변적 작업이 종교에 대한 관습적인 이념들 및 윤리적

함의와 상충할 수 있다는 점을 전적으로 부인하고자 하는 것은 아니다. 이와 관련하여 아래의 미주 40-43과 관련된 본문 참조.

19) 이 구절에서 제시하는 바와는 달리 자연적 규범성에 대한 그리스 사상을 이해하는 구도를 H. Lloyd-Jones, *The Justice of Zeus* (Berkley, 1971)에서 찾을 수 있다. 그는 (제우스와 같은) 신을 객관적인 도덕적 심판자로 보는 생각이 『일리아스』 이래로 그리스 문학과 사상에 주도적이었다고 논하며, 코스모스^{kosmos}(우주, 세계, 질서)를 섭리에 따라 질서가 주어진 전체로 파악하는 그리스 후기의 철학적 이념을 당시의 종교관으로부터 이어져 내려온 구조로 볼 수 있다고 제안한다. 허나 로이드-존스의 견해에는 중요한 문제점들이 있는데, 그 가운데 하나는 N. Yamagata, *Homeric Morality* (Leiden, 1994)에서 강조된 바가 있다. 비록 호메로스의 서사시는 인간을 공정한 도덕적 심판자로서 활약하는 신들을 믿는 존재로 표현하고 있으나, 실상 신들은 자신들의 명예나 관심사에 따라 운명^{moria}의 속박에 의해서 활동하는 존재들로 표현되고 있다. 이와 관련하여 야마가타의 책 1부, 특히 1-2쪽과 6장 참조. 아울러 (공정한 혹은 공평한 정의에 대해서가 아니라) 상호성에 대한 윤리가 그리스 신들의 도덕성에 대한 사유의 구도를 구성한다고 하는 로버트 파커의 제안 역시 중요하게 살필 필요가 있다. 이에 대해서는 C. Gill, N. Postletwaite & R. Seaford (edd.), *Reciprocity in Ancient Greece* (Oxford, 1998)에 실린 R. Parker, "Reciprocity in Greek Religion" 참조.

20) 소크라테스 이전 철학자들에 대한 해석과 관련하여 두 가지의 다른 특색, 즉 시를 통해서 사유를 표현하던 당시의 지배적인 구술 문화의 맥락 안에서 그들을 파악해야 하는 중요성과 그들의 '단편들^{fragments}'을 초기 기독교적 저술가들의 일부를 포함하여 인용이나 주해 작업이 이루어지던 서술 구도의 맥락에서 이해해야 한다는 중요성이 최근 연구자들에 의해서 제기되어왔다. 전자와 관련해서는 K. Robb (ed.), *Language and Thought in Early Greek Philosophy* (La Salle, Illinois, 1983)에 실린 E. A. Havelock, "The Linguistic Task of the Presocratics"; 후자와 관련해서는 C. Osborne, *Rethinking Early Greek Philosophy* (London, 1987) 참조. 두 특색 모두 여기서 다루는 주제에 대한 가능한 함의를 포함하고 있다.

21) 소크라테스 이전 철학자들을 이해하는 데에 기본이 되는 텍스트로는 H. Diels, *Die Fragmente der Vorsokratiker* (rev. W.Kranz, Berlin, 1961^{10}: 이하 편의상 DK로 약칭)를 꼽을 수 있다. 이후 인용되는 소크라테스 이전 철학자들의 단편들은 별도로 언급이 되지 않는 한 DK의 B단편 번호에 따라 표기한다. 이 텍스트 외에 그들에 대한 단편을 이해하는 자료로는 G. S. Kirk, J. E. Raven, M. Schofield, *The Presocratic Philosophers* (Cambridge, 1983^2: 이하 편의상 KRS로 약칭) 및 M. R. Wright, *The Presocratics, Main Fragments with Introduction and Commentary* (Bristol, 1985)를 꼽을 수 있으며, 둘 모두 유용한 참고 문헌 정보를 제공한다.

이 자료들이 제시하는 몇몇 해석안들은 아낙사고라스나 파르메니데스 등의 소크라테스 이전 철학자들과 관련해서 차용될 수 있는데, 그것들이 이 장에서 이루어지는 아낙시만드로스(의 세계의 원리이자 규범적 원리로서의 '정의' 개념) 및 파르메니데스(의 세계 및 인간 인식과 지향점의 이해로 전환되는 존재의 단일성 파악 개념)에 대한 해석과 유사성을 지니기 때문이다. 이러한 해석안과 관련하여 아낙시만드로스의 단편 DK12 A9와 파르메니데스의 단편 DK28 B1-2, 6-8을 볼 것. 이와 더불어 C. J. Kahn, *Anaximander and the Origins of Greek Cosmology* (New York, 1960); A. P. D. Mourelatos, *The Route of Parmenides* (New Haven, 1970) 역시 추가로 참조.

22) 헤라클레이토스의 단편 DK22 B1, 2, 26, 41, 50, 54, 67, 117-118, 그리고 123을 볼 것. 아울러 KRS 6장; C. H. Kahn, *The Art and Thought of Heraclitus* (Cambridge, 1979); M. Schofield & M. Nussbaum (edd.), *Language and Logos: Studies in Ancient Greek Philosophy Presented to G. E. L. Owen* (Cambridge, 1982) 33-59쪽에 실린 E. Hussey, "Epistemology and Meaning in Heraclitus" 참조.

23) C. Gill (ed.), *Person and Human Mind* 207-225쪽에 실린 M. R. Wright, "Presocratic Minds" 참조. 인용은 221쪽에서 발췌했으며, 218-225쪽도 유사한 주장을 담고 있다.

24) 헤라클레이토스 단편 DK22 B101을 볼 것. 거기서 헤라클레이토스는 '나는 내 자신을 살핀다'고 말한다. 이와 더불어 KRS 211-212쪽도 참조. 헤라클레이토스의 사례처럼, 소크라테스 이전 철학자들이 보여주는 신비주의적 요소의 영향에 대해서는 R. Seaford, "Immorality, Salvation, and the Elements", *Harvard Studies in Classical Philology* 90 (1986), 1-26쪽, 특히 14-20쪽 참조.

25) M. R. Wright, *Empedocles: The Extant Fragments (ed.), with Introduction and Commentary* (New Haven, 1981), 특히 57-76쪽의 논의에 따른 것이다. 아울러 KRS 10장, 특히 320-321쪽 참조. 다른 종류의 가능한 해석에 대해서는 라이트의 책 57쪽 각주 1번과 KRS의 459쪽 참조.

26) 엠페도클레스의 단편 DK31 B6, 17 (특히 21-26행), 27, 29, 31, 105, 109, 133-134를 볼 것. M. R. Wright, *Empedocles* 72-75쪽 참조.

27) 엠페도클레스의 단편 DK31 B115와 137 등에서 볼 수 있듯이, 엠페도클레스는 삶의 이행을 나타나는 용어들을 사용하여 이 과정을 그리고 있다. 비록 엠페도클레스의 사유가 분석적 용어들 안에서 해석될 수 있으나, 신비주의적 요소와 같은 종교적 실천의 맥락에서 이를 이해하는 것 역시 가능하다. G. Zuntz, *Persephone* (Oxford, 1971) 181-274쪽; R. Seaford, "Immortality, Salvation, and the Elements" 10-14쪽 참조.

28) 엠페도클레스의 단편 DK31 B121, 130, 136 참조. '순수한 수련 안에서의 선한

의지'라는 표현은 단편 110의 2행에서 발췌했다.

29) 그들의 이러한 시도는 앞에서 간략하게 언급된 후기 그리스 윤리적 사유의 핵심 주제를 예견할 수 있도록 해준다. 타인을 이롭게 하는 가능한 한 최선의 방식은 (특히 인간 행복의 본성과 관련하여) 진리라고 간주된 바를, 설령 그것이 관습적인 견지에서 보았을 때 남에게 이득을 주지 않는다고 여겨지더라도, 전해주는 것이다. 이와 관련하여 앞의 제 III장 미주 78-81과 관련된 본문을 참조할 것.

30) 퓌타고라스 자신은 아무런 저술을 남기지 않은 것으로 전해지며, 그에 대한 사료 중 가장 오래된 것은 (기원전 5세기) 필롤라오스가 남긴 퓌타고라스의 수-이론에 대한 것들이다. 발터 부르케르트와 같은 학자들은 필롤라오스가 남긴 사료가 퓌타고라스 이론의 핵심을 드러낸다고 보고 있다. 이와 관련하여 KRS 215-216쪽과 324쪽, 그리고 7장과 11장을 참조. 이와 함께, W. Burkert, *Love and Science in Ancient Pythagoreanism* (Cambridge, Mass., 1972); A. P. D. Mourelatos (ed.), *The Pre-Socratics: A Collection of Critical Essays* (New York, 1974) 161-185쪽에 실린 C. H. Kahn, "Pythagorean Philosophy before Plato"; C. A. Huffman, *Philolaus of Croton: Pythagorean and Presocratic* (Cambridge, 1993) 참조.

31) KRS에 기재된 퓌타고라스 단편 269-272, 275, 277, 285-286 및 필롤라오스 단편 450-458 참조.

32) 이는 소크라테스 이전 철학자들이 철학적 방법론에 대해서 무지했기 때문에 그런 것이 아니다. 오랜 시간에 걸쳐 학자들은 소크라테스 이전의 사상사가 자연에 대한 이념들에 대해서, 그리고 어느 정도까지는 철학적 방법론에 대해서 논쟁을 지속해왔다는 점을 추정해왔다. 그들의 철학적 방법론에 대한 논의와 관련해서는 T. Irwin, *Classical Thought* (Oxford, 1989) 29-38쪽 참조. 그러나 그 학자들이 자연과 윤리에 대한 소크라테스 이전 철학자들의 관심을 이와 같은 방식에서 연결 시켜 명확하게 다루지는 않았던 것으로 보인다.

33) 그 당시의 사상가들의 삶이 지닌 측면을 이해하는 문제에서와 마찬가지로, 비록 부분적이라고 할 수 있겠으나 그럼에도 여전히 중요한 자료의 역할을 하는 플라톤 의 대화편들을 간과할 수는 없다. 그러나 그것들 안에서 어디까지가 그의 논의이고 어디까지가 당시 기원전 5세기 후반 사상가들의 입장인지를 명확하게 구분짓는 일에는 많은 어려움이 존재한다. 플라톤에 의해서 왜곡되었을지도 모를 형태의 보고로부터 독립하여 소크라테스 이전 철학자들에 대한 객관적인 역사적 시각을 확보하려는 연구에 대해서는, E. A. Havelock, *The Liberal Temper in Greek Politics* (London, 1957); C. Farrar, *The Origin of Democratic Thought: The Invention of Politics in Classical Athens* (Cambridge, 1988); J. De Romilly, *The Great Sophists in Periclean Athens* (Oxford, 1992) 참조.

34) 다양한 사료적 출처 및 해석 노선과 관련해서는 W. K. C. Guthrie, *A History*

of Greek Philosophy (Cambridge, 1969: 이하 편의상 *HGP*로 약칭) 3권 4-5장을, 보다 분석적인 해석과 관련해서는 G. B. Kerferd, *The Sophistic Movement* (Cambridge, 1981, 『소피스트 운동』) 10장 참조.

35) W. K. C. Guthrie, *HGP* 3권 101-16쪽; G. B. Kerferd, *The Sophistic Movement* (『소피스트 운동』) 115-123쪽, 그리고 플라톤의 『국가』 1권에서 진행되는 소크라테스와 트라쉬마코스 사이의 대화를 참조. 칼리클레스에 대해서는 플라톤의 『고르기아스』 481 이하, 특히 482-483을 볼 것. 안티폰은 전통적으로 비-도덕주의자로 이해되어왔으나, T. J. Saunders, "Antiphon the Sophist on Natural Laws", *Proceedings of the Aristotelian Society* 78 (1977-1978), 26-35쪽에서 이에 대해서 이의를 제기한다. 그러나 G. B. Kerferd (ed.), *The Sophists and their Legacy* (Wiesbaden, 1981) 81-91쪽에 실린 D. Furley, "Antiphon's Case against Justice"에서 펄리는 다시 그를 비-도덕주의자로 제시한다.

36) 투퀴디데스의 『펠로폰네소스 전쟁사』에서 발견되는 두 논쟁, 즉 멜로스 논쟁(5권 105.2)와 미틸레네 논쟁(3권 40.4와 44.1)과 관련된 W. K. C. Guthrie, *HGP* 3권 84-88쪽과 G. B. Kerferd, *The Sophistic Movement*(『소피스트 운동』) 123-125쪽 참조.

37) W. K. C. Guthrie, *HGP* 3권 63-79쪽; 이암블리코스 저작에서 발견되는 저자 불명의 단편과 프로타고라스에 관련된 논의를 제공하는 G. B. Kerferd, *The Sophistic Movement*(『소피스트 운동』) 125-130쪽, 그리고 이 책 제 IV장 미주 46-47과 관련된 본문 참조.

38) W. K. C. Guthrie, *HGP* 3권 5장; 플라톤의 『국가』 358e-359b 및 크리티아스의 《시쉬포스》 단편(DK88 B25)과 관련된 논의로는 G. B. Kerferd, *The Sophistic Movement*(『소피스트 운동』) 147-150쪽 참조. 보다 적극적인 형태로 논의되는 사회 계약 이론에 대해서는 플라톤의 『크리톤』 50c-53a 참조.

39) 플라톤이나 아리스토텔레스 그리고 스토아 학파 등 후대 그리스 사상가들의 견해와 관련해서는 이 책 제 IV장 3절 참조.

40) 이러한 요소들뿐만 아니라 그러한 논의를 촉발시켰던 다른 종류의 문화적이고 사상사적인 요소들에 대해서는 (그리고 소크라테스 이전 철학자들의 '자연주의 naturalism'적 관점에 답하는 논의들에 대해서는) T. Irwin, *Classical Thought* 4장, 특히 59-67쪽; G. B. Kerferd, *The Sophistic Movement*(『소피스트 운동』) 112-114 쪽; W. K. C. Guthrie, *HGP* 3권 2장 참조.

41) 아낙사고라스와 아폴로니아의 디오게네스에 대해서는 KRS 12장과 16장, M. Schofield, *An Essay on Anaxagoras* (Cambridge, 1980); A. Laks, *Diogène d'Aollonie* (Lille, 1983) 참조.

42) 아리스토파네스의 『구름』 366-436, 1075-1082, 1399-1405행과 플라톤의 『소크

라테스의 변론』 18b-19d, 23d-e, 26d-e 그리고 『법률』의 888e-890a를 볼 것. 이와 더불어 W. K. C. Guthrie, *HGP* 3권 113-116쪽도 참조.

43) (위의 미주 42에서 언급된) 『소크라테스의 변론』에 따를 경우, 플라톤은 소크라 테스가 이런 유형의 사고에 매진한 적이 있었다는 인상이 대중에게 악영향을 미쳤 으며 '젊은이들을 타락시키고 도시가 믿는 신들을 믿지 않는다'는 이유로 그가 재판에 불려가게 된 데에 영향을 미쳤다고 생각했던 것 같다. 소크라테스의 재판 및 그의 '경건성'을 이해하는 최근의 논의에 대해서는 이 책 제 IV장 미주 37-43과 관련된 본문 참조.

44) 플라톤의 대화편들은 보통 (초기 소크라테스의 대화방식을 재현하는) 초기, (소크 라테스로부터 독립된 형이상학적 논의를 발전시키는) 중기, 그리고 (앞서의 논의 들을 재고하며 보다 나아간 형태로 논의를 진전시키는) 후기로 구분된다. (『국가』 와 마찬가지로) 『파이돈』은 주로 '중기' 대화편으로 분류되며, 『티마이오스』는 '후기' 대화편으로 분류된다. 플라톤 저술들의 연대기에 대해서는 R. Kraut (ed.), *The Cambridge Companion to Plato* (Cambridge, 1992) 90-120쪽에 실린 L. Brandwood, "Stylometry and Chronology"; 그리고 플라톤의 대화 형식의 사용에 대해서는 이 책 제 IV장 미주 40에 언급된 문헌들을 참조할 것.

45) 『파이돈』의 96a-99c, 특히 97b-98c를 볼 것. 소위 '자연세계' 혹은 '우주'라고 불리는 바에 대한 소크라테스 자신의 대안적 접근과 관련해서는 『파이돈』의 100a-106e를 볼 것. 아울러 D. Gallop, *Plato: Phaedo, tr. With Commentary* (Oxford, 1975); D. Bostock, *Plato's* Phaedo (Oxford, 1986); C. J. Rowe, *Plato:* Phaedo *ed. With Introduction and Commentary* (Cambridge, 1993) 참조.

46) 『파이돈』과 『티마이오스』 사이의 관계에 대해서는 T. Irwin, *Classical Thought* (Oxford, 1989) 111-113쪽 참조. 『티마이오스』 35b-36d, 38c-39e, 43a-47e, 53c-57c, 그리고 G. Vlastos, *Plato's Universe* (Oxford, 1975) 2-3장; W. K. C. Guthrie, *HGP* 5권 4장 (특히 퓌타고라스주의자들^{Pythagoreans} 항목의 색인을) 참조.

47) 『파이돈』 68c-69c, 78d-79d, 82e-84a 참조. 참된 덕목들과는 달리 관습적으로 덕목이라고 여겨졌던 것들은 단지 육체적 쾌락과 고통 사이의 교환일 따름이다. 진정한 덕목들은 철학적 혹은 변증적 반성으로부터 확보된다고 하는 주장에 대해 서는 이 책 제 III장 미주 38 및 69-70에 관련된 본문 참조할 것. 영혼의 '정화'라고 하는 일종의 신비주의적 요소의 영향과 관련해서는 C. Riedweg, *Mysterienter-minologie bei Plaon, Philon und Klemens von Alexandrien* (Berlin, 1987) 참조.

48) 『티마이오스』 42e-47d, 69d-72d, 86b-89e를 볼 것. 특정 종류의 악덕들이 생리적 체질의 결함으로부터 야기된다고 하는 주장(86b-87b)에 대해서는 M. M. Mackenzie, *Plato On Punishment* (Berkley, 1981) 176-178쪽; 『티마이오스』에서 전개되는 심리학적 논의에 대해서는 T. M. Robinson, *Plato's Psychology* (Toronto,

1970) 4-5장 참조.

49) 『티마이오스』 44b-c, 47b-d, 87b, 90a-d를 볼 것. 즉 플라톤은 자연의 있는 그대로의 사실들이 이미 갖추어진 성격에 상관없이 누구든 좋게 만든다고 주장하는 것이 아니다. 이와 관련된 논의에 대해서는 위의 미주 15에 해당하는 본문 참조.

50) 이 책 제 III장 미주 67-71과 관련된 본문 참조.

51) 『국가』 529a-530e를 볼 것. 이러한 천문학적 및 수학적 그리고 변증적 인식 유형들의 결합에 대해서는 R. Kraut (ed.), *The Cambridge Companion to Plato* 170-199쪽에 실린 I. Mueller, "Mathematical Method and Philosophical Truth", 특히 183-194쪽 참조.

52) T. Irwin, *Plato's Moral Theory* (Oxford, 1977) 7장, 특히 230-248쪽과 *Plato's Ethics* (Oxford, 1995) 17-18장을 참조. 이와 더불어 앞의 제 III장 미주 62-63과 관련된 본문 및 C. Gill, *Personality* 4.3과 5.2 역시 참조.

53) 『국가』 400d-402c, 특히 401d-402d와 500a-501c, 특히 500c-d를 참조.

54) H. J. Krämer, *Arete bei Platon und Aristotle* (Heidelberg, 1959: Amsterdam, 1967²); K. Gaiser, *Platons Unfeschriebene Lehre* (Stuttgart, 1968²); J. N. Findlay, *Plato: The Written and Unwritten Doctrines* (London, 1974) 참조. 이러한 제안을 하는 학자로는 이들 외에 토마스 슐레자크와 지오반니 레알레를 꼽을 수 있다. K. Gaiser, "Plato's Enigmatic Lecture on the Good", *Phronesis* 25 (1980) 1-37쪽은 이에 대한 설명을 잘 해주고 있으며, 플라톤의 쓰이지 않은 교리들을 다루는 *Methexis* 6 (1993) 특별판은 이 주제 전체에 대한 평을 제공한다.

55) 한스 요아힘 크레머에 대한 비판적 검토가 담겨 있는 G. Vlastos, "On Plato's Oral Doctrine", *Platonic Studies* (Princeton, 1981, 제2판), 379-403쪽과 K. M. Sayer, *Plato's Late Ontology: A Riddle Resolved* (Princeton, 1983) 참조. 세이어는 써지지 않은 교리들이 실상 플라톤의 『필레보스』 안에서 발견되는 주장들과 같다고 본다.

56) A. Graeser (ed.), *Mathematics and Metaphysics in Aristotle: Proceedings of the X Symposium Aristotelicum* (Bern/Stuttgart, 1987) 213-240쪽에 실린 M. F. Burnyeat, "Platonism and Mathematics: A Prelude to Discussion", 특히 232-240쪽 참조.

57) 『티마이오스』 35a-36d, 43a-44a, 54c-56c 및 주 48-49에 관련된 본문을 볼 것.

58) 『국가』에서 논해지는 윤리적 교육의 두 단계 과정에 대해서는 이 책 제 III장 미주 67-71과 관련된 본문 및 위의 미주 53을 참조할 것.

59) 소크라테스 이전 철학자들의 논의와 관련하여 앞의 미주 21-31을 볼 것. 플라톤의 『파이돈』과 에피쿠로스 철학 안에서의 발견되는 유사한 입장들에 대해서는 앞의 미주 47 및 아래의 미주 86-90, 94-95와 관련된 본문 참조. 선-반성적^{pre-}

reflective 성격의 발전이 자연의 역할을 반성적으로 이해하기 위해서 미리 갖추어져 있어야 한다고 강조하는 아리스토텔레스와 스토아 학파의 입장에 대해서는 아래의 미주 67 및 78-79와 관련된 본문 참조. 이와 같은 구분을 그리스 사유 내에서 짓는 일은 이 책 제 III장 미주 38과 관련된 본문에서 이룬 구분의 한 부분을 나타내고 있다. 이와 관련하여 아래의 미주 101 역시 참조.

60) 간략하게 말해서 윤리학은 (1) 이론적 목적보다는 실천적 목적을 가진다는 점에 의해서, (2) 인간 삶의 궁극적이자 적합한 목적을 탐구한다는 점에 의해서, 그리고 (3) ('윤리ethics'라는 말을 파생시킨 용어인 에토스ethos[특성 혹은 습성]와 관련한 덕목들을 포함하여) 덕들의 노선들이 가진 중요성에 초점을 맞춘다는 점에 의해서 분류된다. 아리스토텔레스의 『니코마코스 윤리학』 1권 1장 및 13장, 그리고 2권 1-2장을 볼 것. 이와 더불어 J. Annas, *Morality of Happiness* 1-2장; D. Zeyl (ed.), *Encyclopedia of Classical Philosophy* (New York, 1997)에 실린 C. Gill, "Ethical Thought, Classical" 참조.

61) M. C. Nussbaum, *The Fragility of Goodness* (Cambridge, 1986) 8장과 10장을, 그리고 플라톤에 대한 해석과 관련해서는 5장을 참조.

62) J. Lear, *Aristotle: The Desire to Understand* (Cambridge, 1988) 1, 4, 6, 8장 참조. 이러한 해석의 근거로 아리스토텔레스의 『형이상학』 12권 7장과 9장; 『영혼론』 3권 3-5장; 『니코마코스 윤리학』 10권 7장 1177b26-1178a22 참조. 테런스 어윈은 *Aristotle's First Principles* (Oxford, 1988)에서 리어와 구분되나 동시에 부분적으로 병행을 이루는 해석을 제안하는데, 그에 따르면 아리스토텔레스는 (논박되지 않는 형이상학적 원리들에 기초한 논변인) '강한 변증strong dialectic'이 윤리학을 포함한 철학의 다른 갈래들이 다루는 주제들의 결론을 지지해주는 근간을 제공한다고 해석한다.

63) 이외에 '우리들 각각이 바로 그 자신인 바'를 (즉, 우리의 본질적인 인간적 본성이 무엇인지를) 우애에 대한 논의의 맥락에서 특징짓는 『니코마코스 윤리학』 9권 4장 특히 1166a13-23과 9권 8장 특히 1168b28-1169a3 역시 이 문제에 대한 아리스토텔레스의 핵심적 사안으로 이해할 수 있다(이와 관련하여 이 책 제 III장 미주 45와 관련된 본문 참조). 아울러 (『니코마코스 윤리학』 7권 3장, 특히 1147a24-25에서 논의되는) 자연 혹은 본성과 관련한 방식에서의phusikō 아크라시아akrasia(자제력 없음)에 대한 분석과, (『니코마코스 윤리학』 9권 9장 1170a13-14에서 논의되며, 아울러 7권 3장에서의 논의에 비해서) 자연 혹은 본성에 더욱 관련된 것으로서 phusikōteron 우애가 가진 행복 안에서의 역할에 대한 분석 역시 고려할 것.

64) 위의 미주 8-11과 관련된 본문 참조. '형이상학적 생물학'과 관련해서는 A. MacIntyre, *After Virtue*(『덕의 상실』) 148쪽을 볼 것.

65) 위의 미주 12에 언급된 연구문헌들을 참조.

66) 위의 미주 8-9, 12와 관련된 본문을 볼 것. 사전에 가진 신념이나 개인적 성격이 어떤지를 전혀 고려하지 않는 채, 무조건적으로 누구든 설득해야 한다는 '아르키메데스의 점(지레의 받침점 혹은 주축점)'에 대해서는 B. Williams, *Ethics and the Limits of Philosophy* 2장을 볼 것. (윌리엄스 스스로 이런 점을 일종의 환영이라고 간주한다.)

67) 『니코마코스 윤리학』 1권 3-4장, 특히 1095b6-7과 10권 9장, 특히 1179b4-31을 볼 것. 이와 함께 A. O. Rorty (ed.), *Essays on Aristotle's Ethics* (Berkley, 1980) 69-92쪽에 실린 M. Burnyeat, "Aristotle on Learning to be Good" 특히 71-76쪽 참조.

68) 『니코마코스 윤리학』 1권 7장 1097b33-1098a5에서 아리스토텔레스는 인간적 능력과 비-인간적 능력 사이의 관계에 대해서도 간략하게 논하고 있다. 인간의 능력에 대한 아리스토텔레스의 견해와 관련해서는 S. Everson (ed.), *Psychology: Companions to Ancient Thought 2* (Cambridge, 1991) 166-193쪽에 실린 C. Gill, "Is There a Concept of Person in Greek Philosophy?" 특히 171-184쪽 및 R. Sorabji, *Animal Minds and Human Morals: The Origins of the Western Debate* (London, 1993) 1부 참조.

69) 『니코마코스 윤리학』 1권 7장의 핵심 논의(1098a7-19)가 10권 7-8장의 주장과 다른 역할을 한다는 점은 의심의 여지가 없다. 즉 전자는 (1098a17-18에서 볼 수 있듯이, '덕의 유형들이 여럿이라면, 최고이자 가장 완전한 유형에 따라') 행복에 대한 설명의 '개요(1098a20-22)'를 제시하는 목적을 가진 반면, 후자(10권 8-9장)는 '최고이자 가장 완전함'의 역할에 부합하는 것이 무엇인지 이에 대한 진중한 후보들을 따져보고자 한다.

70) 이 책 제 III장 미주 72-81과 관련된 본문 참조.

71) 위의 미주 62에서 언급된 문헌들 및 『니코마코스 윤리학』 6권 7장, 특히 1141a18-b12와 6권 12장, 특히 1144a1-6, 그리고 6권 13장, 특히 1145a6-11 참조.

72) 이와 관련하여 C. Gill, *Personality* 5장 6절 참조.

73) 이 점에 대한 그리스 사유의 일반적 특징에 대해서는 위의 미주 15 참조. 선-반성적 덕들의 역할이 가진 중요성을 강조하는 사례와 그렇지 않은 사례 사이의 구분에 대해서는 위의 미주 59를 볼 것.

74) A. A. Long, D. N. Sedley, *The Hellenistic Philosophers* (Cambridge, 1987 = LS) 63 A-C 참조.

75) T. Engberg-Pedersen, *The Stoic Theory of Oikeiosis: Moral Development and Social Interaction in Early Stoic Theory* (Aarhus, 1990); M. Schofield & G. Striker (edd.), *Norms of Nature* 145-183쪽에 실린 "Discovering the Good: *oikēiosis* and *kathēkonta* in Stoic Ethics"; C. Gill (ed.), *Person and Human Mind* 109-135쪽에 실린 "Stoic

Ethics and the Concept of a Person" 참조.

76) J. Annas, *Morality of Happiness* 5장, 특히 163-166쪽을 볼 것. 여기서 안나스는 스토아 학파에서 가장 중요하며 체계적인 인물 가운데 한 사람인 크뤼십포스의 입장을 재구성하고자 시도한다. 이와 함께 J. Brunschwig, "On a Book titled by Chrysippus: 'On the Fact that the Ancients Admitted Dialectic along with Demonstrations'", *OSAP* supp. Vol., (1991), 81-96쪽 참조. 스토아 학파의 교육과정에 대해서는 N. P. White, "The Basis of Stoic Ethics", *Harvard Studies in Classical Philology* 83 (1979), 143-178쪽 참조.

77) 이 주장 및 스토아 윤리학의 다른 핵심 주장들에 대해서 LS 58과 70 참조.

78) 이는 대부분의 사람들이 윤리적 발전의 '자연적' 과정을 완수하는 데에 실패하게 된다는 이유에 대한 크뤼십포스의 설명(의 일부분)이다. 드 라시가 번역하고 주해를 단 갈레노스의 『힙포크라테스와 플라톤의 학설에 대하여』 V 5.13-14의 318-321쪽 참조(이에 대한 자세한 서지사항은 이 장 제 II장 미주 36을 볼 것). 이와 더불어 A. A. Long, "The Stoic Concept of Evil", *Philosophical Quarterly* 18 (1968), 329-342쪽 역시 참조. 스토아 학파가 덕스러운 사회적 삶과 발전에 대한 적합한 사정을 두 가지 사유의 가닥에서 제시하고 있다는 점과 관련해서는 이 책 제 IV장 미주 88-94와 관련된 본문 참조.

79) LS 59D, 57F(= 키케로, 『최고선에 관하여』 3권 17, 20-22, 62-68장) 참조. 키케로의 『최고선에 관하여』에 대한 유용한 연구로는 로즈메리 라이트가 편집하여 번역하고 주해를 단 *Cicero: On Stoic Good and Evil:* De Finibus *3 and* Paradoxa Stoicorum (Warminster, 1991) 참조. 이와 함께 G. Striker, "The Role of Oikeiosis in Stoic Ethics", *OSAP* 1 (1983), 145-167쪽; A. A. Long (ed.), *Problems in Stoicism* (London, 1971) 114-149쪽에 실린 S. Pembroke, "*Oikeiosis*" 참조.

80) J. Annas, *Morality of Happiness* 5장, 특히 160-163쪽; C. Gill (ed.), *Person and Human Mind* 143-151쪽에 실린 C. Gill, "The Human Being as an Ethical Norm" 참조.

81) N. P. White, "Nature and Regularity in Stoic Ethics", *OSAP* 3 (1985), 289-305쪽; G. Striker, "Following Nature: A Study in Stoic Ethics", *OSAP* 9 (1991), 1-73쪽 참조. 규범이자 기능으로서의 '이성'에 대한 스토아 학파의 주장과 관련해서는 이 책 제 II장 미주 29와 관련된 본문 참조.

82) LS 54를 볼 것. 스토아 학파의 이와 같은 입장을 발견할 수 있는 주요 전거로는 키케로의 『신들의 본성에 대하여』 2권을 들 수 있으며, 그곳 32장에서 키케로는 플라톤의 『티마이오스』를 인용한다. 『티마이오스』에 대해서는 위의 미주 48-49와 관련된 본문을, 그리고 이런 관점에서 플라톤의 사유와 스토아 학파의 사유가 어떤 연결성을 가지고 있는지에 대해서는 N. P. White, "Basis of Stoic Ethics"

177-178쪽 참조. 이와 더불어 J. Brunschwig & M. C. Nussbaum (edd.), *Passions and Perceptions* (Cambridge, 1993) 313-331쪽에 실린 D. Sedley, "Chrysippus on Psychophysical Causality" 역시 참조.

83) 키케로의 『신들의 본성에 대하여』 2권 133장(= LS 54 N)을 볼 것. 2권 133-156장에서 제시되는 사유의 노선은 『티마이오스』 44d-47e의 논의에 가깝다. 아울러 LS 63 D-E 역시 참조. 스토아 학파가 주장하는 인간과 동물의 심리적 기능 사이의 관계 및 이에 대한 윤리적 함의에 대해서는 R. Sorabji, *Animal Minds and Human Morals* (가운데 '스토아 학파[Stoics]' 항목) 참조.

84) J. Annas, *Morality of Happiness* 165-166쪽 참조. 아울러 위의 미주 81에서 언급했듯이, 단지 자연의 개념에 보다 강한 역할을 주고자 하는 스토아 학파의 의도에 주목할 것. 안나스는 에픽테토스나 마르쿠스 아우렐리우스와 같은 후대 스토아 학파가 인간은 '오직 코스모스의 한 부분'일 뿐이며 바로 이러한 사실이 삶을 형성하는 방식에 영향을 미친다고 하는 종류의 새로운 윤리적 원칙을 도입하기 위해서 세계의 본성 개념을 사용한다고 제안한다. 이에 대해서는 안나스의 책 175-179쪽을 볼 것. 아울러 R. B. Rutherford, *The Meditations of Marcus Aurelius: A Study* (Oxford, 1989); 에픽테토스의 『담화록』 개정판(tr. by R. Hard & introd. by C. Gill, London, 1995); J. Luce (ed.), *Ancient Writers: Greece and Rome* (New York, 1982) 985-1002쪽에 실린 A. A. Long, "Epictetus and Marcus Aurelius" 참조. 롱의 논문은 자신의 *Stoic Studies* (Cambridge, 1996)에 재수록 되어 있다.

85) 키케로의 『최고선에 관하여』 3권 62-68장, 특히 64, 65, 68장(= LS 57 F) 및 LS 66 J를 볼 것. 타인을 이롭게 하는 행위를 촉구하는 동기에 대한 스토아 학파의 입장과 관련해서는 J. Annas, *Morality and Happiness* 262-276쪽 참조. 그리고 스토아 학파의 사유가 이타성보다는 상호적 이득이라는 기준에 따라 사람들 사이의 윤리에 대한 규범을 규정하고자 하는 그리스 사유의 경향과는 구분되는 예외적 사례를 제시하고 있는지에 대해서는 C. Gill, N. Postletwaite & R Seaford (edd.), *Reciprocity in Ancient Greece* (Oxford, 1998) 303-328쪽에 실린 C. Gill, "Reciprocity or Altruism in Greek Ethical Philosophy?" 참조. 이와 대조되는 플라톤과 아리스토텔레스의 논의와 관련해서는 이 책 제 III장 4절 참조.

86) LS 21, 특히 A-B항목을 볼 것. 동물들 및 유아의 행위를 통해서 쾌락이란 본성적으로 욕구의 적합한 대상이라는 점을 발견할 수 있다는 에피쿠로스 학파의 주장과 관련하여, M. Schofield & G. Striker (edd.), *Norms of Nature* 113-144쪽에 실린 J. Brunschwig, "The Cradle Argument in Epicureanism and Stoicism", 특히 115-128쪽 참조.

87) (인간의 유기적 조직이 안정적이고 최적의 상태에 머물면서 야기되는) '정적인 static' 쾌락과 (안정적인 상태로 유기적 조직을 되돌리는 경우에 발생하는) '동적인

kinetic' 쾌락 사이의 구분 역시 욕구들의 구분과 관련하여 중요하게 간주될 필요가 있다. 이에 대해서는 LS 21, 특히 B, I, J, Q-R항목과, J. Gosling, C. C. W. Taylor, *The Greeks on Pleasure* (Oxford, 1982) 18-20장; J. Brunschwig & M. C. Nussbaum (edd.), *Passions and Perceptions* (Cambridge, 1993) 3-17쪽에 실린 G. Striker, "Epicurean Hedonism" 참조.

88) J. Annas, *Morality of Happiness* 188-200쪽; S. Braund & C. Gill (edd.), *The Passions in Roman Thought and Literature* (Cambridge, 1997) 16-35쪽에 실린 D. Fowler, "Epicurean Anger" 참조. 분노에 대한 에피쿠로스 학파의 사유를 이해하기에 좋은 자료로는 필로데모스의 『분노에 대하여』를 꼽을 수 있으며, 이에 대한 빌케의 편집본(Leipzig, 1914 & 1974 re-ed.)과 인델리의 편집본(Naples, 1988)을 참고하면 유용하다.

89) LS 57 D-F; M. W. Blundell, "Parental Love and Stoic Οἰκείωσις", *Ancient Philosophy* 10 (1990), 221-242쪽을 볼 것.

90) 우애에 대한 에피쿠로스 학파의 입장과 관련해서는 이 책 제 III장 미주 52-58과 관련된 본문 참조. 다른 그리스 윤리 이론들과 마찬가지로 에피쿠로스 학파의 사상이 (퀴레네 학파의 전략처럼 단순히 쾌락의 국소적인 일부를 극대화하는 체계를 제시하려는 것이 아니라) 인간의 삶을 형성하기 위한 전체적인 목적을 규정하고자 시도한다는 점에 대해서는 J. Annas, *Morality of Happiness* 334-350쪽, 그리고 퀴레네 학파에 대해서는 227-236쪽 참조. 이와 더불어 M. Schofield & G. Striker (edd.), *Norms of Nature* 245-263쪽에 실린 M. Hossenfelder, "Epicurus—Hedonist malgré lui" 또한 참조.

91) 에피쿠로스 학파의 이론에 대한 루크레티우스의 설명을 살펴보면 이와 같은 점이 분명히 드러난다. 그는 『사물의 본성에 대하여』 1장 146-8에서 '마음의 공포와 암흑'은 '자연의 형태와 지성naturae species ratioque'에 대한 이해에 의해서만 제거될 수 있다고 말한다. 에피쿠로스의 『자연에 대하여』가 그의 가장 중요하면서도 방대한 저술 가운데 하나였다는 점은 분명하나, 오직 그 일부만이 단편의 형태로 남아 있다. 이 저술의 단편들을 포함하여 에피쿠로스의 사상을 파악할 수 있는 주요 저술 및 단편들의 선집으로는 G. Arrighetti, *Epicuro Opera* (Turin, 1960, 1973²) 등을 들 수 있다.

92) LS 18 C(= 에피쿠로스 『피토클레스에게 보내는 편지』 85-88)와 18 D(= 루크레티우스 『사물의 본성에 대하여』 5장 509-533), 그리고 LS 1권 94-96쪽 참조.

93) M. Schofield & G. Striker (edd.), *Norms of Nature* 31-74쪽에 실린 M. C. Nussbaum, "Therapeutic Arguments: Epicurus and Aristotle", 특히 32-53쪽과 그녀 자신의 *The Therapy of Desire: Theory and Practice in Hellenistic Ethics* (Princeton, 1994) 4장을 볼 것. 자신의 주장을 피력하기 위해서 누스바움은 필로데모스의

『진솔함』Parrhēsia(자유롭고 솔직하게 말함)에 대하여』를 주요 자료로 사용한다.

94) 윤리에서의 '내면화'에 대해서는 이 책 제 Ⅲ장 미주 24와 관련된 본문 참조.

95) 에피쿠로스 학파의 '복창'을 이처럼 해석할 수 있도록 해주는 그리스 사유의 두 가지 배경과 관련해서는 위의 미주 59 참조.

96) 스토아 학파인 키케로의『신들의 본성에 대하여』1장 특히 49-50과 103-107 부분이 이 논쟁과 관련한 주요 자료이다. 기원전 1세기에 제시된 인간의 세계와 천공의 세계 사이의 공간에intermundia 신들이 살고 있다는 일종의 혁신적인 이 생각은 에피쿠로스의 주장에 다소 불분명하게 남아 있는 요인들을 제거하여 명확히 하기 위해서 제시된 것으로 보인다. 이와 관련하여 LS 1권 149쪽 참조.

97) LS 1권 144-149쪽을 볼 것. 이에 대한 다른 견해와 관련해서는 LS의 2권 490쪽, A. J. Festugière, *Epicurus and His Gods* (영역본, Oxford, 1955: 불역본, Paris, 1968²); K. Kleve, *Gnosis Theon* (*Symbolae Osloense* 19 보충판, Oslo, 1963); D.Lemke, *Die Theologie Epikurs* (Munich, 1973) 등을 참조.

98) 루크레티우스『사물의 본성에 대하여』5장 1198-1203(=LS 23 A[4]) 및 6장 68-79, 특히 75-78(=LS 23D), 그리고 LS 23 B, C(3), E(5), F(3), J 및 K를 볼 것.

99) 위의 미주 8-11과 관련된 본문을 볼 것.

100) 이런 측면에서 그리스의 이론이 그와 같은 점을 인간이라면 누구에게나 설득시킬 수 있다고 주장하는 (칸트의 입장이나 공리주의적 입장과 같은) 현대의 이론들보다 더욱 설득력을 가진다고 볼 수 있다. 위의 미주 6-9와 C. Gill, *Personality* 6장 4-6절 참조.

101) 간략하게 말해서,『국가』편을 통한 플라톤이나 아리스토텔레스 그리고 스토아 학파 모두 윤리적 발전을 위해서 반드시 필요한 유형의 성격을 고양시키는 데에 실천적이고 사회적인 삶이 가진 역할을 강조한다. (물론 플라톤과 아리스토텔레스는 성격이 그처럼 고양되기 위해서는 철학이 이를 합법적으로 바로잡아줄 수 있다고도 생각한다.) 반면 소크라테스 이전 철학자들과 에피쿠로스 학파는 성격을 형성하는 과정에서 철학이 가진 역할에 더욱 주안점을 둔다. 이와 관련하여 위의 미주 59 참조. 그리스 사유에서 발견되는 윤리적 동기와 정치적 동기에 대한 유비적 논의들에 대해서는 (그리고 아울러 플라톤과 스토아 학파의 입장에서 발견되는 복잡한 구도에 대해서는) 위의 미주 47-53과 관련된 본문 및 이 책 제 Ⅲ장 미주 38과 67-71에 관련된 본문, 그리고 제 Ⅳ장 미주 88-94와 관련된 본문 참조.

102) 윌리엄스의 견해와 관련하여 위의 미주 11과 관련된 본문을 볼 것.『국가』에서의 플라톤과 아리스토텔레스가 주장하는 완전한 발전의 복잡한 결과물에 대해서는 이 책 제 Ⅲ장 미주 67-81과 관련된 본문을, 그리고 이에 대한 스토아 학파의 입장에 대해서는 위의 미주 85에 관련된 본문 참조.

VI

결론

이제 앞서 반복적으로 등장했던 두 가지 주요 주제를 다시금 강조하면서 전체적으로 마무리를 짓고자 한다. 그 두 가지 주제 가운데 첫 번째는 그리스 사상사의 발전론적 측면과 관련이 되어있을 뿐만 아니라, 그리스 사유와 현대의 사유 사이에서 보이는 관계에 대해서도 관련이 되어 있는 주제였다. 이와 관련하여 지금까지 마음과 윤리에 대한 그리스의 양식이 어떠한지 논하는 최근의 연구 경향을 살피면서, 특정 유형의 발전론적 접근법에 비판적인 자세를 보였으며,[1] 아울러 자아의 유형, 윤리와 가치, 자연 혹은 본성, 그리고 공동체와 개인이라는 네 중점 주제에 대해서 그리스의 사유가 (필연적으로 서구 사유사의 초기 단계에도 그렇다고 보기는 어렵겠으나) 근대적 사유에 생각했던 것보다 더 가깝게 이해될 수 있는 여러 시각들을 강조했다.[2] 그와 같이 하면서, 특히 버나드 윌리엄스의 연구에 초점을 맞추었으며, 이를 알래스데어 매킨타이어의 주장과 연결하여 살펴보기도 했다. 그렇다고 해서 빅토리아 시대에 상대적으로 더욱 성행했던 그리스의 문화와 사유에 대한 견해를 (종종 단순하게) 이상화하는 작업으로 돌아가고자 옹호하는 것은 아니다.[3] 아울러 인류학적 접근법이, 그리스 사유를 사회적 맥락에 위치시키는 데에 도움을 주거니와 현대를 살아가는 우리와 고대 그리스인들 사이에다 적절한 역사적 그리고 비판적 거리를 두는 일을 조장하면서, 그리스 사상에 대해서 이룬 상당한 성과를 부인하는 것 역시도 아니다.[4] 그럼에도 불구하고, 윌리엄스가 우리의 사유와 그리스인들의 사유 사이의 관계에 대한 탐구를 시작하면서 (현대를 살아가는) '우리'가 심리학이나 윤리학 그리고 정치학과 그 외의 다른 주제들에 대해서 정확하게 믿고 있는 바들을 올바른 검토 없이 그리스 사유의 자료들로부터 읽어서는 안 된다고 한 점은 옳다고 할 수 있다. 그리스 사유를 이상적으로 검토하는 일은 우리가 가진 이념들을 재-검토하는 일과 함께 이루어져야 한다. 그와 같이 이루어진다면, 문화적이고 시대적인 중요한 차이에도 불구하고, 그리스 사유가, 종종 인류학적 접근에 기초한 연구들을 통해서 보이는 것보다, 실상 더욱 가깝고도 친숙한 모습으로 우리에게 드러날지 모른다.[5] 그리고 이러한 재-검토가 지속된다면, 이전과는 조금은 다른 유형의 인류학적 설명이 (발전론적 설명과 함께) 가능할 수도 있다. 물론 그러한 설명이, 발전론적 설명을 위해서 막연히 전제로 사용되기보다는, 현대 사유의 최근 형세에 더욱 기반해야 한다는 점은 두말할 나위도 없이 중요하다.

두 가지 주요 주제들 가운데 두 번째는 다음과 같다. 이 책을 통해서 그리스의 사유를 추적하면서 그리스 사상의 네 가지 영역 안에 등장하는 특정 연구 사안들에 대한 개인적인 해석을 제시했다. 물론 여기서 다룬 제한적인 자료에 기초하여 그리스 사유의 전형적인 특징을 일반화시켜 제안하는 일은 어리석은 시도일 터이다. 특히 호메로스의 서사시나 그리스의 비극에서 발견할 수 있는 사상적 흐름을 언급하기는 했으나, 대부분의 사안과 관련하여 그리스의 시 전통보다는 여러 시대에 걸친 그리스 철학을 조회했기 때문에 더욱 그럴 것이다. 그럼에도 심리학과 윤리학을 이해하는 그리스 사유에 대한 근간의 연구에서 사용되어온 개념의 개요를 여기서 어느 정도 그려낸 것은 나름 의미가 가진다고 할 수 있다.[6] 그 개념이란 곧 그리스 사유가 인간을 서로 관련된 세 가지의 대화 유형 안에서 '대화 상대자'로 간주하고 있기 때문에, '주관적-개인주의자 subjective-individualist'라기보다는 오히려 '객관적-참여[주의]자objective-participant' 로 그 특징을 밝힐 수 있다는 이념이다.

이러한 이념은 세 가지 측면에서 관련성을 가진다. 첫째는 제 II장과 관련된 측면으로서, 그리스 사상에서는 인간의 심리가 (주관적인) 자아-인식적 '나'라는 용어를 통해서라기보다는 오히려 ('부분들' 혹은 기능들의 관계를 가리키는) 전형적인 '객관적' 용어를 통해서 이해되었다는 점이다.[7] 둘째는 제 III장 및 IV장과 관련된 것으로서, 인간이 상호적이고 공동체적인 교제에 참여하는 일 안에서 혹은 그와 같은 일을 통해서 자신들의 윤리적이자 정치적인 신념들, 자세들 그리고 동기들을 형성하는 데에 본성적으로 부합한다는 생각이다. 앞에서 제안했듯이, 현대 서구 사유에서 중요한 역할을 하는 윤리적이자 정치적인 '개인주의'가 그리스 사상 안에서는 거의 자리를 차지하고 있지 않다.[8] 마지막 셋째는 인간이 객관적인 원칙들을 결정하고자 하는 목적을 가지고서 체계적인 담론을 나누며 심리적이자 윤리적인 그리고 정치적인 삶을 위한 기반을 추구한다는 점이다. 이는 현대에서 규범적인 원칙들을 정하는 데에 관련된 특정 개념들과 대비하여 이해될 수 있다. 그리스 사상에서 목표하는 바는 순전히 개인주의적인 (혹은 '주관적-개인주의'로서의) 윤리를 찾는 것도 아니고, 단순히 상호 주관적 동의에 의존하는 어떤 것을 찾고자 하는 것도 아니기 때문이다. 그렇기 때문에 (제 V장에서 살펴보았듯이) '자연' 혹은 '본성'을 규범으로 이해하는 그리스 사상이 이러한 사유의 한 예시적 유형으로 간주될 수 있다. 인간이 지향할 수 있는 보편적 최선의 삶이 무엇인지를 밝히는 공통의 진리에 대해서 인간들이 함께 담론을 이성적으로 진행해가며 이를 서로 나눈다는 것이야말로 '자연' 혹은 '본성'이 지닌 윤리적 중요성이기 때문에 그렇다.[9]

이 책에서 몇 차례 되풀이되어 등장했던 사안들은 위의 세 측면과 세 유형의 (심리적이자 사회적이며 변증적인) '담화' 사이의 상호작용으로부터 발생되었다고 이해할 수 있다. 예컨대 그리스 사상은 상호적이거나 공동체적 관계 안에서 참여의 역할을 묻기 때문에, 그리고 덕스러운 특성을 형성하고 규범적 원칙들에 대한 이해의 근간을 제공하는 데에 반성적인 혹은 변증적인 담론이 수행하는 역할에 대해서 질문을 던지기 때문에, 담화 사이의 상호작용이 발생하는 이와 같은 일이 실로 벌어졌다고 할 수 있다. 그리고 이는 적합한 윤리적 삶과 발전이 이루어질 수 있는 사회-정치적 맥락에 대한 물음과 함께, 윤리적 교육과 연계되어 발생해 왔다.[10] 아울러 이와 관련하여 제기되는 물음 가운데 하나는, 제 V장에서 강조되었듯이, 그리스 사상에서 윤리에 대한 이론들이 인간 조건의 최선 유형 혹은 인간의 '자연적'이자 '본성적' 유형이라고 그려내고 있는 바에 부응하는 종류의 윤리적 성품을 형성하는 데에서, 이러한 요소들 각각이 지닌 역할에 대한 물음이었다.[11] 이제 우리들은 그리스 사상의 두드러진 특징들을 분명하게 규정해주는 조명으로서 (아울러 근대적 사유와의 접목점에 대한 강조로서) '객관적-참여[주의]자' 유형을 발견할 수도 혹은 그렇지 않을 수도 있다. 그리고 우리가 이를 정녕 발견할 수 있다면, 우리는 '객관적-참여[주의]자' 유형을, 이 책에서 논의된 그리스 사상의 주제들과 관련한 영역에서뿐만이 아니라, 그외에 다른 영역들에도, 즉 변증의 기능이나 도덕적 (그리고 여타 대상을 다루는) 인식들과 관련한 그리스 사유의 영역들에도 적용이 될 수 있는 하나의 유형으로 이해할 수도 있다.[12]

　마지막으로, (이미 분명하게 드러났을지도 모르나) 이 책에서 이루어진 논의가 여전히 부족할 수 있다는 점을 강조하고자 한다. 여기서는 현대의 학자들이 흥미로우며 중요하다고 생각한 그리스 사상의 '일부' 특징들을 강조하고 아울러 어째서 그들이 그것들을 그처럼 여겼는지를 드러내기 위해서, 이와 관련된 최근의 연구들을 가능한 한 충분히 자세한 맥락에서 논하고자 한 것이 이 책의 목적 가운데 하나였다. 그렇기 때문에 그리스 철학뿐만 아니라 그리스 시 전통과도 관련된 특징들 '전체'를 논하는 연구는 물론이거니와, (그 자체만으로도 야심에 찬 계획일 수 있는) 그리스 철학 '전체'를 다루는 포괄적인 연구를 제공하고자 하는 것이 이 책의 목적은 아니었다. 그럼에도 불구하고, 이 책이 그리스 철학에 대한 입문서로서 역할하며 독자들에게 이와 같은 영역들에 관심을 가지고 살펴보도록 장려할 수 있기를 희망한다. 논의를 진행해가며 그리스 철학의 영역들만이 아니라 다른 영역에서의 주요 최근 연구에도 중요성을 시사했다. 아울러 문헌 정보 및 서지사항을 포함한 주를 덧붙였다. 이것들이 고전 자료들에 대한 다양한 편집본이나 번역본에 대한 정보를 제공하는 것뿐만이 아니라, 궁극적으로 이와 같은 저자의 희망에 담긴 목적에 부합할 수 있기를 바란다.

1) 이 책 제 II장 미주 7-15와 관련된 본문 및 제 III장 미주 10-30과 관련된 본문 참조.

2) 이 책 제 IV장 미주 7-8과 관련된 본문 및 제 V장 미주 15와 102에 관련된 본문 참조. 아울러 위의 미주 1에서 확인할 수 있는 문헌들 역시 참고할 것. 그리스 사유가 어째서 서구의 초기 사유사보다 근대적 사유에 더 가까운지에 대한 (간략한) 논의로는, C. Gill, *Personality on Greek Epic, Tragedy, and Philosophy: The Self in Dialogue* (Oxford, 1996) 6장 7절, 주 247-254와 관련된 본문을 들 수 있다.

3) R. Jenkyns, *The Victorians and Ancient Greece* (Oxford, 1980), 특히 5, 9, 10장 참조.

4) '수용-이론[reception-theory]' 역시 고대 그리스 사유를 살펴보는 현대적 학문의 하나라고 할 수 있는데, 이를 통해서 주어진 고대 그리스의 자료와 그것을 접하는 당시의 독자들 혹은 극작품의 경우 관객들 사이의 상호작용을 (그리고 다른 문화적 맥락에서 발생하는 자료와 독자들의 상호작용 역시) 탐구할 수 있다. 이와 관련하여 R. C. Holub, *Reception Theory: A Critical Introduction* (London, 1984); C. Martindale, *Redeeming the Text: Latin Poetry and the Hermeneutics of Reception* (Cambridge, 1992) 참조.

5) B. Williams, *Shame and Necessity* (Berkley, 1993) 1장을 볼 것.

6) (위의 미주 2에서 언급된) C. Gill, *Personality*, 특히 도입부와 6.7, 그리고 이 책 제 III장 미주 36-38과 관련된 본문을 가리킨다.

7) 이 책 제 II장 미주 10-17, 27-28 그리고 32-34와 관련된 본문 참조.

8) 이 책 제 III장 미주 24-30, 38과 관련된 미주, 그리고 제 IV장 대부분의 논의를 참조할 것. 이점은 (이 책 제 III장 미주 5-6에 관련된 본문에서 거론한) 칸트와 관련된 '객관적-개인주의[objective-individualism]'뿐만 아니라 보다 급진적인 니체 및 사르트르에 관련된 '주관적-개인주의[subjective-individualism]'에도 적용된다. 이에 대해서는 C. Gill, *Personality*, 특히 도입부와 6.7, 그리고 이 책 제 IV장 미주 2, 92 참조.

9) 도덕적 규범들을 결정하는 데에서 '주관적-개인주의'의 자세를 취하는 사상가들로는 (바로 앞의 미주 8에서 언급했듯이) 니체와 사르트르를 들 수 있다. 이와 관련하여 (특히 호메로스의 아킬레우스를 이러한 맥락에서 이해하고자 하는 시도에 대해서) C. Gill, *Personality* 2.3과 2.5 참조. 그리고 진리는 '주관상호적[intersubjective]'이라는 이념에 기초한 현대 이론에 대해서는 D. Davidson, *Inquiries into Truth and Interpretations* (Oxford, 1984) 참조할 것. 그리고 이런 측면에서 데이비슨과 플라톤의 차이를 논하는 연구로는 T. Scaltsas, "Socratic Moral Realism: An Alternative Justification", *OSAP* 7 (1989), 129-150쪽을 볼 것.

10) 이 책 제 III장 미주 38과 관련된 본문 및 4절, 그리고 제 IV장의 미주 10-11, 50-52, 57-62, 79-83, 88-100과 관련된 본문을 볼 것. 아울러 C. Gill, *Personality* 4.7과 5.7 참조. 무엇이 이 물음에 대한 '이성적인' 감성적 응답으로 간주되어야 하는가와 관련한 논의에 대해서는 이 책 제 II장 미주 19-25, 29-34 그리고 37-40에 관련된 본문 참조.

11) 이 책 제 IV장 미주 59, 101 참조.

12) 이와 관련된 추가적인 논의들에 대해서는 C. Gill & M. M. McCabe (edd.), *Form and Argument in Late Plato* (Oxford, 2000) 283-312쪽에 실린 C. Gill, "Afterword: Dialectic and the Dialogue Form in Late Plato" 참조.

고대 그리스 철학과 관련한 참고 문헌

그리스 철학 일반에 대한 자료

D. Zeyl (ed.), *Encyclopedia of Classical Philosophy* (New York, 1997).

T. Irwin, *Classical Thought* (Oxford, 1989)

W. K. C. Guthrie, *A History of Greek Philosophy* 6 vols., *from the Presocratics to Aristotle* (Cambridge, 1962-1981). 이 가운데 (소크라테스 이전 철학자들에 대한) 2권과 (소피스트들 및 소크라테스에 대한) 3권이 특히 유용하다.

A. A. Long, *Hellenistic Philosophy* (London, 1974² & Berkeley, 1986: 『헬레니즘 철학』).

개별 주제에 대한 참고 자료
심리

S. Everson (ed.), *Psychology: Companions to Ancient Thought 2* (Cambridge, 1991).

C. Gill (ed.), *The Person and the Human Mind: Issues in Ancient and Modern Philosophy* (Oxford, 1990).

C. Gill, *Personality in Greek Epic, Tragedy, and Philosophy: The Self in Dialogue* (Oxford, 1996). 이 자료는 그리스 사상의 윤리와 관련해서도 유용하게 참조할 수 있다.

A. W. Price, *Mental Conflict* (London, 1995).

R. Sorabji, *Animal Minds and Human Minds: The Origins of the Western Debate* (London, 1993). 이 자료는 그리스 사상의 윤리와 관련해서도 유용하게 참조할 수 있다.

윤리

J. Annas, *The Morality of Happiness* (Oxford, 1993). 이 자료는 아리스토텔레스 철학 및 헬레니즘 철학과 관련해서도 유용하게 참조할 수 있다.

M. C. Nussbaum, *The Fragility of Goodness: Luck and Ethics in Greek Tragedy and Philosophy* (Cambridge, 1986).

W. J. Prior, *Virtue and Knowledge: An Introduction to Ancient Greek Ethics* (London, 1991).

B. Williams, *Shame and Necessity* (Berkeley, 1993).

과학, 우주론, 의학

G. E. R. Lloyd, *The Revolutions of Wisdom: Studies in the Claims and Practice of Ancient Greek Science* (Berkeley, 1987).

J. Longrigg, *Greek Rational Medicine: Philosophy and Medicine from Alcmaeon to the Alexandrians* (London, 1993).

M. R. Wright, *Cosmology in Antiquity* (London, 1995).

이와 더불어, 펭귄 고전 총서 시리즈의 *Hippocratic Writings* (introd. by G. E. R. Lloyd, Harmondworth, 1987) 역시 참조.

변증, 인식론, 형이상학

M. Burnyeat, *The* Theaetetus *of Plato, tr. M. J. Levett, with introduction by Burnyeat* (1-241쪽) (Indianapolis, 1990).

S. Everson (ed.), *Epistemology: Companion to Ancient Thought 1* (Cambridge, 1990).

G. Fine, *On Ideas* (Oxford, 1993).

M. M. McCabe, *Plato's Individuals* (Princeton, 1994).

G. E. L.Owen, *Logic, Science, and Dialectic* (London, 1986).

시대별 그리스 철학
소크라테스 이전 철학 및 소피스트들

H. Diels, W. Kranz, *Die Fragmente der Vorsokratiker*, 2 vols. (= DK: Berlin, 1961[10]). 이 자료는 소크라테스 이전 철학자들의 단편 및 전언에 대한 대표 선집으로, 현재 소크라테스 이전 철학자들 및 소피스트들에 대한 표준자료로 사용되고 있다.

M. R. Wright, *The Presocratics* (Bristol, 1985). 이 자료는 소크라테스 이전 철학자들의 단편들의 선집으로 소개와 주해를 포함하고 있다.

G. S. Kirk, J. E. Raven, M. Schofield, *The Presocratic Philosophers* (= KRS: Cambridge, 1983[2]). 이 자료는 소크라테스 이전 철학자들의 핵심 단편들과 이에 대한 범위 및 주해를 포함하고 있다.

K. Freeman, *Ancilla to the Pre-Socratic Philosophers* (Oxford, 1948). 이 자료는 독일어로 작성된 소크라테스 이전 철학자들과 소피스트들에 대한 Diels-Kranz(DK) 선집의 핵심 단편 전체를 영어로 옮긴 자료이다.

소크라테스 이전 철학자들과 관련해서는 다음을 참조.

J. Barnes, *Early Greek Philosophy* (Penguin Classics) (Harmondworth, 1987).

소피스트들과 관련해서는 다음을 참조.

R. K. Sprague, *The Older Sophists*: A Complete Translation (Columbia & South Carolina, 1972).

위의 문헌들 가운데 KRS는 소크라테스 이전 철학자들에 대한 유용한 참고 문헌들을 소개하고 있으니 이를 참조. 아울러 소피스트들에 대한 참고 문헌과 관련해서는 G. B. Kerferd, *The Sophistic Movement* (Cambridge, 1981, 『소피스트 운동』) 참조.

소크라테스와 플라톤

G. Vlastos, *Socrates: Ironist and Moral Philosopher* (Cambridge, 1991). 이 자료는 그 자체로 소크라테스를 이해하는 기본적인 연구이면서도, 동시에 소크라테스 연구에 대한 많은 참고 문헌들을 소개한다.

G. Vlastos, *Socratic Studies* (ed. by M. Burnyeat, Cambridge, 1994). 이 자료는 소크라테스의 철학 방법에 대한 블라스토스 핵심 논문들의 최종본들을 담고 있다.

이 책에서 다룬 주제들과 관련해 가장 유용한 자료들로는 다음을 참조.

J. Annas, *An Introduction to Plato's* Republic (Oxford, 1981).

T. Irwin, *Plato's Ethics* (Oxford, 1995).

아울러 추가로 참고할 만한 자료로는 다음을 참조.

R. Kraut (ed.), *The Cambridge Companion to Plato* (Cambridge, 1992).

비록 플라톤 철학 전반에 대한 심도 깊은 연구와 관련한 참고 자료를 모두 소개할 수는 없겠으나, 몇몇 주제들을 명쾌하게 설명해주는 자료로는 다음을 참조.

C. J. Rowe, *Plato* (Brighton, 1984).

펭귄 고전 총서 시리즈(Penguin Classics), 옥스퍼드 세계 고전 총서 시리즈(Oxford World's Classics), 해켓 고전 번역 시리즈(Hackett Translations), 그리고 옥스퍼드 크라렌던 플라톤 시리즈(Oxford Clarendon Plato Series)는 (플라톤 텍스트의 출처표기와 관련한 기준인 스테파누스 표기법에 따라서) 유용한 개요와 설명들 그리고 풍부한 참고자료들을 포함하고 있으므로 참조할 가치가 무척 크다. 플라톤을 잘 이해하기 위한 최선의 방법은 그의 대화편들을 하나씩 연계해가며 읽는 것이 때문에, 이 번역본들이 가장 좋은 출발점이 될 수 있다.

아울러 해켓 출판사(Hackett)에서 출판된 플라톤 전집 번역서 역시 중요한 기준 역서의 하나로 활용될 수 있음.

J. Cooper (ed.), *Plato: Complete Works* (Indianapolis, 1997).

이외에, 아리스 & 필립스(Aris & Phillps, Warminster)에서 최근 플라톤의 몇몇 대화편들을 번역과 주해 그리고 원문을 포함하여 출판하고 있다. 이 시리즈에 포함된 플라톤의 대화편들에는 다음과 같은 것들이 있다.

R. W. Sharples, *Meno* (1985).

S. Halliwell (ed.), *Republic* V (1993).

C. J. Rowe, *Statesman* (1995).

(이와 더불어 플라톤에 대한 최근 연구 작업들에 대한 유용한 평가와 관련해서는,
C. J. Rowe, *Phronesis* 39 (1994) 214-224쪽을 참조.)

아리스토텔레스

아리스토텔레스의 저술들은 그것들의 출처표기와 관련한 기준이 벡커 표기법에 따라서 번역이 이루어진 것들이 참조하는 데에 도움이 되며, 이 기준에 따라서 이루어진 번역으로는 다음의 것들이 있다.

J. Barnes (ed.), *The Complete Works of Aristotle: The Revised Oxford Translation*, 2 vols. (Princeton, 1984).

J. Ackrill (ed.), *A New Aristotle Reader* (selections) (Oxford, 1987).

이것들에 더해서 옥스퍼드 클라렌던 아리스토텔레스 시리즈, 펭귄 고전 총서 시리즈의 아리스토텔레스 번역들(가령, T. A. Sinclair, *Politics* (Harmondsworth, 1981: rev. by T. J. Saunders)) 그리고 옥스퍼드 세계 고전 총서 아리스토텔레스 번역들(가령, E. Barker, *Politics* (rev. by R. F. Stalley)) 등도 참조.

이 책에서 다루어진 주제들, 특히 윤리와 관련하여 유용한 자료들로는 다음을 참조.

A. O. Rorty (ed.), *Essays on Aristotle's Ethics* (Oxford, 1980).

R. Kraut, *Aristotle on the Human Good* (Princeton, 1989).

정치학과 관련한 자료들로는 다음을 참조.

D. Keyt, F. Miller (edd.), *A Companion to Aristotle's Politics* (Oxford, 1991).

G. Patzig (ed.), *Aristotle Politik* (Göttingen, 1990).

이와 더불어 아리스토텔레스 철학 전반에 대한 개요로 다음을 참조.

J. Lear, *Aristotle: The Desire to Understand* (Cambridge, 1988).

T. Irwin, *Aristotle's First Principles* (Oxford, 1988).

헬레니즘 철학

A. A. Long, D. N. Sedley, *The Hellenistic Philosophers* (Cambridge, 1987). 이 자료의 1권은 텍스트에 대한 번역과 주해를, 2권은 텍스트 원문과 주석 그리고 참고 문헌을 제공한다.

B. Inwood, L. P. Gerson, tr. *Hellenistic Philosophy: Introductory Readings* (Indianapolis, 1988). 이 자료는 위의 자료보다 조금 더 긴 발췌문들을 제공한다.

이외 헬레니즘 철학에 대한 최근 연구 동향을 잘 드러내주는 자료들로는 다음의 것들을 참조.

M. Schofield, M. Burnyeat, J. Barnes (edd.), *Doubt and Dogmatism: Studies in Hellenistic Epistemology* (Oxford, 1980).

J. Barnes, J. Brunschwig, M. Burnyeat, M. Schofield (edd.), *Science and Speculations: Studies in Hellenistic Theory and Practice* (Cambridge/Paris, 1982).

M. Schofield, G. Striker (edd.), *The Norms of Nature: Studies in Hellenistic Ethics* (Cambridge/Paris, 1986).

H. Flashar, O. Gigon (edd.), *Aspects de la philosohie hellénistique, Fondation Hardt, Entretiens sur l'antiquité classique* 32 (Vandoeuveres-Geneva, 1986).

J. Brunschwig, M. C. Nussbaum (edd.), *Passions and Perceptions: Studies in the Hellenistic Philosophy of Mind* (Cambridge/Paris, 1993).

A. Laks, M. Schofield (edd.), *Justice and Generosity: Studies in Hellenistic Social and Political Philosophy* (Cambridge/Paris, 1995).

이와 더불어, 헬레니즘 철학의 심리와 윤리 그리고 정치적 이념들에 대해서는 다음의 자료들을 참조.

J. Annas, *Hellenistic Philosophy of Mind* (Berkeley, 1992).

B. Inwood, *Ethics and Human Action in Early Stoicism* (Oxford, 1985).

P. Mitsis, *Epicurus' Ethical Theory: The Pleasures of Invulnerability* (Ithaca, 1988).

M. C. Nussbaum, *The Therapy of Desire: Theory and Practice in Hellenistic Ethics* (Princeton, 1994).

M. Schofield, *The Stoic Idea of the City* (Cambridge, 1991).

저자 소개

크리스토퍼 길은 1946년 생으로, 예일 대학교, 브리스틀 대학교, 웨일스 대학교, 애버리스트위스 대학교의 고전학과에서 강의를 해왔으며, 미국 노스캐롤라이나의 국립인문학 연구 센터에서 초빙연구자 과정을 밟기도 했다. 최근까지 엑서터 대학교에서 고대 그리스 사상에 대한 교수직을 역임했으며, 현재는 은퇴한 뒤에 명예교수직을 유지하고 있다. 그리스와 로마의 철학과 문학에 대한 많은 논문들과 연구서들을 저술 및 편집했으며, 그 가운데 대표적인 것들은 다음과 같다.

개인 연구서

Plato: The Atlantis Story (Plato's texts on Atlantis with introduction and commentary) (Bristol, 1980).

Personality in Greek Epic, Tragedy, and Philosophy: The Self in Dialogue (Oxford, 1996).

The Structured Self in Hellenistic and Roman Thought (Oxford, 2009).

Naturalistic Psychology in Galen and Stoicism (Oxford, 2010).

Marcus Aurelius: Meditations, *Books 1-6* (Oxford, 2013).

공동 연구서

(ed.) *The Person and the Human Mind: Issues in Ancient and Modern Philosophy* (Oxford, 1990).

(ed. with T. P. Wiseman) *Lies and Fiction in the Ancient World* (Exeter and Texas, 1993).

(ed. with S. Braund) *The Passion in Roman Thought and Literature* (Cambridge, 1997).

(ed. with N. Postlethwaite and R. Seaford) *Reciprocity in Ancient Greece* (Oxford, 1998).

(ed. with M. M. McCabe) *Form and Argument in Late Plato* (Oxford, 2000).

(ed.) *Virtue, Norms, and Objectivity: Issues in Ancient and Modern Ethics* (Oxford, 2005)

역자 후기

이 책은 크리스토퍼 길의『그리스 사상(*Greek Thought*)』을 우리말로 옮긴 것이다. 마치 다양한 목적지를 지닌 동시에 다양한 역할들을 담당한 여러 종류의 열차들이 한데 모여 있는 커다란 역사(驛舍)와도 같이, 그리스 사상에는 단순히 철학뿐만 아니라 문학과 역사 그리고 다양한 종교적 입장들까지 서로 혼재되어 있으며, 그 각각이, 그리고 그 각각 안에서 다시 각각이 특정의 입장을 반영하고자 제 목소리를 내고 있다. 이러한 사상의 다양한 전반을 정합적으로 고려하여, 그로부터 일관된 이해의 측면을 제시한다는 일은 결코 쉬운 일이 아니다. 이 책에서 크리스토퍼 길은 이처럼 쉽지 않은 일을, 즉 그리스 사상 전반을 관통하는 일관성 있는 이해를 '자아', '윤리 및 가치', '공동체와 개인', 그리고 '규범으로서의 자연 혹은 본성'이라는 네 주제의 측면에서 반성과 통찰을 통해서 시도하면서, 그리스 사상 안에 이미 근대와 현대의 사회적이자 윤리적 그리고 심리적이자 인식적 사유의 맹아가 발견되고 있다는 점을 드러낸다.

이 책이 일종의 소책자 형태를 갖추고 있기 때문에, 독자들은 관련 주제에 대한 그리스 사상의 기본적이자 개론적인 내용을 발견하리라 기대할 수도 있다. 실제로 이 책은 그리스 사상을 이룬 여러 문학 및 철학 텍스트의 구절구절을 하나씩 꼼꼼하게 논변적으로 분석하는 일을 하기

보다는, 텍스트 전반이 지향하는 바를 반성과 통찰을 통해서 전체적으로 그려내는 일에 집중한다. 동시에 이 책은 주어진 텍스트에 대한 전통적인 해석 노선들을 살펴 그것들이 지닌 의의뿐만 아니라 문제점들까지 함께 밝히는 것과 더불어, 그리스 사상의 내면적 진의를 좇는 데에 도움을 줄 수 있는 여러 유익한 참고자료들에 대한 서지정보를 제공하고도 있다. 이러한 점에서 크리스토퍼 길의『그리스 사상』은 개론의 역할을 충실히 이행하고 있다고 할 수 있다.

그러나 그 실질적인 내용에 접하게 되는 순간, 이 책이 단순히 개론의 역할에만 치중한다고 보기 어렵다는 것을 쉽게 파악할 수 있다. 여러 구절들 안에서 읽어낼 수 있는 바들을, 그리고 그것들에 대한 전통 해석들을, 반성과 통찰에 기초하여 제시하고 있다 보니, 고대 그리스의 철학뿐만 아니라 문학과 사학 그리고 종교적 전통에 대한 기본적인 배경이 없으면 그러한 통찰을 따라가기 쉽지 않기 때문이다. 아울러 현대의 사상사에서 많이 이루어져온 '고대-근대' 및 '고대-현대' 사이의 대조 연구 경향의 문제점들을 반성적으로 검토하면서 논하는 부분들은, 단순히 고대 그리스의 사상에 대한 배경지식뿐만 아니라, 근-현대의 다양한 심리적, 사회적, 윤리적, 그리고 인식론적 논의에 대한 배경까지 독자로 하여금 갖출 것을 요구하고 있기도 하다. 이러한 측면에서 이 책은 개론이라는 성격보다는 오히려 다소 깊이 있고 난해한 연구의 성격을 띠고 있기도 하다.

그 연구의 결과로서 크리스토퍼 길은 각 주제와 관련해서 그리스 사상에 대한 다음과 같은 이해를 제시한다. 첫 번째 주제인 '자아'와 관련하여 길은, 전통적으로 제시되어온 발전론적 접근과 거리를 두되, 한 인간으로서의 자아가 내적으로 서로 연결된 부분들의 '복합체'로서 구성되어 있으며, 그 심리적 부분들이 인격상호적 관계 및 공동적 관계로 연결되어 있는 상태에서 일종의 상호적 '담론' 혹은 '대화'를 통해서 합리성의 발현을 도모하고 있다고 제안한다. 두 번째 주제인 '윤리와 가치'에 대해서 길은, 그리스 사상 안에서 그려지는 인간이 공동체 안에서 상호적 교제에 참여하는 일을 통해 자신들의 윤리적이자 정치적인 신념들, 자세들 그리고 동기들을 형성하는 데에 본성적으로 부합하는 '객관적-참여[주의]자'의 모습을 지닌다고 해석한다. 세 번째 주제인 '공동체와 개인'과 관련해서는, 인간의 '개인'에 대한 이해가, 현대적 '개인주의' 혹은 상호 주관주의의 맥락에서가 아니라, '타인을-이롭게-하는' 행위 및 자세로부터 형성되는 상호성에 기초하고 있다고 길은 강조한다. 마지막 주제인 '규범으로서의 자연 혹은 본성'과 관련하여 길은, 인간이 지향할 수 있는 최선의 삶을 밝혀주는 공통의 진리에 대해서 담론을 이성적으로 진행해가며 이를 서로 나눈다는 것이야말로 인간의 그리고 세계의 '자연' 혹은 '본성'이 지닌 참된 윤리적 중요성이라는 점을 그리스 사상이 강변하고 있다고 주장한다. 이처럼 네 가지의 주요 주제를 통해서 그리스 사유를 대변하는 다양한 텍스트들을 살피며, 크리스토퍼 길은 종합적으로 상보성이라는 정합적 이념이 고대 그리스 사상 전반을 관통하며 일관적으로 지지되어온 이념이며, 이를 실천하기 위해서 그리스 사상이 '담화' 사이의 상호작용을 중시했다는 바를 드러낸다. 그러면서 그는 이처럼 이해되는 상보성 이념을 통해서 고대 그리스의 사상이, 현대로부터 단절된 혹은 지나치게 멀어 일종의 상관성을 결여한 사유라는 전통적 해석에 맞서, 지금 이 시점의 사회에서도 충분히 재고할 가치가 있다는 점을, 더 나아가 현 사회의 이해에도 충분히 일익을 맡을 수 있다는 점을 분명히 한다. (해당 주제들에 대한 보다 분석적이며 체계적인 크리스토퍼 길의 논의와 관련해서는 그의 *The Person and the Human Mind: Issues in Ancient and Modern Philosophy* (Oxford, 1990), *Personality in Greek Epic, Tragedy, and Philosophy: The Self in Dialogue* (Oxford, 1996), *Reciprocity in Ancient Greece* (Oxford, 1998), 그리고 *Virtue, Norms, and Objectivity: Issues in Ancient and Modern Ethics* (Oxford, 2005) 등을 참조하면 좋다.)

그러나 이 책에서 크리스토퍼 길은 그리스 사상에 대한 자신 반성과 통찰의 결과가 결정적이자 필연적이라 강조하지 않는다. 오히려 그는 자신의 이해가 그동안 미처 간과되었을 그리스 사상의 내적 함의들을 읽어내는 해석의 가능성을, 그리고 이를 현대의 삶에서 반영해볼 계기의 가능성을 제안하는 것이라 강조한다. 따라서 이 책에서 제안되는 그리스 사상에 대한 이해를 독자들이 무조건적으로 동의해야 할 필요는 없을지도 모른다. 그럼에도 그의 반성과 통찰이 우리로 하여금 '변색되지 않은 황금빛 갈퀴를 휘날리면서 끊임없이 앞으로 흐르며 발굽을 무던히 내딛는 말'과도 같이 생생한 숨을 내쉬는 그리스 사상의 장으로, 그리고 이에 기대어 현대를 살아가는 우리 자신들을 이해하는 데에 충분히 활용될 수 있는 하나의 새로운 견지로 초대하고 있다는 점에는 의심의 여지가 없다.

옮긴이는 이 책의 저자인 크리스토퍼 길과 각별한 인연을 맺고 있다. 그는 옮긴이에게 박사학위과정의 지도를 제안했었으나, 안타깝게도 성사되지는 못했다. 그럼에도 그는 옮긴이의 학위과정에서 이루어지는 연구에 지속적인 관심을 보여주며, 학위논문의 심사를 맡아 여러 유익한 조언들을 아끼지 않았다. 학위 이후에도 크리스토퍼 길은 옮긴이의 연구 및 교육 더 나아가 생활과 관련해서 관심과 애정을 누그러뜨리지 않았다. 이 책을 우리말로 번역하여 그리스 사상에 대한 그의 이해를 나눔으로써, 그가 옮긴이에게 보여준 애정과 관심에 조금이나마 보답이 될 수 있기를 바란다. 아울러 이 책이 지닌 의의를 촉구하며 번역에 양보와 격려를 아끼지 않은 정암학당의 정준영 선생님께, 그리고 번역 초고를 읽고 윤문과 교열에서 중요한 조언을 해준 임상진 학형에게도 진심 어린 고마움을 전한다. 이와 함께, 인문학 특히 고대 그리스 사상과 관련한 연구서 발행의 척박한 현실에도 불구하고, 이 책의 가치를 높이 사 기꺼이 출판을 맡아준 까치글방에도 고마움을 표한다. 특히 인내와 정성으로 부족한 점 많은 원고의 교정과 편집을 맡아준 까치글방 편집부에게 감사드린다. 원문이 전하고자 하는 바를 훼손하지 않으면서도 우리말로 읽을 때 낯설지 않도록 여러 차례 되짚으며 번역을 진행했다. 그럼에도 여전히 남아 있을 부족함과 미흡함은 모두 옮긴이의 몫이다.

이윤철

인물, 주제 및 텍스트 색인

연구자 색인

Griswold, C. L.(그리스볼트) 146 미주 40, 150 미주 73

Guthrie, W. K. C.(거스리) 145 미주 35, 147 미주 48, 190 미주 34, 191 미주 35, 191 미주 36, 191 미주 37, 191 미주 38, 191 미주 40, 191 미주 42, 191 미주 46, 209

H

Halliwell, S.(할리웰) 212

Hankinson, J.(핸킨슨) 51 미주 42

Hard, R.(하드) 154 미주 95, 197 미주 84

Havelock, E. A.(헤이벨록) 145 미주 35, 188 미주 20, 190 미주 33

Herman, G.(헤르만) 141 미주 6

Hollis, M.(홀리스) 141 미주 4

Hossenfelder, M.(호센펠더) 198 미주 90

Huffman, C. A.(허프먼) 190 미주 30

Hussey, E.(허시) 189 미주 22

I

Indelli, G.(인델리) 198 미주 88

Inwood, B.(인우드) 47 미주 15, 50 미주 36, 51 미주 42, 214

Inwood, B. & Gerson, L. P.(인우드 & 거슨) 213

Irwin, T.(어윈) 46 미주 14, 49 미주 27, 70, 83, 95 미주 34, 96 미주 41, 97 미주 47, 99 미주 63, 147 미주 48, 148 미주 56, 148 미주 60, 151 미주 80, 152 미주 84, 170, 186 미주 4, 190 미주 32, 191 미주 40, 192 미주 46, 193 미주 52, 194 미주 62, 209, 211, 213

K

Kagan, D.(케이건) 149 미주 67

Kahn, C.(칸) 95 미주 37, 97 미주 47, 121, 146 미주 45, 188 미주 21, 189 미주 22, 190 미주 30

Kenny, A.(케니) 49 미주 28, 100 미주 72, 100 미주 74, 100 미주 76

Kerferd, G. B.(커퍼드) 147 미주 48, 190 미주 34, 191 미주 35, 191 미주 36, 191 미주 37, 191 미주 38, 191 미주 40, 211

Keyt, D. & Miller, F.(키이트 & 밀러) 151 미주 76, 151 미주 79, 151 미주 80, 151 미주 81, 213

Kidd, I.(키드) 51 미주 41, 153 미주 91

Kirk, G. S., Raven, J. E. & Schofield, M.(커크, 레이븐, 스코필드) 188 미주 21, 189 미주 22, 189 미주 24, 189 미주 25, 190 미주 31, 191 미주 41, 210

Kleve, K.(클레브) 199 미주 97

Klosko, G.(클로스코) 150 미주 69

Knox, B. M. W.(녹스) 143 미주 24, 144 미주 26, 144 미주 31

Kosman, L.(코스먼) 96 미주 41

Krämer, H. J.(크레머) 171, 193 미주 54

Kraut, R.(크라우트) 87, 95 미주 37, 97 미주 47, 99 미주 62, 100 미주 72, 100 미주 74, 100 미주 75, 100 미주 76, 100 미주 77, 119, 145 미주 34, 145 미주 39, 147 미주 46, 148 미주 55, 150 미주 74, 192 미주 44, 193 미주 51, 211, 212

Kullmann, K.(쿨만) 151 미주 76

L

Laks, A.(락스) 150 미주 74, 191 미주 41,

Laks, A. & Schofield, M.(락스 & 스코필드) 152 미주 87, 213

Lane, M.(레인) 150 미주 69

Lemke, D.(렘케) 199 미주 97

Lear, J.(리어) 47 미주 17, 49 미주 28, 100 미주 74, 149 미주 62, 172, 174, 194 미주 62, 213

Lesky, A.(레스키) 93 미주 20

Lesher, J.(레셔) 147 미주 46

Levinson, R. B.(레빈슨) 148 미주 53

Lloyd, G. E. R.(로이드) 90 미주 3, 210

Lloyd-Jones, H.(로이드-존스) 91 미주 10, 94 미주 25, 188 미주 19

Long, A. A.(롱) 50 미주 37, 91 미주 10,